AF435666

Productos y servicios inteligentes y sostenibles

Técnicas para la innovación y la creatividad

Llorenç Guilera

Antoni Garrell

Colección: GESTIONA
Director: David Soler

PRODUCTOS Y SERVICIOS INTELIGENTES Y SOSTENIBLES
1.ª edición, 2021

Edita: Marge Books
València, 558 – 08026 Barcelona
Tel. 931 429 486 – marge@margebooks.com
www.margebooks.com

Edición: Núria Gibert
Compaginación: Mercedes Lara
Impresión: Safekat, SL (Madrid)

ISBN edición impresa: 978-84-18532-38-2
ISBN edición digital: 978-84-18532-39-9
Depósito Legal: B 2797-2021

 El papel empleado en este libro no ha sido blanqueado con cloro elemental (CI_2).

A todos los que confían en que la inteligencia
natural bien preparada profesional y éticamente
puede dirigir la inteligencia artificial al servicio del
progreso social y la sostenibilidad del planeta.

Índice

Los autores

Ambos autores llevan más de una década de estrecha colaboración en la docencia e investigación de la creatividad y la innovación en la Escuela Superior de Diseño ESDI de la Universidad Ramon Llull, de la cual Llorenç Guilera es profesor de creatividad desde 2008 y ha ejercido de director académico entre 2010 y 2014, y Antoni Garrell es profesor y director general de la Fundación desde 1997.

Son coautores del libro *La Industria 4.0 en la sociedad digital,* publicado por Marge Books en 2019.

Llorenç Guilera
Doctor en Psicología por la Universidad Autónoma de Barcelona (UAB) e ingeniero industrial por la Escuela Técnica Superior de Ingenieros de Barcelona. Especializado en Neurociencias aplicadas a la creatividad y la innovación, a las competencias directivas y a la mejora de la memoria y de las capacidades cognitivas. Creador del Taller de inteligencia eficaz que se realizó durante 18 ediciones en la UAB. Director del Primer y Segundo Congreso Internacional de Diseño e Innovación de Catalunya celebrados en Sabadell bajo la organización de la Escuela Superior de Diseño ESDI (www.esdi.es).

Ha combinado su experiencia profesional como directivo de empresas multinacionales de la informática con la dirección de centros de investigación universitaria y su práctica docente por más de 25 años en cuatro universidades.

Entre sus publicaciones destacan *La educación de la inteligencia* (Editorial Almon,1998), *Más allá de la inteligencia emocional: las cinco dimensiones de la mente*

(Thomson, 2006), *Anatomía de la creatividad* (Marge Books, 2011), *No te olvides de tu memoria* (RBA, 2014), *Competencias directivas* (FUNDIT, 2016), y *La Industria 4.0 en la sociedad digital* (Marge Books, 2019).

Antoni Garrell
Ingeniero industrial por la Universidad Politécnica de Cataluña (UPC) en 1975, Máster en Gestión y Administración, y estudios de doctorado en sistemas de soporte en la toma de decisiones. Especializado en gestión compleja e innovación.

Ha ocupado diversas posiciones en empresas, entre ellas, Arthur Andersen, la Caixa, y la Fundación Universidad y Tecnología la Salle de la que fue director general. Forma parte de varios consejos de administración y fue impulsor del Círculo para el Conocimiento (https://www.amicsdelpais.com/) del que fue secretario general y presidente entre 2001 y 2007.

Ha impartido clases y conferencias en varias universidades en diversos países, ha dictado ponencias en congresos internacionales sobre competitividad e innovación. Ha publicado en calidad de autor o coautor ocho libros: *Disseny de sistemes digitals* (1992), *Multimedia motor de progreso* (1997), *Sistemas digitales y sistemas programables* (1998), *Introducción al diseño digital* (1999), *La societat del coneixement: una oportunitat per a Catalunya. Reptes i instruments* (2002), *Descobrint el disseny* (2011), *La competitividad y sus claves* (2012), y *La Industria 4.0 en la sociedad digital* (2019).

Prólogo

La creatividad es la clave de la innovación tecnológica

Desde hace años se habla mucho de innovación y de cómo esta puede ser decisiva en un gran número de ámbitos de la vida y de la sociedad. Según la RAE, «innovar» es alterar algo introduciendo novedades, un concepto amplio, de necesaria aplicación en tantísimas cosas en nuestro entorno. Se innova en modelos de negocio, en productos y en tecnología, entre muchas otras cosas más. Así, la innovación se ha convertido en un elemento básico e imprescindible para el progreso humano, económico y social.

Pero, aunque parezca obvio, para innovar es necesario saber cómo hacerlo. La innovación no se produce por generación espontánea. Hay que apostar por ella y tener las herramientas necesarias para impulsarla. Y aquí entra en juego también la creatividad. Ser capaz de imaginarnos cosas que no existen, avanzarnos en muchos casos a necesidades todavía no creadas y estar preparados para darles respuesta antes de que sucedan.

Este libro aúna la experiencia y sabiduría de largos años de docencia e investigación en la materia en un texto que aporta una visión totalmente actualizada sobre el tema y puede ser muy útil para la docencia universitaria, pero también para el tejido empresarial que busca aumentar su competitividad.

Y en este contexto, me gustaría hacer una aproximación al mundo de la innovación tecnológica. Desde Mobile World Capital Barcelona trabajamos para que Barcelona, además de ser la capital mundial de la telefonía móvil, sea una ciudad clave en innovación, tecnología y talento. Y lo hacemos porque así podremos consolidar la ciudad como líder mundial y un *hub* de primer nivel que permita crear y generar proyectos de valor y atraer profesionales y empresas que apuesten también por la innovación como motor de cambio.

Estamos en un momento en el que no nos podemos permitir parar. Nuestra sociedad avanza y progresa a pasos agigantados y hay que trabajar para que la nueva sociedad digital que estamos construyendo comporte también mejoras en la vida de las personas a escala global. La tecnología tiene que ser la herramienta para conseguirlo y, en definitiva, hacer de esta sociedad un lugar más ético, justo y sostenible.

Tenemos muchos retos, es cierto, pero también la capacidad para afrontarlos. El talento está, y hay que saber conservarlo y dirigirlo para que ofrezca sus mejores resultados. La realidad nos ha enseñado que habilidades como la creatividad o la adaptación a diferentes entornos son primordiales para poder hacer frente a situaciones de incertidumbre como la que nos está tocando vivir ahora. Es necesario buscar ese talento e impulsarlo para que los profesionales puedan innovar y ofrecer a la sociedad mejores productos, diseñados teniendo en cuenta la sostenibilidad y concebidos para dar un paso más y cimentar las bases de los productos inteligentes.

Todo ello tendrá beneficios en una doble vertiente. La primera es la de ofrecer mejoras a la sociedad y a la ciudadanía en general. En este punto quiero destacar un aspecto que, en mi opinión, es imprescindible para conseguir este progreso social. Se trata de la importancia de la transferencia tecnológica. Necesitamos que productos que nacen en laboratorios, centros de investigación y universidades puedan llegar al mercado. Necesitamos mentes creativas tanto en la universidad como en la empresa para conseguir que posibles grandes revoluciones no se queden guardadas en un cajón y que se apueste por ellas para que se conviertan en una realidad. Y eso es especialmente interesante en temas de salud, pero también en industria 4.0 o movilidad, por poner algunos ejemplos.

La segunda vertiente es claramente la económica. Siendo innovadores, creativos y disruptivos podremos encontrar nuevos modelos de negocio más eficientes, una nueva organización de las empresas más flexible, acercarnos al diseño más inteligente y sostenible en todos los sectores, etc. Y esto permitirá que las empresas sean más competitivas en un entorno rápidamente cambiante.

La innovación tiene que ser aplicada porque, si no se mide, solo es imaginación. Entramos en una fase en la que los avances tecnológicos nos permitirán llegar a puntos de desarrollo que parecían utópicos hace relativamente poco. Tenemos las herramientas, pero hay que desarrollar un marco conceptual alrededor de ellas para sacarles el máximo partido posible.

Textos como el que nos ofrecen Llorenç Guilera y Antoni Garrell son esenciales para conseguirlo. Bienvenido sea.

Carles Grau
CEO de Mobile World Capital
Barcelona

Prefacio

Finalizamos la redacción de este libro inmersos en la pandemia del coronavirus SARS-CoV-2, al tiempo que avanzamos hacia una nueva era, que algunos han llamado sociedad digital y otros sociedad 4.0, de la mano de la rotunda y progresiva digitalización y tecnificación de todas las actividades, lo que facilita una mayor capacidad de transmisión y aplicación del conocimiento.

Es necesario consolidar procesos de innovación continuados en el seno de una sociedad global interdependiente y extremadamente frágil, como ha evidenciado la irrupción de la pandemia vírica. Estamos obligados a reinventar la totalidad de productos incluyendo el concepto *smart* y sostenible, mediante procesos multidisciplinarios de creatividad. Tenemos la necesidad y la obligación de usarlos en beneficio del bienestar social, en un mundo sometido a las consecuencias de la emergencia del cambio climático y el incremento de la contaminación galopante del entorno, el aire, el agua y los alimentos.[1]

La industria está dejando una huella ecológica a causa del uso intensivo de los recursos naturales muy por encima de las posibilidades del planeta, el abuso de materiales no reciclables ni biodegradables y el envenenamiento del entorno con residuos tóxicos. Reconducir la situación se convierte en una obligación insoslayable como reflejan los Objetivos de Desarrollo Sostenible (ODS) de la Organización de las Naciones Unidas (ONU).[2] Pero cambiar el estilo de vida de las sociedades altamente industrializadas es algo muy difícil puesto que se fundamenta

---

[1] Los microplásticos, que ya han entrado en la cadena trófica, y la reciente pandemia de la covid-19 son alertas que no se pueden obviar.

[2] Véase https://es.unesco.org/sdgs (consultado el 1 de octubre de 2020).

en comportamientos interiorizados desde la infancia y requiere largos plazos de reeducación de la población en circunstancias no traumáticas. Revertir esta situación es cada día que pasa más apremiante y nos obliga a poner los avances tecnológicos y científicos al servicio de este objetivo mediante el diseño de productos y servicios innovadores y sostenibles. Un reto que exige grandes aportaciones de creatividad e innovación.

Productos inteligentes son aquellos que disponen de capacidad de adaptarse al entorno y a las personas que los utilizan y, al mismo tiempo, las ayudan a adoptar un estilo de vida más sostenible. No podemos considerar que un producto es inteligente si va en contra de (o ignora) la sostenibilidad del planeta. Sin duda, son exigencias que deben incrustarse en el ADN del diseño del producto. Es el camino para ayudar a las conductas sostenibles de las personas usuarias concienciadas y a cubrir la falta de actuación ecológica de quienes tengan escasa o nula conciencia. El *smart design* o diseño inteligente y la innovación en productos y servicios se convierten en la piedra angular tanto para la competitividad de las empresas como para garantizar el progreso social.

En este contexto cambiante, hay que valorizar las nuevas oportunidades como un hecho al alcance de aquellos colectivos humanos que empiezan a concienciarse y que ponen en marcha políticas decididas de innovación y trabajo conjunto para aprovechar el impacto de los beneficios que aportan la tecnología y la sociedad del conocimiento.

Nos conviene asentar conceptos muy claros sobre los objetivos a perseguir en el corto plazo y sobre cómo estamos obligados a innovar de manera disruptiva en las industrias y en los servicios si queremos superar la emergencia planetaria en la que nos hallamos.

La innovación se asienta obligatoriamente en la creatividad. Las buenas innovaciones se consiguen convirtiendo en una realidad del mercado las ideas previas de un creativo en alguno de los ámbitos del ciclo de vida útil del producto (diseño, fabricación, distribución y logística, *marketing,* atención posventa, reutilización, reciclaje y economía circular). Es necesario, pues, incrementar nuestra capacidad creativa en todos estos ámbitos. Pero la inspiración creativa no acude casi nunca espontáneamente y debemos buscarla utilizando estrategias mentales para ayudar a que se produzca.

Este texto, estructurado en dos partes, está orientado al alumnado y al profesorado de las carreras universitarias que pueden ayudar a la urgente innovación económica y social (que son todas) y a los empresarios que han comprendido la necesidad de recurrir a la creatividad para innovar y no perder competitividad.

En el capítulo 1 se exponen los grandes cambios de la sociedad que nos han conducido a la actual digitalización de todas las actividades y al reto de la industria 4.0.

En el capítulo 2 se argumenta cómo la competitividad de las empresas las obliga a ser innovadoras en los productos y servicios que ofrecen, y los conceptos básicos de la gestión de la innovación.

En el capítulo 3 se explicita que no habrá verdadera innovación sin creatividad previa. En los capítulos siguientes, del 4 al 9, se detalla cómo funciona la creatividad. A partir del conocimiento neurocientífico del funcionamiento de la mente humana, se enuncian con ejemplos didácticos las principales estrategias mentales de ayuda a la creatividad.

El capítulo 11 se centra en el diseño al servicio de la sostenibilidad y los capítulos 12 y 13 en el diseño de productos inteligentes y sostenibles, respectivamente.

Ya en la parte II, los capítulos 14 a 17 describen las principales técnicas y métodos de ayuda a la creatividad, qué sistemas son los más fiables para medirla y unos apuntes para el lector que desee complementar sus conocimientos de psicología de la creatividad.

La importancia del teletrabajo para la creatividad e innovación colaborativa se detalla en el capítulo 18 y, en último lugar, en el capítulo 19 se expone cómo podemos medir la innovación.

Uno de los objetivos principales de este libro es transmitir los conocimientos y experiencias docentes de sus autores sobre cómo se fomenta la innovación y la creatividad. El segundo objetivo es ayudar a innovar a las industrias y a las empresas de servicios de manera que se pueda frenar la emergencia climática y alcanzar el progreso social que todos anhelamos.

Llorenç Guilera y Antoni Garrell
Sabadell

Productos y servicios inteligentes y sostenibles

Técnicas para la innovación y la creatividad

PARTE I

Capítulo 1
La sociedad digital y la Industria 4.0

Las sucesivas etapas del progreso humano gracias a las continuas innovaciones basadas en la conjunción de ciencia, tecnología y diseño nos han llevado a la actual sociedad digital y a la cuarta revolución industrial.

Las grandes etapas del progreso humano

Las grandes etapas del progreso humano se pueden representar de una manera muy simplificada y abreviada en la figura 1.1. Las sociedades más primitivas

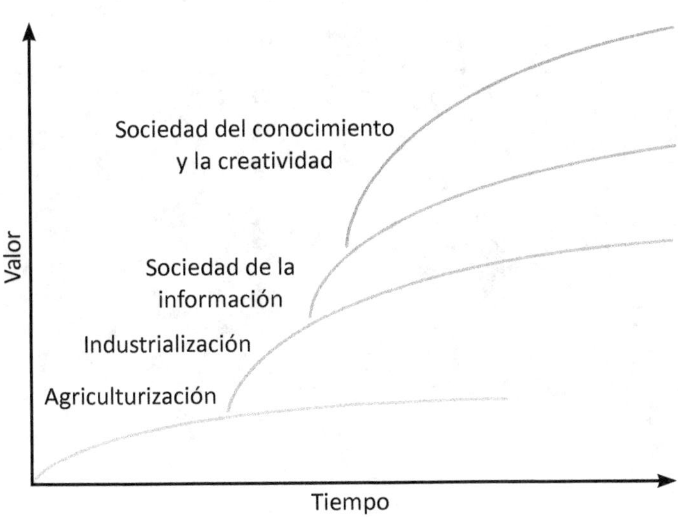

Figura 1.1. Las grandes etapas del progreso humano.

avanzaron gracias a la agricultura que les permitió reducir su dependencia de la caza y disponer de tiempo y oportunidad para pensar en la satisfacción de nuevas necesidades.

Las artes, las artesanías y los oficios dominaron la economía durante los diecisiete primeros siglos de nuestra era hasta la invención de la máquina de vapor y la industrialización que arrancó gracias a ella en el siglo xviii.

La primera revolución industrial

Las revoluciones industriales han estado caracterizadas por la confluencia de cambios significativos en las fuentes energéticas y las comunicaciones, generando un nuevo marco productivo cada vez más eficiente, eficaz y disruptivo.

Hasta el siglo xviii, las fuentes de energía que movían las producciones humanas se limitaban al fuego, a la fuerza animal (de hombres, caballos, mulas, bueyes y similares) y al viento. Recordemos la importancia que tuvieron

En los talleres de telares de la primera revolución industrial predominaba el empleo de las mujeres.
(Fuente: Postal antigua de Jubia, A Coruña)

la navegación a vela (los principales imperios de la era moderna nacieron y se expandieron gracias a las armadas navales) y los molinos de viento (la agricultura pudo expandirse en terrenos de secano gracias los pozos de agua bombeados por ellos).

La invención clave que propició la primera revolución industrial fue, sin duda, la máquina de vapor, inventada ya en 1712 por Newcomen y que en 1768 fue perfeccionada de manera sustancial por James Watt para permitir el auténtico aprovechamiento de la energía del vapor.

Los pequeños talleres de telares manuales se transformaron rápidamente en grandes fábricas de cientos de telares y nacieron los roles sociales de obreros y de ingenieros industriales. Muchos de los agricultores, ganaderos y artesanos migraron a las grandes ciudades y se transformaron en manipuladores de máquinas accionadas por vapor. Las fábricas dependían de suministros continuos de agua y combustible y por eso eran construidas preferentemente en las orillas de los ríos.

El primer país en industrializarse fue Gran Bretaña durante la segunda mitad del siglo XVIII. En la primera mitad del siglo XIX, la industrialización se expandió a Bélgica, Cataluña, Alemania y Estados Unidos. En la segunda mitad del siglo XIX se introdujo en el norte de Italia, los Países Bajos, Rusia y Japón.

Las causas concurrentes fueron:

- La aplicación de la energía del vapor a la mecanización de los telares y el transporte por ferrocarril.
- La aplicación de la ciencia a la creación de máquinas y procesos productivos.
- La atracción de los capitales a invertir en fábricas textiles.
- La mejora técnica de la agricultura que originó un incremento del paro laboral en el campo.
- El crecimiento de la industria del carbón y el hierro.
- El fuerte crecimiento demográfico propiciado por la mejora de la higiene de la población.

Las nuevas fábricas fueron muy diferentes de los talleres artesanales o gremiales. La producción a gran escala de series idénticas de producto, con la ayuda de la maquinaria, desvinculó al trabajador del producto de su trabajo y las relaciones entre obreros y empresarios se despersonalizaron progresivamente. En la primera mitad del siglo XIX aparecieron las primeras luchas de clases y arrancaron las bases de las ideologías del liberalismo y del socialismo.

Segunda revolución industrial

A finales del siglo XVIII y principios del XIX (hasta el inicio de la Primera Guerra Mundial) se producen importantes innovaciones tecnológicas que propician la segunda revolución industrial: la introducción del gas y de los derivados del petróleo como combustibles; el motor de combustión interna para suplir o complementar el motor de vapor; la electricidad como nueva fuente de energía.

Ya no era necesario construir las fábricas junto a los ríos, y la productividad y la diversidad industrial se incrementaron de manera notable.

Aparecieron con fuerza tres nuevos sectores industriales: el químico, el metalúrgico y el eléctrico. En esta nueva fase de industrialización, los Estados Unidos de América fueron la nación líder.

La industria siderometalúrgica innovó en aleaciones y procesos para conseguir metales más puros, que contribuyeron al desarrollo del resto de sectores de la industria. Se aprendió a producir acero más barato y puro, a generar acero inoxidable y a utilizar el aluminio.

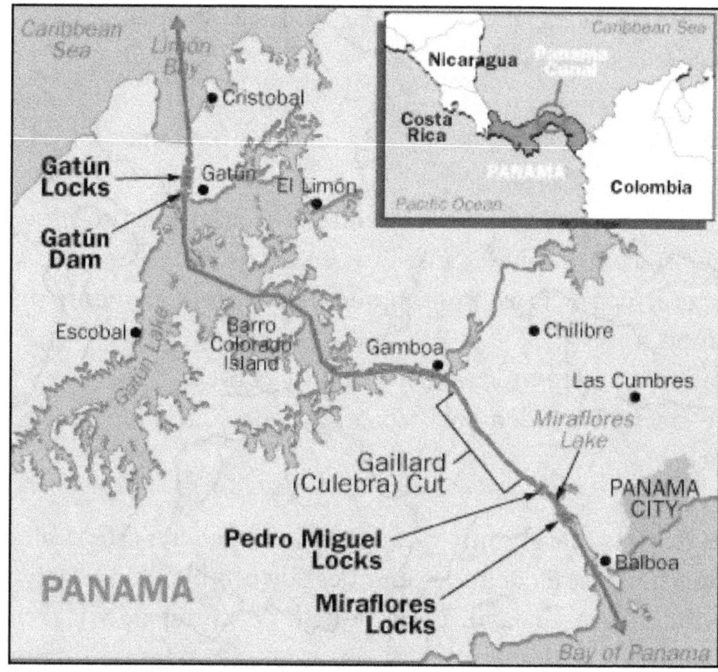

Figura 1.2. Cambios trascendentales en las comunicaciones, como la inauguración del canal de Panamá en 1914. (Fuente: www.skole.hr)

En los transportes, se extendió la red de vías férreas que hicieron posible una rápida distribución de las materias primas y los bienes producidos, a la vez que contribuyeron a abrir nuevos mercados, cada vez más lejanos. Los antiguos clíperes, los barcos rápidos de vela usados para el transporte de bienes coloniales, fueron sustituidos por barcos de vapor, mientras la apertura de los canales de Suez y de Panamá (figura 1.2) consiguieron que el comercio marítimo fuera mucho más rápido.

Se iniciaron las grandes concentraciones empresariales y se consolidó el capitalismo. Las consecuencias del proceso de concentración industrial y bancaria perjudicaron la libre competencia y generaron un incremento de los beneficios que, de rebote, representaron la progresiva internacionalización del capitalismo. Fue la época en que nacieron los grandes monopolios.

Una característica de esta segunda revolución industrial es que se inició un movimiento de búsqueda de nuevos mercados donde invertir capitales y productos manufacturados y países de los que poder extraer materias primas. Este fenómeno produjo una ola colonizadora de los países industrializados centrada fundamentalmente en los continentes africano y asiático.

Grandes inventos como la cámara fotográfica, la máquina de escribir, el telégrafo, el teléfono o el automóvil llegaron a ser accesibles a ciertas capas de la población y contribuyeron a consolidar la percepción de vivir en una nueva época y crear una cultura y unos hábitos de clase media (véase la tabla 1.1).

Tercera revolución industrial

A finales del siglo XX, la revolución producida en las tecnologías de la información y comunicaciones (TIC) propició la sociedad de la información y desencadenó la llamada tercera revolución industrial.

Es la etapa en la que todavía están ubicadas la mayoría de las naciones industrializadas. Las características de esta etapa son:

- Las innovaciones en microelectrónica que repercuten en las TIC.
- La aparición de nuevos medios de comunicación (televisión, telefonía móvil, redes sociales...).
- La adopción de dispositivos digitales sustituyendo dispositivos analógicos y mecánicos.
- La aparición de máquinas de control numérico y los controladores lógicos programables (PLC).

Año	Invento	Inventor
1908	Modelo T de Ford	Henry Ford
1911	Celofán	Jacques E. Brandenberger
1923	Autogiro	Juan de la Cierva
1924	Televisión	John Logie Baird
1927	Aerosol	Erik Rotheim
1928	Penicilina	Alexander Fleming
1931	Microscopio electrónico	Max Knoll - Ernst Ruska
1935	Radar	Robert Watson-Watt
1935	Nailon	Wallace Carothers
1938	Bolígrafo	George y Ladislao Biro
1946	Ordenador electrónico digital	John Presper Eckert, John W. Mauchly
1955	Fibra óptica	Narinder Singh Kapany
1956	Fregona	Manuel Jalón Corominas
1957	Satélite artificial	Científicos soviéticos
1960	Láser	Theodore Maiman, Charles H. Townes, Arthur L. Schawlow
1963	Cámara de fotos instamatic	Kodak
1971	Microprocesador	Marcian Edward Hoff
1977	Máquina de escribir portátil	Olympia Business Systems
1982	Corazón artificial	Robert K. Jarvik
1983	Teléfono celular	Motorola

Tabla 1.1. Grandes inventos del siglo xx.

- La aparición de los primeros robots industriales.
- La creciente demanda de recursos humanos cada vez más especializados.
- La aparición del teletrabajo y la comunicación digital entre empresas.
- El incremento de fuentes de energías renovables y la conciencia de la necesidad de la sostenibilidad.
- La aplicación de las TIC en la gestión integral de las empresas (gran expansión del *software* de ERP, *enterprise resource planning*).

- La aparición del *marketing* y comercio digital aprovechando la globalización de internet.
- La descentralización de la producción (procesos de deslocalización).
- La importancia creciente de la economía de los servicios.
- La creación de mercados comunes entre países afines.

Cuarta revolución industrial

La cuarta revolución fue oficialmente presentada en sociedad por parte de consultoras alemanas en el CeBit de Hannover de 2013 con el «nombre de guerra» de Industria 4.0 como una evolución natural de la Industria 3.0.

Si nos fijamos en las fuentes de energía, hablaremos de la industria de la sostenibilidad y las energías limpias. Centrándonos con las materias primas, hablaremos de la industria de nuevos materiales técnicos reciclables y con nuevas propiedades sorprendentes. Si nos centramos en el diseño de los productos, nos aparecerán conceptos tales como ecodiseño (diseño ecológico) y codiseño (diseño colaborativo). Los clientes finales ya no son considerados consumidores, sino *prosumers*, y se les tiene en cuenta a la hora de diseñar los nuevos productos y para personalizar tanto como se pueda aquello que se les sirve. El eslogan «Hágalo usted mismo», gracias a la internet de los objetos y las impresoras 3D está impulsando una nueva manera de vender en muchos diferentes subsectores. Las redes sociales proporcionan de manera interactiva las tendencias del mercado de los *prosumers* y una vía ideal para el *marketing* directo. La enorme cantidad de información obtenida de internet, conocida con la denominación de *big data* o macrodatos, proporciona la posibilidad de profundizar con rigor en los estudios de mercado y en las mejoras de la comercialización.

Si la Industria 3.0 impulsó el perfeccionamiento de las TIC en el entorno de la sociedad digital, la Industria 4.0 impulsa la integración total de la información y el conocimiento en todas las etapas del ciclo de vida útil del producto.

La mejora, la tecnificación y abaratamiento de los almacenamientos y medios de transporte han aportado cambios importantes en la logística. Los drones y los vehículos eléctricos autónomos empiezan a ser una realidad en los medios productivos y logísticos.

Pero el cambio principal está en los sistemas de producción. La inteligencia artificial (IA) y su hija primogénita, la robótica, han iniciado una revolución que ya no tendrá freno. Se les han añadido otras tecnologías básicas: los sensores, las comunicaciones inalámbricas y las bases de datos en línea. Las diferentes partes del proceso productivo están asumiendo funciones inteligentes que hasta ahora eran privativas de los obreros especializados y están comunicándose entre ellas de forma automática y autónoma mediante la internet de los objetos (IoT, del inglés *internet of things*).

En la Industria 3.0, las TIC y la gestión del conocimiento ya estaban en el corazón de los sistemas de producción. En la Industria 4.0 se añade que todos los sistemas de producción están conectando completamente todos los subsistemas constituyentes, todos los procesos del ciclo de vida global del producto, todos los actores (tanto internos como externos) que intervienen: los diseñadores, los proveedores, la producción, las redes de clientes y los canales de distribución y la logística. La complejidad es mucho más alta y exige sofisticadas ofertas de *marketing* directo. Los sistemas informáticos deben construirse alrededor y en el interior de las máquinas. Los sistemas de compras, almacenamiento y proveedores se adhieren a los nuevos estándares y conectan directamente con los dispositivos robóticos. Todo está controlado en tiempo real.

Las plantas de las fábricas de la Industria 4.0 tienen claramente definidos estos estándares y comparten las interfaces establecidas. La conectividad colaborativa es la clave del éxito. El uso de estas tecnologías hace posible reemplazar de manera flexible las máquinas que se reparen o se mejoren de prestaciones a lo largo de la cadena de valor. La adaptación a los cambios del mercado y el incremento de la productividad son los grandes beneficiarios.

La Industria 4.0 representa la integración de extremo a extremo de la cadena de valor que va desde la detección de los cambios de demandas del gran público a su satisfacción por parte de las fábricas inteligentes. Ya no tendrá sentido hablar de simples fábricas. Las fábricas serán inteligentes *(smart factories)* o no serán. Del mismo modo que hoy en día no tiene ninguna vigencia un teléfono móvil de la primera generación, llegará el día que no tendrá sostenibilidad una fábrica que no haya adaptado sus productos y sus procesos internos a la cuarta generación.

Las implicaciones en la formación de los técnicos y los empresarios que la Industria 4.0 necesitará son bastante claras y deducibles. Los gobiernos y las universidades no pueden quedarse pasivos y deben planificar sin malogradas pausas los cambios necesarios en los planes de estudios. Han empezado afectando a informáticos, ingenieros, diseñadores y administradores de empresas, pero acabarán repercutiendo en todas las carreras universitarias y –por supuesto– en toda la formación profesional.

La Industria 4.0 no es un simple cambio tecnológico, es un cambio de filosofía y de estructura económica que se hace difícil prever hasta qué punto cambiará las vidas de las futuras generaciones. El eterno reto de aunar la oferta con la demanda y ser proactivo con las tendencias del mercado es ahora bastante más asumible.

Pero es el momento de destacar dos de las variables que no se podrán automatizar (aunque se las podrá ayudar como nunca se había conseguido hasta ahora): son la creatividad y la innovación. Y aquí es donde las universidades y las escuelas de formación profesional que estén mejor preparadas para el cambio marcarán la diferencia.

Las tecnologías de la sociedad digital

En la figura 1.3 se representan los principales habilitadores tecnológicos de la sociedad digital y la Industria 4.0.

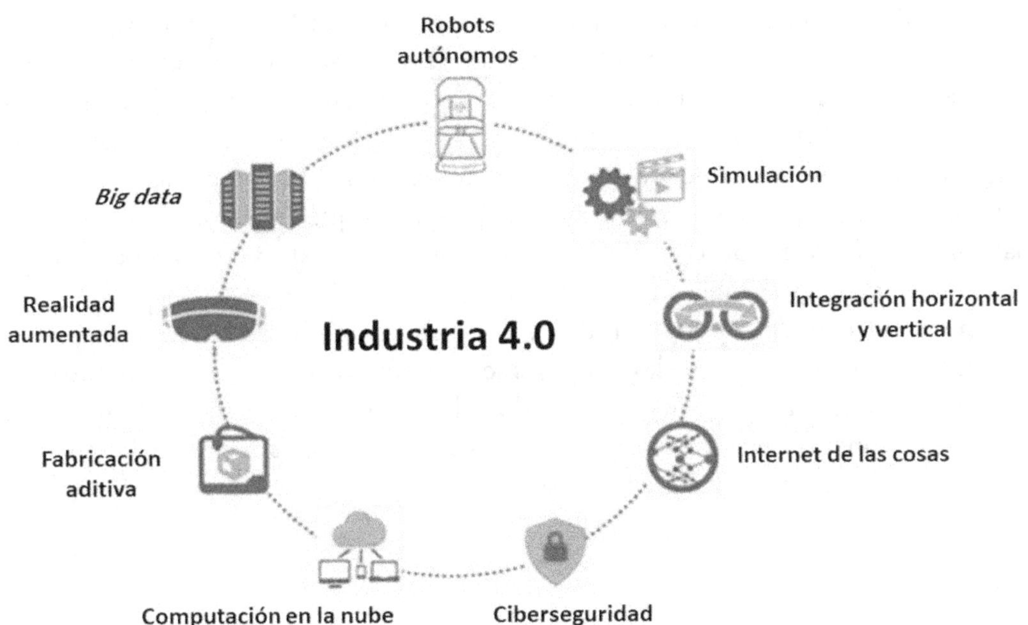

Figura 1.3. Tecnologías básicas de la Industria 4.0.

Big data, *el análisis de datos de múltiples fuentes*

La sociedad digitalizada proporciona almacenes automáticos, procesables en tiempo real, de una enorme variedad de datos: tendencias del mercado a considerar por los equipos de diseño; datos de los clientes a considerar por el *marketing* digital; resultados de los pedidos realizados para optimizar las compras de materiales y piezas a proveedores; datos de control de los procesos productivos a considerar por el control de calidad y la reducción de costes; la optimización de la energía y de los materiales; etc.

Se denomina *big data* al gran volumen de datos, tanto estructurados como no estructurados, que están disponibles en internet y que pueden proporcionar información útil a los intereses de las diferentes organizaciones.

Dado el uso masivo y creciente de internet, son cantidades ingentes de datos, pero no nos interesa la cantidad, sino la calidad de la información que, con analíticas adecuadas, podemos extraer para tomar decisiones estratégicas.

Los analistas establecen que tiene sentido hablar de *big data* cuando el volumen de datos sobrepasa los 30 terabytes. Algunas multinacionales procesan actualmente volúmenes de datos de varios petabytes.[3] Cada empresa, cada organización, necesita hacerse su *big data* particular, ceñido a sus necesidades.

La utilización eficaz del *big data* consiste en combinar los datos relevantes que contiene con los datos estructurados internas de la empresa (normalmente de una base de datos relacional) de una aplicación comercial más convencional, como puede ser un ERP *(enterprise resource planning)* o un CRM *(customer relationship management)*. Lo que hace que *big data* sea tan útil para muchas empresas es el hecho de que puede aportar respuestas a muchas preguntas que las empresas ni siquiera sabían que tenían. En otras palabras, proporciona puntos de referencia para tomar decisiones estratégicas mejor fundamentadas.

La recopilación de grandes cantidades de datos y la búsqueda de tendencias dentro de los datos permiten que las empresas se muevan mucho más rápidamente para innovar sus productos y servicios y ajustarlos a la demanda del mercado. También les permite eliminar las áreas problemáticas antes de que la insatisfacción de los clientes acabe con sus beneficios o su reputación.

---

[3] 1 Petabyte (PB) = 10^{15} bytes = 10^{12} KB = 10^9 MB = 10^6 GB = 10^3 TB.

Visión por computadora

La visión por computadora o visión artificial es el conjunto de herramientas y métodos que permiten obtener, procesar y analizar imágenes del mundo físico con la finalidad de que puedan ser tratadas por un procesador y poder automatizar una amplia gama de tareas aportando a las máquinas la información que necesitan para la toma de decisiones correctas en cada una de las tareas que les han sido asignadas.

Es una tecnología que se usa para la clasificación de las imágenes de cara a la toma de decisiones y, a grandes rasgos, se pueden dividir en dos tipos principales: la visión por computadora supervisada y la visión con decisiones autónomas.

Si aplicamos IA, podemos lograr visón artificial con aprendizaje automático. Una de las ventajas que aporta este sistema es poder distinguir los patrones buscados de forma automática mediante el uso de redes neuronales.

Robots industriales

Los robots están actualmente en una evolución acelerada solo frenada por dos grandes barreras: la complejidad propia de los problemas a resolver en su construcción y las grandes alteraciones sociales que produciría una implantación demasiado rápida de la futura robótica industrial.

Los primeros robots se fabricaron para tareas muy específicas después de la Segunda Guerra Mundial. Eran funciones en las que se exigían ciertas destrezas para resolver situaciones completamente definidas, o en las que se requería trabajar en ambientes altamente nocivos para la vida humana, como pueden ser —entre otros— las centrales nucleares, ciertos ambientes químicos o biológicos de alta toxicidad. Son ejemplos destacados de la primera época el Surveyor que aterrizó en la Luna en 1966, o el Viking, que aterrizó en Marte diez años después. Los primeros robots estaban siempre asociados a proyectos de investigación de presupuestos muy elevados, en los que era factible incluir partidas para la construcción de costosos robots; por eso muchos de ellos fueron desarrollados por los diferentes departamentos militares de Estados Unidos.

Las investigaciones teóricas de la robótica como ciencia arrancan a partir de 1960 en diversos centros de investigación: como el Stanford Research Institute (SRI) de California, la Universidad de Edimburgo en Escocia, o el Massachusetts Institute of Tecnology (MIT). Resultados importantes de estas primeras investigaciones son el desarrollo de sensores (en particular la visión artificial) y todos los desarrollos relacionados con la movilidad y agilidad (manos mecánicas), equilibrio, etc.

Como consecuencia, a partir de los años setenta aparecen los «brazos robóticos industriales», provistos de sensores y manipuladores que pueden hacer tareas muy variadas según los programas de control alojados en los ordenadores que los controlan. Estos brazos son capaces de elegir, por un lado, la herramienta adecuada para la realización de cada tarea y, por otro, discriminar las piezas sobre las que deben actuar. Además, pueden trabajar en ambientes químicos o biológicos muy hostiles, o en condiciones térmicas no soportables por seres humanos. A mediados de los años ochenta se produce también otra innovación tecnológica de gran trascendencia: la aparición del microrrobot de bajo coste, construido con microchips de gran tirada. Destacan entre ellos el Modelo 695 construido en 1984, por la empresa Intelledex con los chips procesadores de Intel 8086 y 8087 y empleando un lenguaje de programación llamado Robot Basic, que era una versión especial del BASIC de Microsoft.

Opportunity, el robot de exploración de la NASA (2003)
en una recreación de la superficie de Marte.

En la actualidad, el abaratamiento de los microprocesadores y la profusión de sensores de todo tipo a precios asequibles han hecho posible que sean cada vez más las empresas que ofrecen microrrobots y diferentes componentes de robótica para automatizar pequeños talleres, vehículos de exploración, o pequeños brazos industriales.

El descenso espectacular de los precios ha contribuido a que también se fabrique un buen grupo de robots destinados a la formación, a la investigación o al simple entretenimiento.

Robots colaborativos

Una variante interesante de la tercera generación son los llamados «robots colaborativos» (véase la figura 1.4). Los robots industriales anteriores se tenían que encerrar en celdas de fabricación con ningún, o casi ningún, tipo de contacto con humanos. Como mucho, los robots interactuaban entre ellos.

Los robots colaborativos controlan la seguridad del contacto físico con humanos. Esto se debe a que tienen formas redondeadas para evitar daños en caso de golpes y poseen «sensibilidad» ante el contacto con otros objetos.

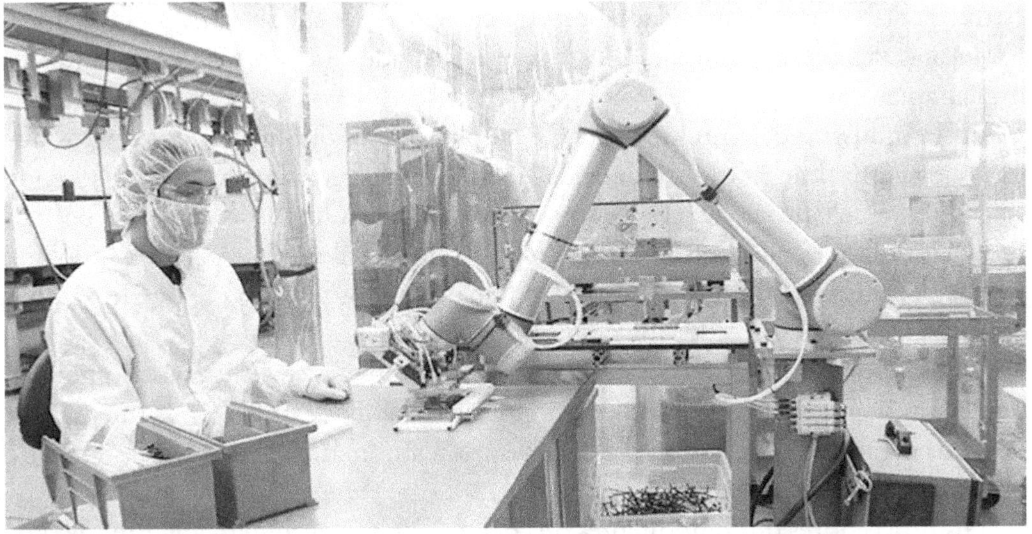

Figura 1.4. Ejemplo de robot colaborativo. (Fuente: https://www.buendia.digital)

Esta virtud les permite trabajar con humanos, gracias a los sensores de control de esfuerzo en cada uno de los ejes. Son adecuados para trabajar en líneas de montaje junto a operarios, minimizando la inversión en costosos sistemas como vallas o sistemas de detección de seguridad.

Los robots colaborativos son una buena solución para las pymes con trabajos muy repetitivos, en los que está previsto combinar operaciones manuales con la manipulación robótica, porque son equipos fáciles de programar por personal no cualificado, sin conocimientos profundos de programación, y porque ahorran inversiones en complejos sistemas de seguridad.

Robots autónomos

Los robots serán cada vez más autónomos porque estarán dotados de IA y podrán hacer frente a tareas más complejas que impliquen eventuales tomas de decisiones que actualmente están en manos exclusivas de humanos. Interactuarán con otros robots y con humanos, estableciendo trabajo colaborativo con ellos (sin necesidad de las jaulas y vallas de seguridad) y tendrán capacidad de aprendizaje por las experiencias.

Estos robots estarán interconectados para que puedan trabajar juntos y ajustar automáticamente sus acciones para adaptarse al siguiente producto inacabado en línea. Los sensores de alta gama y las unidades de control con IA permitirán esta estrecha colaboración y esta adaptabilidad a incidencias y circunstancias cambiantes. Serán más flexibles, disminuirán los costes e irán adquiriendo nuevas capacidades impensables hoy en día.

En la industria del automóvil, por ejemplo, los robots colaborativos y los autónomos permitirán fabricar pequeños lotes gracias a una mayor versatilidad en la soldadura, el sellado de costura y el montaje. Como resultado, las empresas podrán producir múltiples modelos de coches con diferentes estilos y diseños utilizando una línea de producción flexible. La ingeniería de productos y plantas se puede ampliar a varios ciclos y modelos de vida de producto.

En el futuro, el proceso de fabricación de automóviles será supervisado por sistemas automáticos de control de los puestos de trabajo que utilizarán la integración de datos para modificar el proceso de fabricación automáticamente. Los sistemas de pedidos múltiples pasarán a ser obsoletos.

Los proveedores de componentes de coche ajustarán automáticamente sus procesos sobre la base de nuevos pedidos de la fábrica de automóviles, maximizando la logística *just-in-time*. La robotización con IA reducirá los costes de la logística y de las operaciones.

Durante la duración de la producción de un modelo de coche concreto, se tendrá su modelo virtual, creado en fase de ingeniería y que integrará todos los datos relevantes, y que se irá actualizando constantemente con datos de rendimiento y datos de partes intercambiadas. Con este modelo virtual, a veces llamado «gemelo digital», los productores pueden mejorar su servicio posventa, ofrecer una gama de nuevos servicios y generar ideas que se puedan utilizar para optimizar el diseño de los futuros coches.

Robots humanoides

En principio no se piensa que la línea de diseño de robots humanoides –una de las líneas preferidas de la investigación japonesa– sea la más útil para la industria. Sin embargo, las aplicaciones de robots humanoides están cada vez más presentes en diversos sectores y empresas de servicios.

Robot humanoide Nadine, con total semejanza de su creadora Nadia Thalmann.
(Fuente: Universidad Tecnológica de Nanyang - NTU, Singapur)

A título de ejemplo, podemos destacar el robot Nadine, recepcionista de la Universidad Tecnológica de Nanyang en Singapur, que reconoce a las personas, dirigiéndose se por su nombre y mirando a los ojos y que empatiza con ellas se alegran o poniéndose triste en función de la conversación. Nadine, con apariencia 100 % humana, fue construida por científicos de la UNT (dirigidos por Nadia Thalmann) y está siendo utilizada para acompañar y cuidar de niños y personas mayores.

Simulación

Desde hace muchos años, se utiliza la simulación en 3D para diseñar productos (CAD) y para asistir a la ingeniería de la producción (CAM). La novedad en el modelo Industria 4.0 radica en la utilización de simulaciones en tiempo real de operaciones de planta.

A partir de datos capturados en tiempo real, se refleja el mundo físico en un modelo virtual y se simula el proceso siguiente para ajustarlo y optimizar los parámetros que lo condicionan; datos que –obtenidos en milésimas de segundos– son traspasados del mundo virtual al físico.

Esto permite reducir los tiempos de configuración de las máquinas y aumentar la calidad del proceso de producción.

Integración horizontal y vertical de sistemas

La mayoría de los sistemas informáticos actuales no están totalmente integrados. Las empresas, sus proveedores y sus clientes rara vez están estrechamente relacionados en una verdadera integración digital. A menudo, ni los mismos departamentos de la empresa tienen bastante bien integrados sus sistemas de datos compartidos tal como convendría: el objetivo del modelo Industria 3.0 de tener un sistema integral de gestión (ERP) rara vez ha sido un verdadero logro en la mayoría de las empresas de nuestro entorno.

En el modelo Industria 4.0, tanto las diferentes empresas que participan en el ciclo total de vida del producto, y los departamentos internos, como las funciones de los diferentes procesos estarán plenamente cohesionadas compartiendo los datos esenciales para optimizar cada etapa de la cadena de valor mediante procesos inteligentes alojados en la nube *(cloud computing)* con capacidad de tomar decisiones gobernadas por IA.

La internet industrial de los objetos (IIoT)

En Industria 3.0, solo algunos de los sensores y máquinas de los procesos de producción están conectados en red y hacen uso de la informática integrada. Normalmente, se organizan en una pirámide de automatización vertical en el que los sensores y los dispositivos de campo con control limitado de inteligencia y automatización se introducen en un sistema de control global de los procesos de fabricación.

Con la internet industrial de las cosas, tenemos la posibilidad de descentralizar partes del control de los procesos, de interconectar mediante tecnologías estándar muchos más dispositivos y productos –incluyendo piezas inacabadas cuando convenga– de forma que se enriquezca la informática integrada.

Esto permite que los dispositivos de campo se comuniquen e interactúen entre ellos y con más controladores descentralizados, según sea necesario. Descentralizar el análisis y la toma de decisiones permite tener mejores respuestas en tiempo real.

Los productos se identifican mediante códigos de identificación de radiofrecuencia (RFID) y las estaciones de trabajo «conocen» qué pasos de fabricación se deben realizar para cada producto y se pueden adaptar para realizar la operación específica. Y, evidentemente, que estas decisiones estén gobernadas por IA es el paso último para alcanzar.

Ciberseguridad

Con el aumento de la conectividad y el uso de protocolos de comunicaciones estándar preconizados por Industria 4.0, la necesidad de proteger los sistemas industriales críticos y las líneas de fabricación de las amenazas de seguridad cibernética aumenta de manera espectacular. Como resultado, son esenciales las comunicaciones seguras y fiables, así como la identidad protegida y la gestión de acceso de máquinas y usuarios.

Llamamos ciberseguridad al conjunto de tecnologías, procesos y prácticas diseñadas para proteger de los ataques, daños o accesos no autorizados a las redes informáticas, los ordenadores, los programas y los datos.

Los posibles ataques a la integridad de un sistema informático son muy diversos: robo de información; destrucción de información; modificación maliciosa de datos; perjudicar, bloquear o anular el funcionamiento del sistema; suplantación de identidades; transacciones fraudulentas; etc.

La principal problemática de la seguridad cibernética es la naturaleza rápida y en constante evolución de los riesgos generados por atacantes profesionales. Las amenazas avanzan más rápidamente de lo que pueden seguir los expertos en seguridad. No es posible escribir un manual de cómo prevenir el riesgo de ningún sistema en particular porque sería un manual que habría que reescribir constantemente.

Ya no sirve el enfoque tradicional de concentrar la mayor parte de los recursos de vigilancia en los componentes del sistema más importantes y protegerse contra las amenazas más conocidas; ya no es prudente dejar algunos componentes del sistema menos importantes sin tener en cuenta, porque actualmente también tienen riesgos muy peligrosos.

Si nos basamos en el origen del ataque, podemos clasificar las amenazas en dos clases:

- **Amenazas externas**
  Al no tener información precisa de la red, un atacante externo debe realizar ciertos pasos para poder conocer cómo está organizada y buscar la manera de atacarla. La ventaja que tiene en este caso el administrador de la red es que puede prevenir una buena parte de los ataques externos.

  El método más habitual de ataques externos son los programas maliciosos *(malware):* programas destinados a perjudicar, obtener datos protegidos o hacer un uso ilícito de los recursos del sistema. Se instalan en el ordenador cuando un usuario abre un correo, accede a una web infectada o pulsa sobre un archivo adjunto. Abren una puerta a los intrusos o bien acceden directamente a los datos o perjudican el funcionamiento del sistema. Entre las diferentes variantes tenemos los virus informáticos, los gusanos informáticos, los troyanos, las bombas lógicas, los programas espía…

  Los atacantes que consiguen realizar un agujero en la seguridad de un sistema reciben diferentes nombres según el método que utilicen: *crackers* y *phishing* (consiguen las contraseñas), *defacers* (destruyen el sistema), *hackers* (obtienen los datos protegidos), *script kiddie o script boy* (utilizan *scripts* desarrollados por otros), *viruxers* (crean y propagan virus), *spoofing* (suplantan la identidad de un dato interno esencial del sistema, como pueden ser IP, DNS, ARP, dirección web, dirección de correo electrónico).

- **Amenazas internas**
  Pueden ser más perjudiciales que las externas, por varias razones. Si el atacante es personal técnico interno, tiene la ventaja de que conoce la red, su funcionamiento, la ubicación de la información y los datos de interés. Según

el Computer Security Institute (CSI) de San Francisco, entre el 60 y 80 % de los incidentes de red son causados desde dentro.

La computación en la nube (cloud computing)

Las aplicaciones basadas en la nube o SaaS *(software as a service)* son un recurso casi obligado a la hora de hacer efectivo el modelo Industria 4.0.

La necesidad de interconectar todas las empresas que participan en la cadena de valor para obtener la necesaria congruencia de las informaciones que condicionan las interfaces de las relaciones, inclina con fuerza la balanza hacia el uso de las aplicaciones comunes en la nube. Con las necesarias medidas extremas de ciberseguridad, por supuesto.

Muchas de las empresas que actualmente están ofreciendo servicios auxiliares de producción están montando sus servidores de control y calidad en la nube.

Fabricación aditiva

En 1990 se comercializó por primera vez el modelado por deposición fundida (MDF) como un proceso de fabricación utilizado para la modelización rápida de prototipos y la producción a pequeña escala. El modelado por deposición fundida utiliza una técnica aditiva, depositando el material en capas, para conformar la pieza.

Un filamento plástico o metálico se almacena en rollos que son introducidos en un filtro. El filtro se encuentra por encima de la temperatura de fusión del material y puede desplazarse en tres ejes controlados electrónicamente. La boquilla que extrusiona el material suele estar movida por motores a pasos o servomotores. La pieza es construida con hilos muy finos del material que solidifican inmediatamente después de salir de la boquilla. De aquella primera invención han derivado diferentes sistemas de fabricación aditiva, entre los que destaca de manera preeminente la impresión 3D. La conexión a un sistema informático de CAD de un aparato capaz de realizar extrusión de plástico por moldeado por deposición fundida da salida a una larga profusión de variantes en el terreno de la impresión 3D.

Para definir la geometría 3D de los objetos que se van a imprimir se utiliza normalmente el formato de archivo STL (iniciales de *STereo Lithography)*. Un formato que tiene el inconveniente de que excluye la información de color, texturas y propiedades físicas, por lo que algunas aplicaciones de impresión 3D deben recurrir a otros formatos más complejos.

Las impresoras 3D

Hay una gran diversidad de tecnologías disponibles en impresoras 3D. Las principales diferencias se encuentran en la forma en que se añadieron las diferentes capas para crear las piezas. Algunos métodos usan material fundido o ablandan el material para producir las capas, por ejemplo, el sinterizado de láser selectivo (SLS) y el modelado por deposición fundida (MDF), mientras que otros depositan materiales líquidos que son solidificados con diferentes tecnologías. En el caso de manufactura de objetos laminados, se cortan capas delgadas para ser moldeadas y unidas juntas.

Cada método tiene sus propias ventajas e inconvenientes; por ello, algunas compañías fabricantes de impresoras 3D ofrecen la posibilidad de elegir entre polvo o polímero como material de fabricación de la pieza según sean los intereses del cliente.

Impresión 3D de metales. (Fuente: http://imprimalia3d.com/noticias)

Generalmente, las consideraciones principales para elegir una impresora 3D son: la velocidad, el costo del prototipo impreso, el costo de la impresora 3D, la gama posible y los costos de materiales, así como capacidad para elegir el color. Y, por supuesto, la tolerancia y precisión mecánica de las piezas impresas.

Realidad virtual y realidad aumentada

- **La realidad virtual** consiste en producir mediante programación informática un entorno que aparece a los ojos de las personas usuarias como real y sumergirlo en él mediante el equipamiento hardware adecuado (gafas tridimensionales y, optativamente, guantes y traje especial para sensaciones táctiles).

  Se usa en la industria para el aprendizaje inmersivo de procesos y en *marketing* para promoción inmersiva de productos a la venta.

- **La realidad aumentada** es la visión que se obtiene de un entorno físico del mundo real, a través de un dispositivo tecnológico que añade información adicional a la percibida por el ojo humano.

  Mediante un dispositivo o conjunto de dispositivos, se añade información multimedia digital a la información física percibida por la visión natural. Los elementos físicos tangibles se combinan con elementos virtuales y crean una realidad aumentada en tiempo real.

La realidad aumentada difiere de la realidad virtual. En la realidad virtual, el usuario se aísla de la realidad material del mundo físico para sumergirse en un escenario o entorno totalmente virtual. En la realidad aumentada, en cambio, sobre la realidad material del mundo físico se monta un complemento visual generado por la tecnología, en el que la persona usuaria percibe una mezcla de las dos realidades. Añadiendo la visión artificial y reconocimiento de objetos, la información sobre el mundo real alrededor del usuario se convierte en interactiva y digital. La información necesaria y conveniente sobre el medio ambiente y los objetos puede ser almacenada y recuperada como una capa de información adicional a la visión del mundo real. Puede ser en forma de mensajes meramente auditivos o mensajes audiovisuales proyectados a unas gafas especiales de la persona.

La realidad aumentada en la ejecución de procesos.
(Fuente: http://www.elmundodeladc.com/zerintia-industria-4-0/)

Realidad mixta

Para el *marketing* digital inmersivo vía internet se está empleando cada vez más la realidad mixta.

La realidad mixta es la unión de un escenario virtual proporcionado por la realidad virtual con la información proporcionada por la realidad aumentada.

Mediante unas gafas adecuadas, la persona puede percibir en su PC o en su teléfono inteligente una tienda virtual por la que se mueve con total libertad y donde puede informarse inmediatamente y sin otra acción que fijarse en un producto concreto en toda la información en línea que pueda necesitar: características técnicas, precio, plazo de entrega, garantías y soporte posventa, etc.

Capítulo 2
Innovar para competir

La transformación provocada por la adopción de las tecnologías exponenciales está cambiando nuestra sociedad de una manera progresiva e imparable, tanto en las industrias, como en la logística, los canales de venta, el comercio, todo tipo de servicios, así como en las relaciones profesionales e interpersonales. La pandemia derivada de la covid-19 ha acelerado su adopción para adaptarse a los nuevos hábitos de consumo. Se están produciendo cambios sustanciales que están convirtiendo en obsoletos muchos de los productos y servicios actuales, y que están afectando a la competitividad de la inmensa mayoría de las empresas.

La competitividad de las empresas

«Las claves de la competitividad de las empresas son la globalización, la productividad y la innovación». *Antoni Garrell (2012)*

Vivimos en un mundo sin fronteras donde lo importante es quién lo garantiza y cómo se hace el producto, y no el país o lugar geográfico donde se hace. Todas las regiones del mundo están interconectadas y existe una libre circulación de flujos monetarios, tecnológicos, de población, de información, etc., que amplían el mercado potencial para las empresas.

La productividad es el segundo factor clave, pero es un tremendo error –cometido hasta la saciedad– de buscarla a base de recortar las retribuciones de la mano de obra.

Para mantener la competitividad en el mercado globalizado actual no sirve de nada intentar competir por precio. Es imprescindible competir por el valor agregado de los productos y los servicios.

En este capítulo nos centraremos en la innovación.

Las nuevas herramientas, las nuevas tecnologías, los nuevos materiales, las nuevas metodologías, las nuevas fuentes de energía y todos los factores que englobamos bajo el nombre de Industria 4.0 son las palancas imprescindibles para innovar y mantener la competitividad de las empresas.

Solo la innovación permitirá mantener (y a ser posible incrementar) la competitividad de las empresas. Las empresas que no innoven están destinadas a desaparecer en corto o medio plazo. Las empresas (y los países) tienen un importante reto enfrente: o fabrican los productos inteligentes, conectados y sostenibles que la actual sociedad requiere o lo harán otras empresas (otros países).

Sin innovación no podremos mantener la competitividad ni de las industrias ni de los países. Sin competitividad no se generarán recursos económicos ni puestos de trabajo. Sin trabajo y progreso económico, no será posible el progreso social ni la libertad de los ciudadanos.

¿En qué consiste la innovación?

La innovación consiste en transformar las semillas útiles de la invención creativa en soluciones adoptadas y valoradas en el mercado por encima de las restantes alternativas existentes.

Los objetivos principales de la innovación consisten en adaptar los productos y servicios a mejorar la calidad de vida de las personas y a garantizar la sostenibilidad del planeta.

Metodología de la innovación

A principios del siglo xx, la receptividad de la sociedad frente a los cambios era más bien escasa.

«La sociedad no está nunca preparada para recibir ningún tipo de invención. Cada cosa nueva es rechazada y el inventor necesita que pasen años para conseguir que la gente le escuche y, más años todavía, para conseguir que le acepten».
Thomas Alva Edison

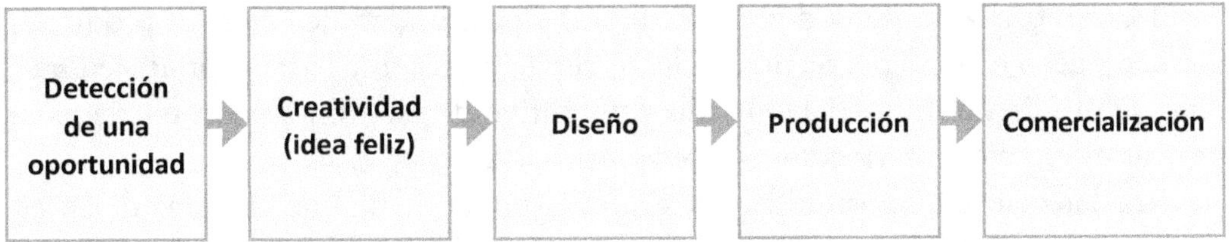

Figura 2.1. Principales etapas de la metodología de innovación de un producto/servicio.

En la sociedad digital, la velocidad de los cambios y su rápida aceptación por las personas usuarias ha cambiado sustancialmente y las empresas se ven obligadas a competir por su capacidad de innovación continua.

Cuando una empresa se plantea innovar su oferta de productos y/o servicios, le conviene hacerlo de una manera estructurada, siguiendo un método.

El primer paso es observar la realidad de los productos y servicios actuales en el mercado y detectar las oportunidades de desarrollar una oferta nueva basada en las nuevas tendencias que se presentan (véase la figura 2.1).

El segundo paso es generar una idea feliz para crear un nuevo producto/servicio o mejorar de manera sustancial los actuales. Un paso que exige buena creatividad (espontánea o inducida mediante estrategias mentales de ayuda a la creatividad).

El siguiente paso es aplicar la metodología del diseño para obtener un prototipo de éxito.

A partir de un buen prototipo validado y contrastado, se realizarán las inversiones y cambios estructuras necesarios en la fabricación para obtener el nuevo producto con la máxima calidad y menor coste posible aplicando las innovaciones tecnológicas que mejor se adopten a los objetivos.

La comercialización del producto/servicio producido se realizará aplicando creatividad e innovación para optimizar la competitividad y, en consecuencia, el rendimiento económico de la inversión realizada.

¿Qué es el diseño?

Diseñar es el proceso de convertir una idea creativa en un prototipo viable que abra camino a la producción (artesanal o industrial) de un objeto o servicio destinado a satisfacer las necesidades de potenciales usuarios mejorando su calidad de vida.

El camino que va de la detección de una oportunidad de crear un producto/servicio nuevo o la mejora de un producto/servicio existente hasta la producción en serie de un diseño industrial ajustado y definitivo de esta innovación puede pasar por varios estadios intermedios (véase la figura 2.2).

Para detectar una oportunidad hace falta disponer de un buen sistema de observación y recogida de información en dos ámbitos esenciales: las tendencias a futuro del mercado en que se posiciona la empresa y las novedades en ciencia y tecnología que pueden aportar innovación en cualquiera de las etapas del ciclo de vida de los productos y servicios. Los cambios de hábitos de las personas usuarias, sus quejas y sugerencias en las redes sociales, sus aceptaciones a productos de los competidores son informaciones cruciales.

Pero solo las personas que sean expertas conocedoras del mercado pueden interpretar correctamente todas estas informaciones para detectar las oportunidades. Y no hay que perder de vista que no todos los expertos aciertan siempre en la detección y, peor aún, que, a veces, carecen de la visión de futuro o de la creatividad necesaria para concebir una buena solución que permita aprovechar la oportunidad.

Es sabido que todo cambio y toda crisis es una oportunidad de mejora, pero no es, ni mucho menos, automática la deducción de cuál es la mejora en el producto o

Figura 2.2. De la detección de una necesidad al diseño definitivo.

servicio que va a proporcionar el aumento de competitividad deseado. Saber hallar la mejor solución, concebir un nuevo producto o servicio —pensando lo que todavía no ha pensado nadie— es el fruto de la *creatividad disruptiva* que todos los departamentos de investigación, desarrollo e innovación (I+D+I) buscan, pero que solo unos pocos consiguen.

No basta con tener imaginación, hay que tener *pensamiento productivo,* en el sentido que lo definió la Gestalt:

«El pensamiento productivo es creador, capaz de enfrentarse a situaciones y problemas nuevos con respuestas y soluciones originales, en contraposición al pensamiento meramente "reproductivo", mecánico, repetitivo y memorístico». *Max Wertheimer (1945)*

Entre todos los expertos que detectan al unísono la misma ventana de oportunidad, no todos tienen la misma capacidad creativa. No todos tienen el mismo entrenamiento para ayudar a la inspiración espontánea (tan escasa siempre) con estrategias mentales de ayuda a la creatividad.

A partir de una «idea feliz», se podrá obtener un *diseño conceptual o lógico* de la prestaciones y requisitos de todo tipo que le pedimos al nuevo producto/servicio o a las mejoras de un producto/servicio ya existente.

Los diseñadores comprobarán si su diseño conceptual es correcto testeando su comportamiento con un *prototipo virtual.* Una decisión que les permitirá ahorrar las inversiones (a veces muy costosas) de desarrollar prototipos físicos con diseños mal ajustados a las funcionalidades y requisitos deseados.

A partir de un diseño conceptual correctamente testeado y ajustado, un equipo mixto de diseñadores e ingenieros (y a veces con aportaciones de otros expertos multidisciplinares) efectuará el *diseño físico o industrial* y desarrollará un *prototipo físico* que someterán a pruebas exhaustivas de funcionamiento hasta tenerlo perfectamente depurado.

Aunque varios competidores coinciden en la misma idea creativa, no todos ellos van a tener la misma velocidad ni calidad en sus prototipos y solo uno de ellos logrará ser el primero en producirlo industrialmente y lanzarlo al mercado consiguiendo la ventaja que siempre aporta ser el primero.

En sectores muy tecnológicos, suele hacerse un primer lanzamiento al mercado con una primera edición del producto/servicio (llamada *versión beta)* y se establecen los mecanismos convenientes de retroalimentación de la satisfacción y sugerencias de los usuarios para proceder a los ajustes finales del *diseño definitivo.*

Ciclo de vida de los productos

En la Industria 4.0 se contempla el ciclo de vida útil del producto (véase la figura 2.3), y se persigue que entre todas las etapas se intercambien los datos que contribuyan a obtener una mejor eficacia y una mayor competitividad.

Del *diseño* pasamos a la *fabricación*. Los productos terminados son anunciados *(marketing)* y comercializados a través de diferentes canales de *distribución* en el mercado y *adquiridos* en las tiendas físicas o virtuales. Si las tiendas son virtuales, es imprescindible una buena *logística* para servir las compras a domicilio. Los clientes *utilizan* los productos comprados hasta su obsolescencia, momento en que los depositen en los lugares *ad hoc* para su *reciclaje*. Y, cerrando el ciclo, los diseñadores hacen intervenir en otros diseños el máximo posible de partes reciclables de los residuos generados.

Las tecnologías de Industria 4.0 deben estar presentes en todas las etapas de este ciclo vital, para optimizar la calidad de todas ellas y minimizar los costos.

Cabe destacar los retornos de información interactiva que se producen entre los clientes y los diseñadores de la fábrica (para mejorar los diseños) y entre los canales

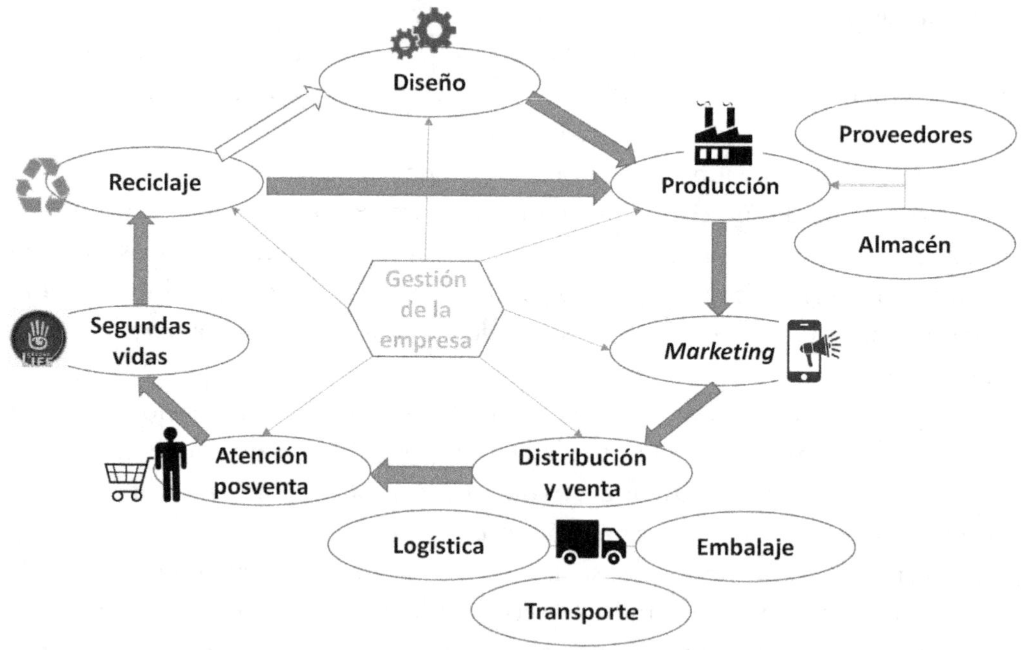

Figura 2.3. Ciclo de vida útil de los productos.

de distribución y la fábrica para incidir rápidamente sobre la planificación de la producción.

Analicemos con un poco más de detalle las distintas etapas del ciclo de vida de un producto.

En la etapa de diseño

El análisis de datos del *big data* permite hacer un análisis de las tendencias emergentes de nuestro nicho de mercado y poder concretar una prospectiva objetivada, con conocimientos estadísticos de los condicionantes y las valoraciones sociales que afectan a los cambios en los deseos de la clientela y sus hábitos de compra.

Es muy conveniente, a partir de esta información, aplicar la creatividad para tratar de innovar en mejoras de las prestaciones o, incluso, en la creación de un nuevo producto rompedor que sea ganador contra sus competidores. Recurrir a añadir inteligencia (o mejorarla, si ya tenía) suele ser una vía de éxito garantizado. Cada vez más, la clientela valorará las interacciones entre las personas usuarias y los productos y los intercambios de datos entre los diferentes productos de un mismo ámbito de uso.

Tanto en la concepción del producto como en su producción posterior, es necesario estar al día de todas las innovaciones científicas y tecnológicas que pueden aportar valor.

Para el prototipado del nuevo producto, hay que buscar apoyo en simuladores de realidad virtual y holografías, y para realizar las pruebas físicas es útil realizar prototipos rápidos en una impresora 3D.

En el proceso de diseño, se debe prever qué partes del mantenimiento y servicio posventa se podrán realizar de forma telemática para ahorrar costos y dar servicio mucho más rápido al cliente.

Si necesitamos cantidades importantes de almacén de datos y/o computación, hay que recurrir a la computación en la nube. Obviamente, la ciberseguridad deberá estar al nivel que el sistema exige.

En la etapa de fabricación

Es necesario ajustar en tiempo real la planificación de la producción atendiendo a la integración vertical de la información sobre las ventas (CRM), las devoluciones, las existencias en almacén y los posibles problemas de calidad detectados en algunos materiales esenciales.

Se gestionará de manera automatizada el almacén y el aprovisionamiento de las materias primas, los elementos a montar y las piezas de recambio de la maquinaria. Hay que evitar a toda costa las roturas de existencias que pueden detener la producción. Pero también los excedentes de piezas o materiales que dejan de ser necesarios cuando cambia la planificación de la producción por la causa que sea (descenso de las ventas, cambios de modelo, sustitución por una alternativa mejor, etc.).

Las compras a los proveedores y la continua calificación de su calidad se actualizarán automáticamente en función de las incidencias detectadas durante la producción, evitando las omisiones o retrasos típicos de los sistemas manuales de los controles de calidad.

Es preciso optimizar la logística interna de la fábrica (los suministros internos de materiales y piezas en los puntos de la cadena que los necesiten) con la ayuda del *software* adecuado, de robots especializados y vehículos autónomos (AGV).

Siempre que se pueda se implantará la fabricación aditiva (por ejemplo, con impresoras 3D industriales adecuadas) y se buscarán materiales que tengan mejores prestaciones que los de los anteriores métodos de fabricación.

Aquellos trabajos de la cadena de producción que son peligrosos (o, incluso, imposibles) para la mano de obra humana los realizarán robots, con lo que también se consigue optimizar las tareas repetitivas. Los robots industriales dotados de visión artificial y sensores de todo tipo y programables con inteligencia artificial permiten que la productividad de una fábrica pueda aumentar muy sensiblemente.

Se automatizará el control de calidad dotando de capacidades de discriminación de los posibles errores o defectos mediante sensores colocados estratégicamente en los puntos críticos de la cadena.

Se optimizará el mantenimiento preventivo de las instalaciones mediante la detección automatizada de las condiciones de trabajo de la maquinaria más crítica. Retrasar el paro de la maquinaria por mantenimiento, si la maquinaria está en perfectas condiciones, es un ahorro de costos importante. Detener antes del plazo previsto, si se ha detectado un mal funcionamiento que puede convertirse en un desastre de avería y parada larga para reparaciones complicadas, es un ahorro que puede ser de grandes dimensiones económicas.

La realidad aumentada puede sernos de gran utilidad para la supervisión de la fabricación, para contribuir al mantenimiento de las máquinas, al tratamiento adecuado de incidencias, para el control final de calidad, para ayudar a los nuevos trabajadores a entender todos los procesos de la fábrica, etc.

La integración horizontal entre las diferentes etapas del proceso se obtiene mediante la IoT, y la integración vertical entre los diferentes componentes del ERP, mediante el recurso de la computación en la nube.

La robotización del embalaje *(packaging)* permitirá un etiquetado de acuerdo con las normativas legales y que sea útil para la trazabilidad posterior de los productos.

En la etapa de marketing

El *marketing* digital en todas las lenguas que nos interesen hará posible la necesaria difusión a los clientes potenciales en el mercado globalizado.

La tienda virtual en todas las lenguas que nos interesen permitirá aumentar las ventas. Aquí es donde la realidad mixta será cada vez más necesaria para poder competir con los otros agentes del mercado.

En las etapas de distribución y adquisición

El *big data* ayuda a segmentar los mercados y descubrir nuevos mercados emergentes, así como a escoger los canales de distribución más adecuados para cada segmento de demanda.

Para hacer llegar los productos con el mínimo de tiempo de entrega posible y con todas las garantías para el cliente, se deben aplicar las metodologías de la logística 4.0 que, por su importancia, se abordan en un apartado dedicado en este libro. Solo nos limitaremos a apuntar aquí que, cada vez más, las grandes multinacionales de la logística, como Amazon, se están convirtiendo en las grandes tiendas universales donde se puede comprar directamente cualquier cosa que se necesite de cualquier marca o fabricante. Un cambio que afectará profundamente los futuros hábitos de compra.

En la etapa de utilización

Las redes sociales y los foros específicos de nuestra marca permitirán apoyar los sistemas tradicionales de atención posventa telefónica y por correo electrónico, y captar sugerencias para mejorar los productos o innovar con nuevos productos ajustados a la detección de tendencias del mercado.

En la etapa de reciclaje

Se debe averiguar si se puede sustituir algunas partes no reciclables o biodegradables de nuestro diseño utilizando tan solo elementos que respeten la sostenibilidad.

Si no hay posibilidad de reciclar, la obligación ética y legal es informar y apoyar las medidas de tratamiento ecológico de los residuos (muy particularmente los tóxicos) para minimizar los efectos contaminantes del medio ambiente.

Segunda vida al producto

Siempre que sea posible, se buscarán nuevas vidas útiles a los productos obsoletos. Por ejemplo, muchas ONG recogen ropa usada para reciclarla en países en vías de desarrollo; los teléfonos móviles de modelos anteriores tienen segunda vida entre poblaciones que no piden tantas prestaciones, etc.

Economía circular

Otra opción es ver si un producto obsoleto, entero o descompuesto en sus diferentes partes, puede entrar como materia prima en la cadena de fabricación del mismo producto o uno similar.

Gestión del conocimiento

«La información es poder», afirmación atribuida a Francis Bacon, no corresponde de una manera precisa con la realidad. Es una hipérbole. De hecho, la frase es una mala traducción del latín *Scientia potentia est,* que significa «La ciencia (el conocimiento) es el poder».

El simple acceso a la información no nos otorga ningún poder real si no tenemos el conocimiento de qué acción podemos hacer con ella o no tenemos a nuestra disposición los recursos necesarios para actuar.

Tomando prestado de la física un símil, diremos que se puede tener fuerza y utilizarla mal o no utilizarla. No se trata de tener fuerza inoperante o aplicada en sentido erróneo; se trata de desplazar la fuerza en el sentido adecuado para realizar un trabajo útil. No son las fuerzas lo que cambia el mundo, son los trabajos realizados.

Con la información pasa lo mismo: se trata de saber qué decisión debemos tomar en función de la información obtenida. Saber para qué sirve cada información es lo que llamamos conocimiento. Para innovar tenemos que aprender a *gestionar el conocimiento.*

Datos ➜ Información ➜ Conocimiento

En el mercado se encuentran disponibles aplicativos solventes para ayudar a gestionar el conocimiento y, en cualquier caso, una simple base de gestión de documentos puede ser suficiente para los principales objetivos.

Gestión del talento

Y cuando las situaciones son nuevas y no nos bastan —o no nos satisfacen— los conocimientos adquiridos, es cuando tenemos que recurrir a la investigación y a la creatividad. O sea: la *gestión del talento*. Y, en este tema, aparte de empoderar al máximo el talento interno, puede ser conveniente acudir a la aportación de talento externo mediante la *creatividad colaborativa* en internet.

Tampoco aquí nos conviene caer en el engaño.

No es la creatividad en estado puro la que mueve el mundo hacia el progreso; son las actuaciones basadas en la aplicación de la creatividad a la industrialización de productos y servicios sostenibles e inteligentes. O sea: la *innovación empresarial*.

Innovación abierta

La lucha por la supervivencia de la competitividad de muchas empresas —especialmente las pymes y todas las que carecen de departamentos de I+D bien dotados— las obliga a recurrir a nuevos planteamientos para lograr su innovación.

La innovación abierta es aquella que se basa en llamadas generales a aportar ideas y soluciones, esperando que creadores, empresas y personas en general se relacionen y cooperen con su entorno exterior. Se trata de romper la idea de creación e innovación a puerta cerrada efectuada exclusivamente con los recursos propios. Unos recursos que para la mayoría de las empresas y, en especial las pymes, son escasos y limitados.

El acceso a recursos no propios en la innovación abierta permite ampliar los límites del proceso de creatividad y la identificación de nuevas oportunidades. La innovación abierta permite aprovechar el talento disperso a escala global y aumentar la competitividad de las organizaciones sin verse superadas por la rapidez de los ecosistemas más dinámicos y creativos. Permite desarrollar los proyectos de innovación con el conocimiento tecnológico y científico más avanzado, aportado por profesionales que trabajan en red, con independencia de sus lugares de ubicación.

La innovación abierta posibilita obtener nuevos productos y servicios, de forma rápida y competitiva, teletrabajando en red.

El elemento clave que facilita la innovación abierta es internet, puesto que facilita que la información, convertida en conocimiento, fluya de manera rápida y directa entre las personas que se involucran en el proceso colaborativo, gracias a la facilidad de compartir información de todos con todos sin intermediarios. El nuevo escenario de teletrabajo aporta a los procesos de creatividad y diseño la posibilidad de que intervengan diversos actores externos que se organizan sobre la base de la creación colaborativa para que los resultados se aceleren y potencien.

La disponibilidad de la ingente capacidad de información disponible en internet permite que el primer paso del trabajo de un creativo deba ser identificar y encontrar posibles soluciones ya existentes para ser usadas en alguna de sus partes (normalmente mejoradas) en el diseño del nuevo producto, así como identificar por búsquedas específicas o llamadas a la cooperación a quienes pueden aportar soluciones parciales o totales al objetivo perseguido. Hacerlo no solo permite acelerar el proceso creativo, sino que posibilita a su vez reducir los costos, lograr mayor productividad y obtener soluciones más fiables al haber sido testeadas previamente.

La inteligencia compartida a través de las redes de información y de la socialización del conocimiento —el ingrediente básico de la innovación abierta— permite generar un alto valor colectivo. Por ello, la obligación de todo diseñador es, en primer lugar, efectuar el análisis y la gestión de las soluciones potencialmente existentes en el mercado global.

El dominio de internet como fuente de información y acceso a la innovación abierta y la creación colaborativa mediante teletrabajo son herramientas altamente beneficiosas para la totalidad de los agentes involucrados, y acaban conformando una cadena de valor de crecimiento exponencial.

Creación colaborativa

La creación colaborativa es muy útil para los procesos creativos y de diseño de productos/servicios de cierta complejidad. Comporta el trabajo coordinado, simbiótico y complementario de las diversas disciplinas del saber que deben converger en el producto/servicio a desarrollar.

Es un proceso que requiere la comunicación fluida y permanente de los diversos miembros del equipo multidisciplinario. Una comunicación que debe usar el *tele-trabajo*[4] para romper las barreras del espacio/tiempo gracias a las comunicaciones de altas prestaciones, y debe regirse por el criterio de que «las utopías de hoy son las realidades del mañana».

Para ello, hay que estar dispuesto a no descartar ninguna propuesta de colaboración y apoyar el intercambio y contraste de ideas y soluciones disponibles con la finalidad de facilitar la originalidad propia de las soluciones innovadoras en el proceso de creatividad y diseño. Es decir, el equipo que compone la creación colaborativa debe estar dispuesto a identificar nuevos paradigmas creativos gracias a la gestión del conocimiento y la aceptación de la obsolescencia ocasionada de métodos y técnicas anteriores por la aceleración del proceso científico y los avances tecnológicos.

Gestión de la innovación

Implantar una innovación en cualquier ámbito de la cadena de valor del producto exige una cuidadosa planificación, un riguroso seguimiento y unas habilidades de liderazgo adecuadas.

Existen diversas aplicaciones de *software* en el mercado para ayudar de una manera eficaz a esta función.

Gestión del cambio

Gestionar la innovación en la cadena de valor interior de una empresa no es tarea fácil. Cualquier propuesta de cambio provoca en los empleados una reacción instintiva de miedo a perder el *statu quo* y les mueve hacia la negatividad o la confrontación directa.

Implantar una innovación exige unas habilidades especiales de liderazgo para la *gestión del cambio*, tanto para conseguir la aceptación interna del proyecto innovador como la aceptación externa del producto/servicio en el mercado.

---

[4] Para ver los requerimientos básicos de un teletrabajo eficaz, consultar el capítulo 18.

El innovador debe gestionar adecuadamente las emociones negativas de sus colaboradores. Según especifica John Kotter (2012), para lograr el éxito, la gestión del cambio debe ser:

- *Imaginable:* que se transmita una imagen clara de cómo será el futuro.
- *Deseable:* que motive el interés a largo plazo de quienes van a tener una participación en su implantación.
- *Factible:* que persiga objetivos realistas y alcanzables.
- *Enfocada:* lo suficientemente específica y bien centrada en sus efectos como para proporcionar orientación en la toma de decisiones.
- *Flexible:* que permita la iniciativa individual y respuestas alternativas a la luz de las condiciones cambiantes.
- *Comunicable:* que sea fácil de comunicar y se pueda explicar rápidamente.

Innovación al servicio del progreso

Y, finalmente, no debemos olvidar que no hay progreso social real sin ética: desgraciadamente no todas las innovaciones pretenden el bienestar común; hay innovaciones movidas para obtener el beneficio económico de unos pocos.

La innovación basada en principios éticos es un motor poderoso del progreso económico y social.

Liderazgo de la innovación

Para implantar una innovación no basta con disponer de una buena cosecha de buenas ideas *(insights),* hace falta disponer también de flexibilidad en el liderazgo.

La dirección de una empresa puede conseguir la *obediencia* de su equipo de colaboradores por el miedo a represalias (por ejemplo, miedo al despido) o por simples intereses económicos en las retribuciones salariales (véase la figura 2.4). Puede conseguir una buena *diligencia* si maneja a las personas a su cargo con buenas dotes de gestor. Pero si quiere conseguir aprovechar sus *habilidades intelectuales,* necesita tener capacidad de liderazgo. Y para conseguir que su equipo despliegue *iniciativa,* es imprescindible que les muestre respeto y les delegue la autonomía necesaria.

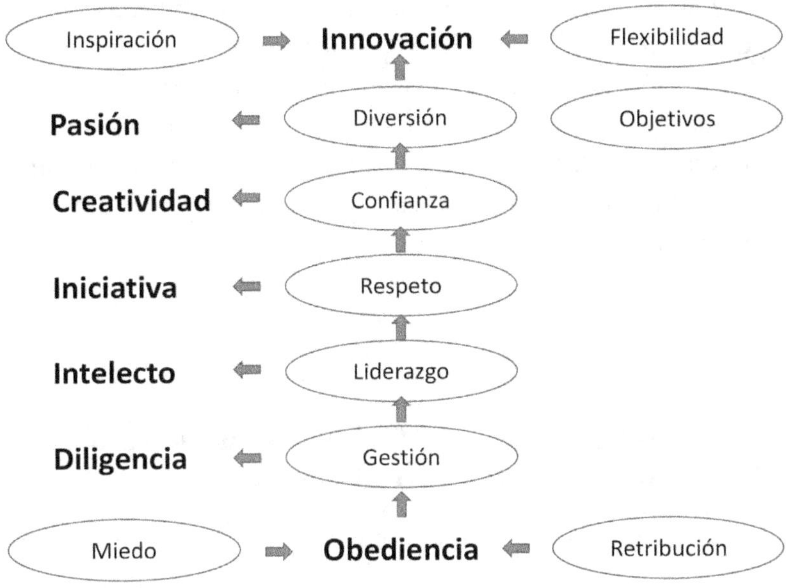

Figura 2.4. De la obediencia a la pasión.

La *creatividad* solo aparecerá si se trabaja en un ambiente de confianza y se convertirá rápidamente en *pasión* para lograr los objetivos planteados de manera compartida.

Tipos de innovación

Según el impacto que crean, las innovaciones de clasifican en evolutiva (o incremental) y rupturista (o radical):[5]

- **Innovación evolutiva (o incremental)**
  Aporta mejoras en conceptos ya existentes.

- **Innovación rupturista (o radical)**
  Consiste en implantar conceptos totalmente nuevos o cambios en la raíz de algunos conceptos para desarrollar productos/servicios no conocido con ante-

---

[5] Es la clasificación definida en 1951 por el gran teórico pionero de la innovación Joseph Schumpeter.

rioridad. Requiere una alta inversión y más tiempo en investigación y desarrollo, ya que parte de un concepto no existente con anterioridad.

La disrupción ocurre cuando las empresas emergentes usan nuevas tecnologías o nuevos modelos de negocio y superan en el mercado a las que hasta entonces eran las líderes, es decir, se produce una innovación tan brusca que rompe con el modelo anterior haciendo obsoleto el producto, servicio o modelo de negocio anterior.

Las claves del éxito en la innovación

La innovación debe sorprender agradablemente al cliente y proporcionarle ventajas palpables en los productos y servicios ofrecidos.

Las claves del éxito se pueden resumir en cuatro:

- *Clave 1. Comprender lo que pasa en el mercado.* Qué empresas compiten y cuáles son sus puntos fuertes y débiles; segmentaciones del mercado por distintas variables (edad, grupos socioeconómicos, geografía, etc.); cuáles son las preferencias y demandas de la clientela y la previsión de las tendencias de futuro; detección de nuevos mercados, entre otros factores.
- *Clave 2. Innovar en los productos y servicios ofrecidos adaptándolos a las demandas* de la clientela. Desde cuatro perspectivas: lo que se ofrece al mercado, a quién se ofrece, cómo se organizan las operaciones y cómo se llega al cliente. No perderse nunca de vista que la obligación de las empresas es servir al cliente. La innovación puede (y debe) aplicarse en todas las etapas del ciclo de vida útil del producto: diseño, fabricación, gestión integral de los recursos, *marketing*, comercialización, logística y distribución, atención posventa, segundas vidas y reciclaje.
- *Clave 3. Trabajar por proyectos.* Organizar la materialización práctica de las innovaciones a través de proyectos (ideación, planificación, ejecución y explotación) y con una buena metodología de diseño y de integración de sistemas.
- *Clave 4. Impulsar el cambio permanente en la empresa.* Implantar la gestión del conocimiento y de la innovación. Hay que asegurar que la actitud innovadora perdure a lo largo de los años porque está cimentada en las personas, el liderazgo, la transformación metodológica y la organización. Hay que centrar la competitividad en el valor agregado proporcionado por la innovación continua.

Ámbitos de aplicación de la innovación

La innovación puede aplicarse en cualquiera de las etapas del ciclo de vida útil del producto/servicio.

Tanto a escala individual de los profesionales de cualquier carrera y especialidad como a escala de empresas de cualquier subsector de actividad, instituciones, colectivos y la sociedad en su conjunto, ser creativos e innovar es la vía obligada siempre que se quiera alcanzar algo que todavía no existe o que no tenemos constancia de que exista. En palabras de Antoni Garrell:

No hay sectores de actividad obsoletos, hay empresas obsoletas que no han innovado a tiempo.

La lista de *objetivos posibles* es infinita (por la propia naturaleza del concepto), pero, a fin de darle un poco de concreción, mencionaremos los más frecuentes:

- Nuevo modelo de empresa, innovando en la manera de crear valor y monetizar.
- Crear nuevos productos y servicios con prestaciones innovadoras (con especial atención a los productos inteligentes y sostenibles).
- Mejorar la inteligencia y sostenibilidad de los servicios y productos que se producen.
- Descubrir nuevas tecnologías. O encontrar nuevas aplicaciones a las tecnologías existentes.
- Descubrir nuevos materiales de mejores prestaciones, basados en nanotecnologías o técnicas emergentes. O encontrar nuevas aplicaciones para los materiales existentes.
- Diseñar con mejor ergonomía y adaptabilidad.
- Innovar en los procesos de fabricación, optimizando los tiempos, los costos y la calidad.
- Innovar en el embalaje, en menores costos y mayor sostenibilidad.
- Innovar en transporte y logística.
- Innovar en el *marketing,* creando nuevas técnicas promocionales para incrementar las ventas.
- Encontrar nuevos mercados para los productos/servicios existentes.
- Crear un nuevo modelo de servicio, innovando en el soporte preventa.
- Mejorar el servicio posventa, con historial personalizado, soporte al mantenimiento, reparación de averías y actualizaciones progresivas de los productos adquiridos.
- Encontrar nuevas aplicaciones para los servicios y productos que existen.

- Prever segundas vidas del producto al alcanzar cierto nivel de obsolescencia.
- Mejorar el reciclaje al final de la vida útil.
- Mejorar de manera sustancial la durabilidad del producto.
- Previsión de economía circular.
- Crear sistemas de gestión más eficaces y menos costosos en todas las etapas de la vida del producto/servicio.

Sistemas de gestión del ciclo de vida (PLM)

La estructura de las TIC que una empresa en la Industria 4.0 se fundamenta en cuatro grandes pilares. Tres de ellos heredados de la industria 3.0:

- Gestión del *marketing* y de las relaciones con los clientes (CRM, de *customer relationship management)*.
- Gestión de las cadenas de suministros (SCM, de *supply chain management)*.
- Planificación de recursos de la empresa (ERP, de *enterprise resource planning)*.

El cuarto pilar de plataforma de *software* necesaria, nacido de la Industria 4.0 es:

- Gestión del ciclo de vida del producto (PLM, de *product lifecycle management)*.

Capítulo 3
La creatividad al servicio de la innovación

La innovación, tanto la disruptiva como la simplemente evolutiva, nace de la creatividad de personas inventoras, artistas y diseñadores. Pero alguien innovador no tiene por qué ser alguien creativo. Los inventores tienen grandes ideas, pero los innovadores son los que cambian el mundo aplicándolas a la creación de riqueza económica y bienestar social.

Por supuesto, existen seres excepcionales que aúnan ambas capacidades. Un ejemplo pionero y paradigmático lo tenemos en Thomas Alva Edison.

¿Qué es la creatividad?

«Parece bastante evidente que no existe un único proceso creativo, parece más bien que hay tantos procesos creativos como personas creativas». *H. Herbert Fox, crítico de creatividad en las ciencias*

Todos los conceptos abstractos son susceptibles de ser definidos de tantas maneras como personas distintas asuman el reto.

Como primera aproximación a la definición de creatividad, diremos que es un proceso complejo, dinámico e integrador, que involucra simultáneamente factores perceptivos, cognoscitivos y emocionales. Se manifiesta en cualquier dominio del conocimiento: bellas artes, humanidades, diseño, ciencias y tecnologías, etc. Se asocia con percibir y pensar de forma original, única, novedosa, pero a la vez útil y bien valorada socialmente. Se refiere a la producción de algo nuevo, que amplía o transforma un conocimiento, un producto o un servicio, y que es aplaudido por los expertos de dicho dominio.[6]

«La creatividad es el arte de dar una nueva mirada a los viejos conocimientos. Todas las personas nacemos con un determinado potencial para la actividad creativa». *John E. Arnold, profesor de Diseño de la Universidad de Stanford*

Es un error bastante común creer que las personas creativas tienen el poder innato de ver realidades que los demás no pueden ver y de hacer lo que nadie es capaz de hacer.

«El verdadero poder creativo está en ver lo que todo el mundo ve, pero también pensar lo que nadie había pensado antes, ver con los ojos de la imaginación lo que nadie había sabido ver antes». *Llorenç Guilera, profesor de la Escuela Superior de Diseño ESDI*

De hecho, todo el mundo posee la capacidad de ser creativo. La pena es que, como decía Truman Capote, la mayoría jamás lo nota.

Creatividad espontánea frente a inducida

La creatividad solo surge espontáneamente en muy raras y escasas ocasiones. La inspiración necesaria (el *insigth)* acude muy pocas veces a la mente del creativo sin esfuerzo previo. Es normal tener que recurrir a la inspiración inducida mediante estrategias mentales de generación de ideas. Pero ¿cómo podemos estructurar de una manera sistemática esta necesaria generación de ideas creativas? Se intenta exponer en los siguientes apartados.

Creatividad frente a inteligencia

Hasta 1950, la creatividad era considerada un atributo más de la inteligencia general. En aquel año, Joy Paul Guilford, en su discurso presidencial en la Asociación

---

[6] En Neuronilla.com se puede consultar una recopilación de más de sesenta definiciones distintas realizadas por destacados autores estudiosos de la creatividad. Véase: https://www.neuronilla.com/definiciones-de-creatividad-neuronilla/ (consultada el 28 de octubre de 2020).

Psicológica Americana (APA), marcó el inicio del estudio científico de la creatividad al reconocerla como una entidad diferente de la inteligencia general.

De hecho, algunos paleontólogos y antropólogos han sugerido que el hombre fue creativo antes que racional. Así parecen demostrarlo las pinturas de arte rupestre y así parece corroborarlo la psicología evolutiva al afirmar que las funciones actuales del hemisferio cerebral derecho precedieron a las que desarrolló más tarde el hemisferio izquierdo.

Es cierto que para ser creador será imprescindible tener un buen nivel de conocimientos en el campo donde queremos actuar, lo que implica disponer, como mínimo, de una cierta inteligencia de tipo intuitivo o del tipo particular que sea dentro de las definiciones de inteligencias múltiples que hace Howard Gardner (1994).

Está comprobado que los sujetos con cociente intelectual más alto no siempre son los más creativos. Jacob Getzels y Philip Jackson (1962) hicieron, en los años sesenta, un estudio comparativo entre un grupo de niños y niñas con elevado cociente intelectual (CI o IQ, en inglés) pero discreto resultado en una prueba de creatividad, y otro grupo con elevada puntuación en la prueba de creatividad, pero modesto IQ.

Existe una correlación muy baja entre la inteligencia racional (coeficiente intelectual IQ) y la creatividad. Tener una buena inteligencia racional no garantiza la capacidad creativa. Es condición necesaria pero no suficiente.

Puesto que la creatividad depende no tan solo de las aptitudes sino también de las actitudes, es tristemente frecuente encontrarnos con personas que carecen de creatividad a causa de una actitud (a menudo inconsciente) de renuncia a aplicar las capacidades que poseen en la búsqueda de soluciones nuevas.

Si se utilizan algunos de los constructos de inteligencias múltiples de Gardner, las correlaciones con creatividad aumentan sensiblemente. Las inteligencias que aparecen más ligadas a la creatividad son, de mayor a menor incidencia, la visual-espacial, la corporal-cenestésica y la lingüística.

El indicador principal que distingue a la persona creativa es su *fluidez mental,* su capacidad de generar gran número de alternativas (válidas o no) frente a cualquier situación. El indicador principal que distingue a la persona inteligente es su *capacidad de escoger en cada situación la mejor alternativa disponible* (aunque no la haya descubierto ella).

La conjunción de gran capacidad creativa y gran inteligencia nos da, cuando se produce, los mejores talentos de nuestra sociedad. Trabajando en equipo es más fácil obtener la suma adecuada de creatividad e inteligencia.

Creatividad en equipo

El trabajo en equipo, si sus componentes están bien motivados y coordinados, es siempre una ayuda importante para obtener un mayor grado de creatividad. Especialmente si construimos equipos multidisciplinarios con personas de distintos perfiles.

Tener trabajando juntas a personas que miran diferente, que piensan diferente, que tienen diferentes formaciones *(backgrounds)* y que tienen distintas habilidades *(skills),* hace que se sumen las múltiples motivaciones (cuando uno flaquea, otro empuja), que la autocrítica sea rápida y más potente, que se sumen las distintas competencias (siempre tenemos a alguien que sabe de eso que necesitamos ahora), que se sumen recursos y herramientas, que se obtenga una inteligencia y una creatividad colectiva muy superior a la suma de las inteligencias y creatividades individuales.

En el trabajo colaborativo, cada miembro del equipo es responsable del éxito del grupo, cada miembro del equipo participa y goza del éxito del grupo. Todos ofrecen lo que saben. Nadie se otorga méritos que no le corresponden. La comunicación es informal, intensa y frecuente. Pueden tener un líder nominado, pero cualquiera puede asumir el liderazgo de forma eventual cuando las particularidades del proyecto así lo aconsejen.

Los riesgos de fracaso en el trabajo en equipo radican en la falta de coordinación, los problemas en comunicación, la falta de inteligencia emocional de alguno de los miembros y los posibles egotismos. Nada que no se pueda solucionar con una buena capacidad de liderazgo.

Poder divino, poder humano

Etimológicamente la palabra «crear» proviene del latín *creare* y significa «producir, engendrar a partir de la nada». Es un poder que las religiones monoteístas atribuyen al Dios omnipotente, creador de todas las cosas. En el libro del Génesis del Antiguo Testamento leemos que Dios creó el cielo y la tierra de la nada (San Agustín, *De civita Dei,* 22,14: *«qui creavit concta de nihilo»*).

Dios es considerado, pues, el Creador por antonomasia (con mayúscula). Así es como desde los comienzos de la humanidad se ha expandido la idea de que la creación es un atributo divino que, merced a la gracia de Dios, era entregado como «un don» solamente a ciertos seres humanos considerados por el resto como «elegidos». Platón hablaba del artista como instrumento de la divinidad y Sócrates creía que el don se poseía por inspiración de la divinidad, que era la que movía al creador.

Evidentemente, los humanos solo podemos engendrar nuevas cosas a partir de las cosas ya existentes. Se dice que una persona es un creador/a (con minúscula) cuando ha combinado ideas y cosas existentes, supuestamente dispares, de una manera original, nueva, no conocida hasta entonces por sus congéneres, formando un todo útil y funcional.

Toda creación humana se basa en la combinación novedosa de lo existente. Se reestructura lo ya conocido para definir algo nuevo. Se combinan de manera nueva o poco habitual materiales, herramientas, tecnologías, procedimientos, ideas, palabras, símbolos, colores, formas, sonidos, movimientos, y se conforman de este modo productos, servicios o significados que antes no existían. A los humanos nos está negado crear a partir de la nada.

Quizá por esta causa algunos prefieren el adjetivo «creativo/a» al de «creador/a» cuando lo aplican a una persona. Es bastante común, sin embargo, usar ambos términos (con minúscula) como si fueran sinónimos.

Por otra parte, hemos visto en varias ocasiones que, en ciertos entornos, los creativos de publicidad pretenden tener la exclusiva de esta denominación, pero parece desaforado tomar la tercera acepción de la palabra en el Diccionario de la Real Academia de la Lengua Española e ignorar la primera y segunda acepción.

creativo, va.
adj. Que posee o estimula la capacidad de creación, invención, etc.
adj. ant. Capaz de crear algo.

Como es natural, el poder de crear acerca al humano a su concepto de divinidad. No es por casualidad que muchos creadores se sienten «divinos» y son admirados y tratados como tales por colectivos faltos de creatividad propia, propensos a idolatrar todo aquello que no comprenden.

Capítulo 4
Cómo funciona el cerebro humano

Si queremos sacar el máximo provecho de nuestras capacidades mentales, debemos conocer un poco más de lo que nos han enseñado en la escuela y en la mayoría de las carreras universitarias sobre cómo está formado y cómo funciona el cerebro humano.

El primer punto que tenemos que considerar es que no está garantizado, ni de lejos, que nuestro pensamiento sea siempre racional. Y la explicación es muy simple: no somos cien por cien racionales.

Nuestro cerebro ha sido configurado por la evolución en cinco modalidades de funcionamiento, heredadas de nuestros antecesores en las cinco etapas de la cadena evolutiva darwiniana.

Las etapas de la teoría evolutiva se muestran en la figura 4.1.

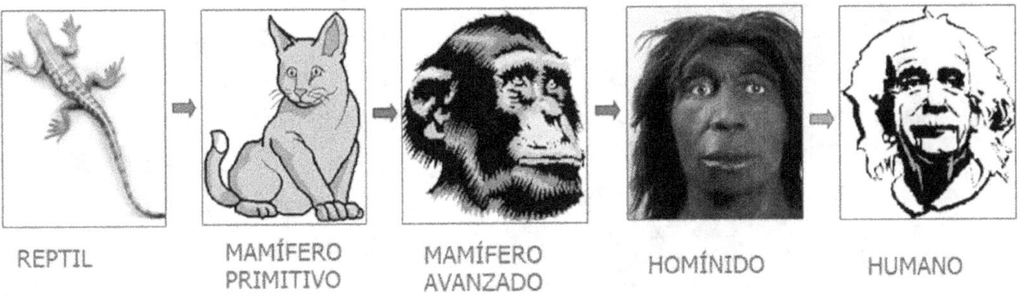

Figura 4.1. Las cinco etapas de la evolución humana según Charles R. Darwin.

Las neurociencias y la psicología evolutiva han demostrado que poseemos capacidades instintivas (como los primitivos reptiles), capacidades de memoria emocional (como los primeros mamíferos en la evolución), capacidades de respuestas rápidas por vía intuitiva (como los grandes primates), capacidades racionales (heredadas de los homínidos que nos precedieron) y capacidades de visión de futuro y planificación (la verdadera característica diferencial del *Homo sapiens*).

El cerebro es el resultado de cinco etapas evolutivas

El cerebro es la parte del cuerpo humano que más dramáticamente ha crecido con la evolución.

«El hombre, en tan solo un espacio de tiempo de dos a tres millones de años, ha aumentado el peso del cerebro de 500 gramos a 1.400 gramos. Un aumento de casi un kilo de cerebro». *Phillip V. Tobias (1995)*

Cada etapa de la evolución darwiniana ha dejado su constancia anatómica en una nueva zona de crecimiento del cerebro (véase la figura 4.2). Cada etapa de la evolución

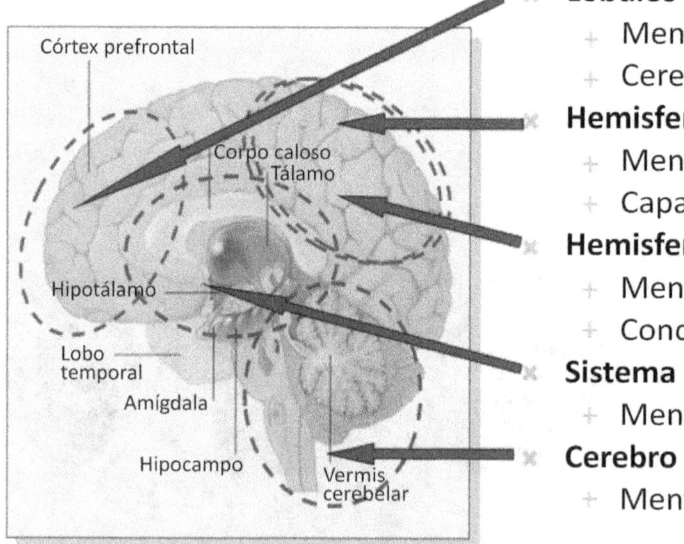

Figura 4.2. **Zonas anatómicas de la evolución del cerebro.**

ha dotado al cerebro la capacidad de evaluar la reacción de la capa anatómica anterior y rectificarla con una nueva reacción que se considera más oportuna o ratificarla si se evalúa como pertinente. Así hemos ido creciendo en capacidad mental.

Al cerebro meramente instintivo de los reptiles, los mamíferos primitivos añadieron el sistema límbico que les permite conservar memoria de las emociones de placer o dolor asociadas a sus conductas anteriores y, en consecuencia, les otorga la capacidad de rectificar o ratificar la reacción instintiva, es decir: el control de los instintos, la capacidad de aprendizaje a base de premios y castigos.

Los primates adquirieron una corteza cerebral añadida que les proporciona la capacidad de relacionar en milésimas de segundos sus experiencias anteriores con la vivencia actual e intuir si les conviene rechazar o aceptar el alimento, el objeto o la compañía que el entorno les está ofreciendo.

Según los paleontólogos, los extinguidos homínidos desarrollaron la polarización del hemisferio izquierdo de la corteza cerebral y ello les permitió aplicar la lógica y el razonamiento deductivo a los problemas de su existencia, con un tiempo de respuesta tremendamente más largo que la intuición precedente, pero con una maravillosa y asombrosa capacidad de construir herramientas para mejorar la forma de vida. Lenguaje, arte, cultura y ciencia nacieron gracias a esta evolución del neocórtex.

La última etapa de la evolución ha sido el crecimiento del neocórtex del *Homo sapiens* hasta rebasar la capacidad craneana y desparramarse por la frente encima de los ojos y la nariz, los llamados lóbulos prefrontales. Allí radica nuestra capacidad más nueva, más evolucionada y superior: la visión de futuro, la capacidad de imaginar antes de tomar una decisión cuáles pueden ser las consecuencias derivadas de ella, la capacidad de pensar a largo plazo y seguir principios y normas, etc.

El neurocientífico Elkhonon Goldberg, discípulo del gran neurólogo Alexander Luria, denomina cerebro ejecutivo a los lóbulos prefrontales porque tienen la función y la capacidad de supervisar y controlar el resto de las zonas cerebrales anteriores en la evolución. Actúa como un director de orquesta que con su batuta va dirigiendo a los diferentes músicos que tocan juntos. Pero si nos acogemos al símil de la orquesta, tendremos que reconocer que a veces la música sale desafinada o descompuesta.

La explicación es simple: cada músico es un divo impaciente que tiene tendencia a anticiparse a la batuta del director. En palabras más científicas: el orden de llegada de los estímulos externos o internos a las distintas zonas cerebrales sigue el mismo orden de su aparición en la escala evolutiva y, en consecuencia, cada función cerebral recibe la información cuando las zonas anteriores ya han empezado a responder. Solo puede frenar la reacción iniciada o acelerarla, pero durante unas décimas de segundo ya han sonado las notas propias e las capas cerebrales anteriores, convengan o no a la armonía global.

Cinco capacidades mentales para adaptarse al entorno

Si entendemos por *inteligencia* la habilidad de adaptarse a los estímulos del entorno existente para reaccionar de la manera que ofrezca el máximo beneficio o minimice los daños (según sea la situación), podremos afirmar que el cerebro humano está dotado de cinco inteligencias, de complejidad y alcance cada vez superior, siguiendo la progresión de la evolución darwiniana.

Los instintos

La *inteligencia instintiva* es la respuesta inmediata y automática de los sentidos y nos viene otorgada por herencia cromosómica.

Los instintos están al servicio de la supervivencia individual frente a los peligros ya interiorizados genéticamente y de la supervivencia colectiva a nivel de la especie. Si una abeja nos quiere clavar su aguijón, nuestro instinto nos hace eliminarla automáticamente de un manotazo. Reacción muy beneficiosa a pie de calle, pero que nos puede ocasionar la muerte por accidente si estamos conduciendo un vehículo a alta velocidad por una carretera.

Para la creatividad es imprescindible atender a las indicaciones de los instintos. Satisfacer las necesidades básicas es uno de los objetivos claros de la persecución del bienestar social. Por eso, uno de los pioneros más importantes del estudio científico de la creatividad afirmó:

«La creatividad es la inteligencia de los sentidos». *Joy Paul Guilford (1952)*

Las emociones

Las emociones (no confundir con sentimientos[7]) son las respuestas automáticas del cuerpo para adaptarse fisiológicamente a las alertas que le proporcionan los instintos. Por ejemplo, una alerta sobre nuestra supervivencia nos provoca cambios en el ritmo cardíaco, la tensión muscular y la visión en túnel. Una emoción que llamamos "miedo".

---

[7] Un sentimiento es la elaboración que efectúa la mente racional de una emoción percibida por el sistema límbico. Por ejemplo, del instinto de reproducción se origina la emoción de «atracción sexual» que puede llegar a convertirse en el sentimiento de «amor».

La memoria de las emociones vividas nos capacita para reprimir los impulsos instintivos que en el pasado nos han reportado malas experiencias y para reforzar los impulsos que, por el contrario, nos han dado buenos resultados.

«Las emociones son el resultado de cómo experimentamos, física y mentalmente, la interacción entre nuestro mundo interno y el mundo externo». *Elsa Punset, escritora y filósofa*

La llamada *inteligencia emocional* incorpora la racionalidad y la previsión de futuro al control de las emociones que, sin este filtro, nos podrían hacer caer en reacciones viscerales perjudiciales. Por ejemplo, el insulto o la agresión que se escapan si no son frenados a tiempo, por no mencionar el desgraciado crimen pasional.

Para la creatividad es esencial atender las emociones que nos guían hacia objetivos concretos y saber generar emociones agradables a los usuarios de nuestros productos y servicios. Todas las artes y todas las industrias del ocio y el entretenimiento están basadas en este principio.

Las intuiciones

La *inteligencia intuitiva* nos permite tomar decisiones inmediatas cuando no disponemos de tiempo para pensar racionalmente. Se basa en la acumulación de vivencias anteriores, es el fruto de la experiencia adquirida. Un contraste automático en décimas de segundo con las experiencias vividas nos da una reacción automática de aceptación o repulsión de la situación, objeto o persona que se nos ofrece. No es infalible porque nuestra estadística de hechos vividos nunca es infinita, pero debería ser siempre una advertencia muy seria a tener en cuenta. A menudo, la evaluación efectuada por la inteligencia racional nos hace actuar equivocadamente en contra del aviso previo de la intuición. A cada persona le toca calibrar mejor su intuición y decidir cuándo le conviene hacerle caso y cuándo no. En las ciencias es la avanzadilla de todos los descubrimientos importantes y en creatividad es una herramienta imprescindible.

«La mente intuitiva es un regalo sagrado y la mente racional es un fiel sirviente. Hemos creado una sociedad que rinde honores al sirviente y ha olvidado al regalo». *Albert Einstein, físico*

La racionalidad

La *inteligencia racional* (también llamada analítica, lógica, deductiva o adjetivos equivalentes), tiene funcionamiento totalmente contrapuesto a la intuición y requiere procesar la información con tiempo suficiente y calma.

Nos ha permitido crear todo lo que llamamos civilización humana, nos ha ayudado a salvar los escollos de la naturaleza, nos ha dado herramientas para superar nuestra inferioridad biológica evidente frente a otros animales. También es cierto que, demasiadas veces, ha sido puesta al servicio de la maldad humana potenciando hasta extremos escalofriantes la capacidad de quitar vidas a otras personas, a animales, a fauna, al clima, al planeta entero. La inteligencia racional puede provocar auténticos desastres cuando le falta la previsión de futuro. Tanto ha admirado la especie humana este tipo de inteligencia que durante más de un siglo se ha querido creer, erróneamente, que era la única inteligencia que poseíamos, la única que merecía la pena poseer. El famoso coeficiente intelectual CI o IQ estaba fundamentado en esta idea.

«La última función de la razón es reconocer que hay una infinidad de cosas que la superan». *Blaise Pascal, matemático y físico*

La capacidad de planificación

La *inteligencia planificadora*, la visión de las posibles consecuencias futuras de nuestras actuaciones, está ubicada en los lóbulos prefrontales, en lo que se ha llamado cerebro ejecutivo.

Usando un símil, se ha dicho que los lóbulos prefrontales hacen de director de orquesta de las cuatro anteriores funciones cerebrales.

La inteligencia de planificación es el gran pendiente de la psicología social y, por supuesto, de las enseñanzas a todos los niveles. Saber coordinar a todos los músicos en una misma sinfonía para que no haya notas discordantes es la misión clara de la dirección de orquesta. Es la inteligencia que nos permite convertir la creatividad en prototipos a ensayar y la que es capaz de convertir una creatividad en innovación.

«La mejor manera de predecir el futuro es creándolo». *Peter Drucker, filósofo de la administración de empresas*

La creatividad disruptiva, motor del progreso

La civilización actual ha conseguido sus logros (esto que llamamos *progreso)* gracias a la creatividad disruptiva de un gran número de personas a veces reconocidas por la historia, a veces anónimas. Son personas de distintos perfiles y extracciones sociales y culturales; personas centradas en distintos tipos de actividades: inventores, científicos, descubridores, tecnólogos, diseñadores, ingenieros, arquitectos, médicos, empresarios, artistas, líderes políticos, filósofos, etc. Son personas que marcaron hitos históricos, aunque a veces la historia haya olvidado sus nombres.

Supieron impulsar cambios colectivos en la manera de afrontar la relación con nuestro entorno o con nuestros congéneres. Son personas que marcaron con sus acciones, sus pensamientos, sus ideas, sus realizaciones, un antes y un después en la evolución de la civilización humana.

Y todos sabemos, sin embargo, que nuestra civilización no consigue ocultar su cara negativa y oscura. Tenemos una gran cantidad de problemas viejos mal resueltos y gran cantidad de problemas nuevos originados precisamente por aquello que llamamos progreso, es decir los efectos colaterales de los cambios supuestamente positivos que hemos introducido en nuestra civilización. Podemos citar, entre los viejos problemas, la distribución injusta de la riqueza, los alimentos, la salud, la educación y cualquier beneficio que la civilización haya aportado. Podemos citar, entre los nuevos problemas, la contaminación del aire, la proliferación exponencial de basuras, las congestiones urbanas y el cambio climático.[8]

En la figura 4.3 podemos ver representado, con sentido del humor, de qué manera la evolución, a partir de los grandes simios y los homínidos, llevó al hombre a caminar erguido y a manejar herramientas de caza. Después, es como si hubiese habido un retroceso porque la civilización ha hecho que este mismo hombre haya ido encogiéndose a causa de sus inventos hasta acabar agachado sobre un ordenador.

Solo una aportación continua y cada vez mayor de creatividad nos permitirá eliminar (o por lo menos reducir) los problemas de la civilización actual. Solo una apuesta decidida y colectiva por la innovación en todos los órdenes de las actividades humanas nos permitirá seguir progresando.

---

[8] Basta con consultar los ODS de la ONU ya mencionados en el prefacio. Véase https://es.unesco.org/sdgs.

Figura 4.3. **Visión con humor de la evolución humana. (Fuente: Revista Kubernetica).**

«La creatividad es una condición necesaria para el crecimiento de un país, para el desarrollo de la humanidad, para la calidad de lo humano. [...] La creatividad es a la humanidad lo que la evolución a todas las especies. Seremos más humanos cuanto más creativos seamos». *Julio César Penagos y Rafael Aluni (2000)*

Inteligencia eficaz

Atender únicamente a una sola de las cinco funciones mentales no es bueno ni malo por sí mismo. Un músico puede interpretar un fantástico solo o desafinar hasta rompernos los oídos. Pero el objetivo claro de toda orquesta es interpretar en armonía y coordinación perfecta magníficas piezas orquestales. Hay que aprender a tocar siguiendo la batuta de la dirección.

La evolución nos ha dotado de una inteligencia compuesta de cinco dimensiones a armonizar. Alcanzar una inteligencia eficaz consiste en combinar de manera adecuada a nuestro bienestar individual y social los instintos, las emociones, la intuición, el razonamiento y la capacidad de planificación.

Capítulo 5
La creatividad es un proceso

La creatividad no es tan solo un instante de inspiración. Requiere una inspiración, por supuesto, pero es un proceso formado por varias etapas.

Son muchas las visiones que sobre este proceso y sus distintas etapas han formulado los estudiosos del tema. Entre ellos: John Dewey (1910), Henri Poincaré (1908), Graham Wallas (1926) y Joseph Rossman (1931) son los referentes ineludibles. Basándonos en todos ellos y en la experiencia práctica hemos elaborado nuestra visión de las etapas del proceso.

El proceso creativo en ocho etapas

1. **Detección** de la dificultad, oportunidad o problema. Tomar consciencia de un problema, una necesidad, una insatisfacción, una insuficiencia o una molestia. Atender a las demandas de usuarios y a las propias percepciones (alertas sensoriales). El creador escoge dedicarse a la resolución de un problema particular porque «intuye» que sabrá hallarle soluciones originales y decide aplicar todas sus capacidades mentales a este fin. Adicionalmente a la detección de problemas, no debe olvidarse que los avances técnicos científicos y los cambios socioculturales generan oportunidades para todo proceso creativo y pueden aportar satisfactores a las necesidades verbalizadas o no de las personas o del ecosistema.

2. **Delimitación** del problema. Definir y situar el problema con la máxima profundidad y precisión posible. ¿Qué funciona mal? ¿Cuáles son los daños o molestias que ocasiona o puede llegar a ocasionar? ¿A quiénes perjudica y por qué? ¿Qué objetivos queremos alcanzar como mínimo? Etc.

3. **Preparación.** Revisión de toda la información disponible. Una falta de información o una información de partida errónea en la definición del problema nos pueden llevar a la más absoluta esterilidad en nuestras reflexiones. Se trata de acopiar, contactar, recoger y asimilar una cantidad importante y variada de información como materia prima a procesar en las etapas siguientes. Documentarse e investigar las alternativas actuales existentes. Colectar todas las hipotéticas soluciones que puedan haberse ideado en no importa qué parte del mundo consultando a los usuarios y a los expertos en el tema y buscando exhaustivamente en internet. Cuando carecemos de información importante, la tendremos que buscar con el adecuado tesón antes de empezar a generar ideas y propuestas de soluciones.

4. **Análisis** de las diferentes soluciones ideadas encontradas (aunque algunas no hayan sido implementadas nunca). Si existe una solución ideal que cubra todas nuestras expectativas, asumirla y aplicarla a nuestro problema saltando a la etapa 8. Si no existiera, detallar para cada alternativa analizada cuáles son sus fallos y por qué, cuáles son sus puntos válidos y por qué.

5. **Generación de ideas.** Recurrir a las distintas estrategias mentales plasmadas y defendidas en este texto para generar una lista (lo más larga posible) de alternativas de solución. Si la dificultad del tema lo requiere, recurrir a la colaboración de un equipo multidisciplinario adecuado al tema de que se trate. Si las ideas no se generan así, **incubar** el problema y regresar a la etapa 2.

6. **Evaluación** crítica de las soluciones propuestas. Evaluar las distintas alternativas encontradas bajo el criterio de las tres viabilidades (tecnológica, económica, social). Escoger las alternativas mejores y formularlas para su comprensión por parte de los usuarios (o clientes). Es aconsejable no limitarse nunca a una sola y plantear siempre un mínimo de dos. Abrirse mentalmente a que, durante esta etapa surja una idea nueva mejorada debida a asociaciones entre las evaluadas.

7. **Desarrollo** de las ideas. Implementar un prototipo (o maqueta) de la solución escogida y contrastar el funcionamiento real conseguido con el esperado y deseado.

8. Si la solución probada no resulta válida, volver a la etapa 2. Si hay soluciones válidas, aceptarlas y perfeccionarlas interactuando con los usuarios para afinar y completar en los tres ejes de viabilidad las alternativas escogidas.

Poincaré (1908) destaca *la importancia que tiene siempre la intuición* en los procesos creativos de todo tipo. De hecho, hay que aclarar que las etapas de producción de ideas y de evaluación crítica de las mismas se entremezclan en la vida real de manera espontánea y a veces desordenada. Es bastante frecuente que tengamos que retrotraernos a la etapa inicial de definición del problema porque vemos nuevos aspectos de la cuestión que nos obligan a redefinir algunos matices esenciales del tema. Buscamos un nuevo arranque del proceso desde una nueva base más sólida del planteamiento inicial.

También conviene destacar que en la etapa de la evaluación crítica de las soluciones no tendremos bastante con un análisis sobre el papel, sino que nos hará falta realizar los prototipos y las pruebas que sean necesarios. Una evaluación sobre el papel de soluciones ideadas, pero no realizadas físicamente, nos puede llevar a errores de apreciación importantes. La realidad tangible de los productos o servicios elaborados contiene muy a menudo aspectos y matices que la visión intelectual previa no había sabido prever. He aquí el porqué de la necesidad de recurrir a *maquetas* y a la realización de *pruebas piloto* en la etapa de evaluación crítica.

Inspiración frente a transpiración

La importancia de la iluminación o inspiración merece una advertencia aparte. Son muchas las personas que creen que no hay posibilidad de crear nada si no partimos de una inspiración previa. Y esto no es cierto, puesto que, como saben de sobras todos los que se dedican a profesiones creativas, podemos hallar soluciones nuevas y valiosas recurriendo al trabajo persistente de buscar sin descanso las buenas ideas cuya existencia intuimos.

«Las musas existen, pero te tienen que encontrar trabajando». *Pablo Picasso, pintor*

«La creatividad es un 1 % de inspiración y un 99 % de transpiración». *Thomas Alva Edison, inventor*

Puede que Edison exagerara en los porcentajes, pero sea cual sea la proporción verdadera entre casos de resolución por *inspiración espontánea* y resolución por *inspiración inducida* (transpiración) lo que está más que demostrado es que rara vez se produce la inspiración espontánea y hallamos la solución válida sin esfuerzo previo. La alternancia entre períodos de transpiración intensiva y relajación e incubación del problema son la mejor garantía de que lleguemos a encontrar el concepto clave que nos desbloqueará la mente y nos iluminará con la solución deseada.

En la figura 5.1 plasmamos este flujo cíclico posible entre transpiración e inspiración. Después de las etapas prescriptivas de «detección del problema», «definición y

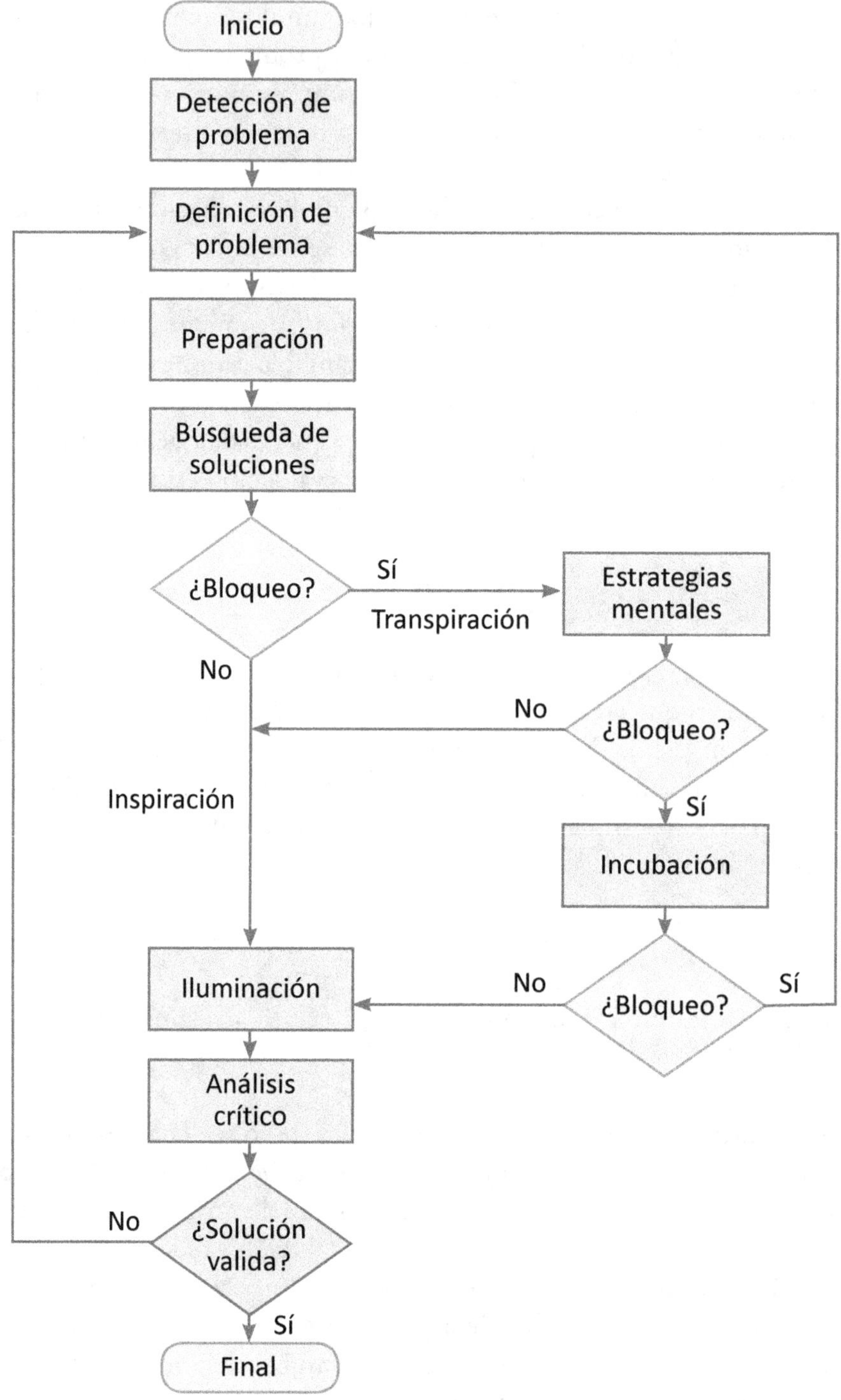

Figura 5.1. Diagrama del flujo creativo.

delimitación del problema» y «preparación y recopilación de la información disponible», cuando entramos en la generación de ideas para soluciones, puede ser que se produzca de manera instantánea la iluminación de nuestra mente con el concepto clave necesario. Ocurre muy pocas veces y es lo que llamamos *inspiración espontánea*. Lo habitual es que tengamos un bloqueo mental, que las dificultades para hallar la solución nos obliguen a trabajar duro probando una y otra vez caminos que de entrada no aportan lo que buscamos.

En la etapa de evaluación crítica hay que tener en cuenta que cada disciplina, cada campo del saber, cada actividad humana está enmarcada por coordenadas que delimitan y especifican las condiciones que toda nueva idea debe cumplir. En el caso de que la idea no satisfaga dichos criterios, deberemos ver si es posible modificarla para adaptarla. Si no es posible adaptar la idea, reiniciaremos el proceso creador hasta encontrar una nueva idea que sea válida.

La etapa de evaluación crítica es muy útil, si se hace como es debido, para mejorar nuestras competencias creativas. Al contrastar lo hallado con lo deseado podemos obtener información muy valiosa que nos permita perfeccionar nuestras aptitudes. ¿Qué aspectos de la idea propuesta nos fallaron y por qué? ¿Hemos cometido errores importantes? ¿Qué podemos aprender de ellos? ¿Aparecieron aspectos inusitados en el problema? ¿Podemos inferir nuevas maneras de abordar el proyecto a partir de ellos? ¿Podemos mejorar nuestra manera de afrontar el proceso creativo?

Carlos A. Churba (2007) nos hace notar que las habilidades creativas se retroalimentan en espiral.

Cuánto más nos dedicamos a crear, más creativos somos. El resultado del proceso enriquece a su autor que adquiere más experiencia y, en consecuencia, más capacidad resolutiva en los próximos planteamientos.

También se produce un salto cualitativo en el ambiente y, en consecuencia, en la sociedad. En resumen, la actividad creadora produce la aparición de nuevas realidades que transforman simultáneamente la realidad establecida y a la persona que la crea. Si vivimos rodeados de productos creativos, nos enriquecemos como personas y somos más capaces de ser creativos en los problemas que nos incumben. La creatividad se respira en el ambiente y se contagia por ósmosis.

La necesidad de estrategias mentales

Cuando pretendemos resolver los problemas de manera creativa, deseamos que nos surja la inspiración de una solución magnífica y original en cuestión de segundos.

Y a veces ocurre. Las asociaciones de ideas que se producen en el hemisferio cerebral derecho entre las vivencias experimentadas, los conocimientos implícitos y los estímulos sensoriales son la chispa de lo que llamamos inspiración (esta sensación de que una luz interior nos ilumina y que las piezas del rompecabezas encajan súbitamente). Pero esta *inspiración espontánea* es muy escasa (un porcentaje de veces muy bajo).

Queremos estar más inspirados para poder afrontar los nuevos problemas –y los viejos sin resolver– que el entorno actual nos plantea. Y sabemos que todos podemos ser mucho más creativos con independencia de la inteligencia y de la profesión que tengamos (tal como ya anticipó en 1950 Joy P. Guilford, pionero de la psicología de la creatividad). Pero también nos hemos dado cuenta de que la inspiración no viene tan rápido como desearíamos. Tal como nos advierte Teresa M. Amabile, de la Universidad de Harvard, es imprescindible, que además de tener la motivación y nuestro dominio de una profesión u oficio, apliquemos nuestras «habilidades de pensamiento creativo» para que se produzca (en diferido) la chispa creativa. Es decir, conseguir la *inspiración inducida* a falta de la inspiración espontánea.

«La creatividad tiene una parte innata –todos los niños son muy creativos hasta que el sistema educativo les inhibe– y una parte que se puede aprender de la misma manera que se aprende a leer». *Sir Ken Robinson, consultor del ministro de Educación británico*

La búsqueda de inspiración se puede realizar de manera caótica, sin orden ni concierto, o, por el contrario, podemos realizarla aplicando estrategias mentales adecuadas para ser más eficaces. Las investigaciones realizadas sobre el proceso mental de la creación han permitido elaborar una serie de estrategias, técnicas y métodos de ayuda a la creatividad que son motivo de explicación en este texto y que merece la pena conocer y aplicar porque se ha demostrado que son de una eficacia contrastada.

Capítulo 6

Factores de éxito de un diseño

Cualidades del buen diseño

Para ser aceptado por la sociedad, el resultado de un diseño ha de tener, en mayor o menor grado, una serie de atributos que se detallan a continuación.

Originalidad

Debe tratarse del diseño de una idea, proceso o producto único, diferente de los similares existentes hasta el momento. Se detecta porque provoca una emoción de sorpresa que suele manifestarse con una exclamación con la vocal *a*. (*¡Aaah!* para las creaciones artísticas, ¡Ajá! para los descubrimientos técnicos y científicos, y ¡Ja, ja! para los hallazgos del humor).

> «La mejor manera de evitar tener que lamentar "¿por qué no habíamos pensado en esto nosotros?" consiste en procurar ser los primeros en pensarlo». *Ted Coulson y Alison Strickland* (WoW! The Principles of Creativity)

No siempre es fácil lograr la aceptación social de un producto o servicio muy original que aporta innovación rupturista. Entre las múltiples causas del rechazo inicial podemos enumerar el miedo a lo desconocido, a lo nunca visto, la resistencia al cambio de hábitos o de pautas culturales, el miedo a asumir riesgos, la dificultad en aprender una nueva técnica de utilización, etc.

En la tabla 6.1 se indica cómo se relaciona la resistencia al cambio, natural en todos los humanos, con el grado de originalidad. No existe una proporcionalidad

Originalidad	Aceptación
Muy alta	Debate inicial de los expertos. Penetración lenta
Alta	A través de usuarios selectos
Regular	Usuarios exigentes
Baja	Aceptación rápida
Muy baja	Adocenamiento y consumismo de masas

Tabla 6.1. Resistencia al cambio frente a la originalidad.

directa de tipo matemático, ni mucho menos, pero es muy frecuente que, a mayor nivel de originalidad, mayor rechazo inicial.

Satisfacer una necesidad social

El diseño busca atender en primer lugar las necesidades, verbalizadas o no, de la sociedad y en segundo lugar las oportunidades que surgen de los cambios tecnológicos y sociales de base antropológica o cultural. Así pues, *diseñar,* en el sentido actual de la palabra, significa buscar soluciones a las necesidades de las personas.

Las necesidades pueden ser biológicas e intelectivas, y también aquellas asociadas al ecosistema en el cual vivimos. De las primeras, sirvan como ejemplos las asociadas a la alimentación o a la protección contra las inclemencias de los distintos climas, de las segundas, las que están íntimamente asociadas a las relaciones interpersonales.

Las necesidades pueden ser innatas de la propia naturaleza humana o inducidas de forma artificial por el entorno. Las necesidades inducidas por el entorno o ecosistema en el que se desarrolla la actividad responden a una doble problemática.

La primera problemática hace referencia a las que están originadas por intereses económicos de terceros, que se han dedicado a obtener beneficios a base de fomentar necesidades exageradas o inducidas que exigen *satisfactores* inmediatos. Consumir satisfactores a las necesidades creadas mediante mecanismos de manipulación del subconsciente acaba generando espirales de consumo que incrementan la huella ecológica y, por consiguiente, un modelo de vida insostenible para el planeta.

La segunda problemática hace referencia a las inducidas por el entorno cultural en el que se desarrollan las actividades sociales y el estilo de vida. Una inducción orquestada a promover consumos desaforados de materias primas que acaban degradando el entorno y el equilibrio medioambiental. Son satisfactores que incurren en el uso y abuso de las personas sobre el ecosistema; un modelo insostenible de desarrollo y consumo que está poniendo en riesgo la pervivencia del planeta y de la propia naturaleza humana.

El producto o servicio debe ser útil. Aportar nuevas prestaciones o, como mínimo, mejorar las habituales de los de su misma clase. Proporcionar satisfacción a sus personas usuarias a una o más de las cinco dimensiones de la mente: instintos, emociones, intuiciones, razonamientos o planificación de futuro (véase tabla 6.2).

Sostenibilidad

Los productos y servicios diseñados no deben contaminar el entorno y estar producidos con materiales biodegradables, reciclados o reciclables; y tanto en su fabricación como en su utilización no deben producir ninguna clase de contaminación y consumir el mínimo necesario de energía, a ser posible energía limpia.

Dada la emergencia climática en la que estamos inmersos, necesitamos cambiar la cultura y la forma de uso de los bienes y servicios. Pero cambiar la forma de actuar de las personas en su quehacer diario, es algo muy complejo puesto que acaba siendo una respuesta automática de la mente instintiva e intuitiva, es decir no reflexiva. Una respuesta basada en la errónea percepción de que los recursos son infinitos y, a menudo, teóricamente gratuitos. La sociedad se encuentra en un momento tan delicado en el que los servicios y productos que consumimos deberían, por un lado,

Tipo de necesidad	Ejemplos
Necesidades básicas (instintos)	Vestidos, alimentos, vivienda, muebles, medicinas, etc.
Emociones e intuiciones	Música, literatura, cine, danza, arte, juegos, etc.
Necesidades racionales	Ordenadores, productos tecnológicos, jeroglíficos, puzles, ensayos literarios, filosofía, etc.
Previsión del futuro	Formación, seguros de todo tipo, vivienda, etc.

Tabla 6.2. Ejemplos de productos para distintas necesidades.

concienciarnos de los perjuicios asociados a su consumo exagerado y, por otro, minimizar los riesgos sobre del propio ecosistema de este estilo de vida basado en una espiral de consumo creciente.

Proporcionar placer

Tienen gran aceptación los productos y servicios que no satisfacen directamente una necesidad básica, pero buscan proporcionar placer lúdico o hedonista a las personas usuarias.

Se trata, por ejemplo, de moda, artículos de lujo, alta cocina, decoración, parques acuáticos, deportes de élite, etc.

Centrarse en la persona usuaria

El diseño de productos y servicios debe estar basado en los deseos y necesidades reales de la persona usuaria y no en las apetencias particulares del diseñador.

Aun así, el diseñador no debe tomar los deseos de los usuarios al pie de la letra y debe buscar siempre cómo superar sus expectativas. Es famosa la frase atribuida a Henry Ford cuando creó el primer modelo de Ford T: «Si les hubiera preguntado a los clientes qué querían, me habrían respondido que un caballo más rápido».

Accesibilidad

Los productos y servicios deben permitir su uso por el máximo posible de personas a pesar de sus posibles discapacidades físicas, culturales, de movilidad, de estatura, etc.

Es lo que llamamos *diseño universal* o diseño para todos *(design for all)*.

Producción optimizada

El proceso de fabricación de los productos y servicios debe estar minimizado en costos económicos, energéticos, tiempos, contaminación del entorno y esfuerzos necesarios.

Seguridad en el uso

Los productos y servicios deben garantizar que sus usuarios no van a sufrir daños contra su integridad física o moral si se atienen a las reglas de uso indicadas.

En los países avanzados existen agencias gubernamentales que se ocupan de evaluar esta seguridad de uso antes de autorizar la puesta en el mercado.

Ergonómico y confortable (friendly)

Los productos y servicios deben estar ajustados a la antropomorfología de los usuarios y no pueden exigir complicadas reglas contraintuitivas para usarlos. Al contrario, sus partes físicas deben ser muy ergonómicas y los procedimientos a seguir muy intuitivos y autoexplicativos.

Durabilidad

Los productos y servicios deben tener una vida útil de la máxima duración posible, acorde con las expectativas de las personas usuarias y la sostenibilidad del planeta.

A mayor durabilidad, mayor aceptación. Los usuarios valoran que no les obliguen a costosos mantenimientos y que dispongan de un buen servicio posventa y de atención al cliente.

La economía basada en la obsolescencia programada y el recorte de la vida útil que fundamentaba el consumismo ha llegado a su punto final. La situación de emergencia planetaria por la contaminación y el cambio climático obliga a plantear el máximo de durabilidad y de segundas vidas de uso para los productos fabricados.

Prestaciones innovadoras o mejoradas

Los productos y servicios deben ofrecer prestaciones que sus homólogos del mercado no ofrecen. O las mismas, pero de manera mejorada (más rápida, más segura, más eficiente, con una mejor interfaz o con menor volumen, menor costo, menor esfuerzo…).

Añadir inteligencia a los productos

De una manera particular, la aplicación de las tecnologías digitales permite a los diseñadores otorgar a los productos y servicios la capacidad de tomar de manera autónoma decisiones adecuadas en situaciones y contextos establecidos. Es lo que llamamos productos y servicios inteligentes *(smart products)*.

Es tendencia en innovación que el producto pueda interactuar de manera inteligente con quien lo usa y reaccionar de manera autónoma a cambios en su entorno o en su funcionamiento.

Productos que tradicionalmente se fabricaban con componentes mecánicos ahora empiezan a incorporar sensores, antenas, placas de circuitos, *software* integrado y cableado complejo para incluir la capacidad de toma de decisiones autónomas.

Dotar de inteligencia a productos tradicionales puede ser la oportunidad de ganar competitividad y, en algunos casos de gran éxito, desplazar a los líderes habituales del sector.[9] En cualquier caso, es una manera paradigmática de pasar de competir por precio a competir por valor.

Estética

No debería ser nunca el factor principal, pero es un factor que suele valorarse mucho porque puede decantar una selección de compra y que un buen diseñador no puede obviar.

Aunque el concepto de belleza es subjetivo y depende de las culturas y tendencias («la belleza está en los ojos de quien mira»), el creativo tiene que esforzarse en dar belleza a su producto.

Le pedimos a los productos que sean atractivos a la vista y, a ser posible, que su utilización provoque placer sensorial en uno o más de nuestros sentidos.

Las tres viabilidades de un proyecto creativo

Para conseguir que el producto imaginado pueda ser una realidad y pueda llegar a sus destinatarios, será imprescindible que se pueda desarrollar con las tecnologías

---

[9] Entre los muchos casos paradigmáticos está el desplazamiento progresivo de Nokia por Apple gracias al lanzamiento en 2007 del iPhone.

existentes *(viabilidad tecnológica)* y que se pueda obtener con una inversión menor al beneficio económico que reportará *(viabilidad económica)* y que consiga la aceptación de las personas para quienes ha sido pensado *(viabilidad social)*.

Viabilidad tecnológica

Las tecnologías empleadas en el diseño del producto o servicio deben ser estables y consolidadas o, en el caso de usar tecnologías emergentes, se deberá calibrar el nivel de riesgo que estamos dispuestos a asumir.

En ningún caso deberíamos basarnos en tecnologías inexistentes o en estado muy primario de investigación y desarrollo.

Si no existen tecnologías suficientemente avanzadas para construir lo que imaginamos, estamos condenados al fracaso. Poniendo un ejemplo disparatado, si quisiéramos montar una agencia de viajes basada en la teletransportación de los cuerpos, quizá llegue a ser posible en un futuro, pero hoy en día lo tendríamos muy mal.

Entre los múltiples ejemplos de fracasos que la historia nos reporta, destacaremos el de Charles Babbage, creador exitoso de una máquina construida con engranajes mecánicos que calculaba logaritmos. En 1833 presentó a la Royal Astronomical Society su proyecto de construir una máquina calculadora de propósito general que él llamaba *máquina analítica* y que correspondía conceptualmente a lo que hoy llamamos computadora. Sentó perfectamente sobre el papel las bases teóricas que permitirían a la Universidad de Pensilvania construir el ENIAC en 1946 (113 años después), la primera computadora digital moderna, el origen de toda la eclosión posterior de la informática. Desgraciadamente para Babbage, el estado de las tecnologías existentes en su época no le permitió alcanzar la realización de su genial idea creativa.

Viabilidad económica

El producto o servicio diseñado debe tener garantizada su viabilidad económica en un plazo razonable de tiempo.

El precio de venta al público tiene que ser competitivo y estar aceptado por la realidad presente del mercado y tiene que permitir amortizar en el período definido *a priori* las inversiones previas realizadas y los costes de producción, mantenimiento y distribución.

Son muchos los inventos que se mueren al poco de nacer porque son social y tecnológicamente viables, pero a unos costes que hacen imposible pensar en su aceptación por el mercado real.

Viabilidad social

El producto o servicio creado debe tener un valor de uso, por lo menos por un período determinado y para toda la comunidad humana o una parte de ella. Si solo satisface a su autor, entraríamos en el eterno debate sobre el valor subjetivo de las creaciones artísticas o en la consideración de que, a veces, un creador se anticipa en exceso a las necesidades percibidas por su sociedad y cae en la incomprensión de sus contemporáneos.

El producto o servicio diseñado debe mejorar el bienestar social de las personas usuarias y propiciar algunos de los 17 retos de la ONU en sus ODS.

Si no respetamos la sostenibilidad, nuestro diseño no podrá ser considerado socialmente viable.

«La valoración de la creatividad se enmarca siempre en el entorno de una sociedad y una cultura». *Mihály Csíkszentmihályi (1995)*

Una obra realmente creativa cambia siempre algún aspecto relevante de la cultura de la sociedad en la que se enmarca. En cierta manera, el entorno sociocultural ya no volverá a ser lo que era. La creatividad no es nunca un acto individual. Es un acto sistémico de interacción entre el autor y su entorno sociocultural. El reconocimiento de un resultado creativo depende siempre de la valoración de aceptación o denegación que de él haga la sociedad en la que se ha desarrollado.

Para Mihály Csíkszentmihályi (véase la figura 6.1), la creatividad es una interrelación de tres elementos: el dominio (disciplina o lugar en donde se produce la creatividad), el autor (quien realiza el acto creativo) y la crítica (grupo social de expertos que la evalúan). Es una obra individual y social al mismo tiempo.

Es individual porque es una idea, acción o producto efectuado por una sola mente (o por un grupo que trabaja al unísono). Es social porque esa idea, acción o producto nuevos son reconocidos por la sociedad e incorporados a la cultura del lugar.

Margaret Boden (1991) distingue entre una *creatividad-h* que tiene repercusión cultural histórica, es decir una creatividad, que impacta en la esencia de una cultura y la transforma, y una *creatividad-p* que solo impacta en el ámbito reducido del autor y el círculo de personas que disfrutan de su obra.

Figura 6.1. Valor social de la creatividad.

Es enorme la lista de creadores geniales solo se les reconoció como tales después de su muerte. Son ejemplos de ello: Gregor Mendel (1822-1884) que no fue visto como un científico creativo hasta inicios del siglo xx; Johann Sebastian Bach (1685-1750) que fue reconocido como compositor magnífico bien entrado el siglo xix y Vincent Van Gogh (1853-1890) que triunfó como pintor un año después de su muerte.

Capítulo 7
Hay que educar la creatividad

Hay un potencial innato de creatividad

Se ha demostrado que al nacer todos los humanos tenemos un potencial creativo bastante elevado y que el entorno y la educación recibida pueden favorecerlo o, por el contrario, inhibirlo o incluso reprimirlo hasta hacerlo desaparecer.

«Un niño es altamente creativo hasta que empieza a ir a escuela». *Stanly Czurles, director de educación artística en el New York State College para profesores*

La creatividad es innata en los niños porque está basada en tres instintos: la curiosidad, la imitación y el juego. Tres instintos que encajan mal en la división darwiniana entre supervivencia de la especie y supervivencia del individuo, porque en algunas circunstancias pueden poner en riesgo la supervivencia, pero que son esenciales para el crecimiento de la persona.

La curiosidad, la imitación y el juego son tres instintos motores de la creatividad.

Todo parece señalar que Darwin no valoró adecuadamente esta tercera clase de instintos: los que permiten progresar al individuo y, en consecuencia, a la especie.

«Desde los primeros pasos de su educación el niño debe experimentar el placer del descubrimiento». *Alfred North Whitehead, filósofo y matemático*

El desconcierto y el asombro motivan que el niño quiera comprender lo que no conoce y observa con mirada primigenia, es decir, desprovista de conocimientos previos. Y esta mirada libre es la que le puede aportar una manera distinta de asociar lo que ve con las vivencias que ha experimentado antes de imaginar algo que todavía nadie había imaginado. Jugando con las ideas, las sensaciones y los objetos, el niño creativo se entusiasma con sus hallazgos, y este mismo entusiasmo, tal como ha demostrado con sus experimentos el neurocientífico Gerald Hüther (2011) de la Universidad de Göttinga (Alemania), tiene el efecto fisiológico de incrementar las sinapsis y capacidades de sus redes neuronales, con lo cual cada vez es más creativo.

Cuando el filósofo empirista John Locke afirmaba en el siglo XVII que los humanos nacemos con el entendimiento vacío *(tabula rasa)* y lo tenemos que aprender todo, tenía razón si nos ceñimos a la mente racional, pero, gracias a la herencia genética, el recién nacido se enfrenta al entorno que no comprende dotado de actitud instintivamente creativa. Para él, el día está lleno de descubrimientos sensoriales y motrices que necesitan ser acomodados en sus vivencias —como detalla Jean Piaget— y los afronta creando explicaciones y visiones propias hasta que los adultos —especialmente los que no saben respetarle la creatividad— le imponen la manera estandarizada de verlo.

Es frecuente que, entre los 2 y 7 años, tal como explicó Jean Piaget (1936), el niño recurra al «pensamiento mágico». Eugene Subbotsky (2010), psicólogo de la Universidad de Lancaster (Reino Unido), ha demostrado que el pensamiento mágico (no confundir con supersticiones ni con creencias mágicas) ayuda a aumentar la creatividad de criaturas de entre 4 y 8 años.

El proceso mental frente a algo desconocido pasa por distintas fases: desconcierto, asombro, curiosidad, motivación a asimilar la experiencia, creación de visiones propias y experimentación lúdica de las ideas que acaba de generar. Si en medio de este proceso aparece un adulto y con sus actuaciones le dice implícitamente «No busques más. Limítate a imitarme, que soy un adulto sabio y tengo la solución», está matando su aproximación original. El pequeño le imitará y dejará de buscar sus propios caminos.

El niño necesita un entorno de seguridad en el conjunto de sus instintos de supervivencia (muy especialmente necesita sentirse querido y protegido), pero una seguridad anticipada contra su curiosidad le disminuirá la creatividad. Si los adultos de su entorno le hacen creer que tienen el repertorio completo de soluciones a todos los problemas habidos y por haber, y que lo único que tiene que hacer él es ir aprendiéndolas a medida que las pueda ir necesitando, le están mintiendo y —lo que es mucho peor— le están anulando sus pulsiones creativas.

El pedagogo Viktor Lowenfeld (1958) descubrió que existen niños rodeados de abundantes juguetes que lloran desconsolados, tensos y sin saber qué hacer porque son incapaces de recordar las instrucciones específicas que les han dado sobre cómo usarlos, en oposición con niños absolutamente absortos y contentos con un simple trozo de madera, que a ratos les sirve de tren y más tarde lo mueven en el aire simulando un avión. Lowenfeld nos señala que los primeros han asumido que la diversión y el gusto por la vida vienen de fuera y que hay que sentarse a esperarlos, mientras que los segundos han aprendido a confiar en su capacidad de experimentación, y cualquier elemento se convierte para ellos en un pretexto para crear.

Según Ellis P. Torrance (1966) el desarrollo de la creatividad infantil exige: 1) tratar con respeto las preguntas y las ideas imaginativas del niño; 2) hacer que los niños dispongan de períodos de ejercitación sin la amenaza de la evaluación; 3) tratar de buscar siempre en el trabajo de los niños la conexión causa-efecto.

El pedagogo Loris Malaguzzi, creador de las escuelas comunales de Regio Emilia (Italia) en los años sesenta, se basaba en la idea de que: «Es fundamental preservar en los niños el sentimiento de asombro. La creatividad, como el conocimiento, es hija del asombro [...] es un arte y una creación combinada (unas veces inmediata y espontánea, otras aislada, subordinada) que tienen motivaciones, formas, procedimientos, contenidos (formales e informales) y capacidades comunicativas, previsibilidad e imprevisibilidad [...]. Todo ello favorecido, tolerado o impedido por las tendencias y las políticas culturales».

«Los niños tienen cien maneras de expresarse, pero les robamos noventa y nueve».
Loris Malaguzzi, creador de las escuelas comunales de Regio Emilia, Italia

Si el sistema educativo de un país está enfocado a tener ciudadanos conformistas y obedientes, se dedicará a castrar cualquier atisbo de creatividad, porque la creatividad es, por naturaleza, inconformista y divergente. Si, por el contrario, está enfocado a educar y promover la creatividad de las personas, desde la infancia hasta los niveles universitarios más altos, se producirá el efecto multiplicador de un círculo virtuoso. En este caso, las personas, los sistemas educativos y la sociedad del conocimiento se interrelacionan y se influyen mutuamente de forma benéfica.

Las personas creativas encuentran en el entorno cultural que les rodea estímulos de todo tipo para el desarrollo de pensamientos originales y enriquecen el inventario de soluciones creativas que han ayudado a dar más calidad de vida a la sociedad. Un bagaje más rico de soluciones ingeniosas en todos los ámbitos contribuye, por ósmosis, a que el sistema educativo sea más efectivo en la transmisión de la imaginación y la inventiva, con lo cual se desarrollará con mayor potencia la creatividad de los alumnos, que es la manera sólida de garantizar el crecimiento del país en creatividad e innovación.

Un país que pretende progresar está obligado, en consecuencia, a velar por la inclusión del cultivo de la creatividad en todos los niveles educativos. No basta con educar las aptitudes de los que escogen carreras de bellas artes o diseño. No basta con abordarlas cuando el alumno entra en la universidad. Si intervenimos tarde, hemos dejado escapar todo un potencial que quizá ya no podamos recuperar.

Tiene que implantarse una educación basada en talleres prácticos, que combine el pensamiento creador originado en el aula con su aplicación en el mundo real. Desde la más tierna infancia los alumnos pueden y deben aprender a pensar con originalidad, saber que hay mucho por inventar, que todo lo que nos rodea es susceptible de ser mejorado, que no tenemos que mostrarnos pasivos y conformistas frente a las molestias cotidianas de los objetos, herramientas y servicios que nos rodean y, mucho menos aún, con los viejos y terribles males endémicos de pobreza, enfermedades e injusticia que sufre una parte tremendamente enorme del planeta.

Una ayuda importante para la estimulación y el desarrollo de la creatividad en los profesionales es la introducción en los planes de estudio de las carreras universitarias de talleres interactivos de resolución de problemas enfocados a casos reales de la profesión. Fomentar la enseñanza basada en casos prácticos. Hoy en día son muy escasos los estudios de grado que contemplan este enfoque en los países de habla hispana y escasa es también la preparación que tienen muchos docentes para enseñarla.

Los profesores de cualquier nivel educativo deberían aplicar instrumentos específicos para identificar el potencial creador de sus estudiantes y deberían utilizar problemas abiertos que tengan un carácter heurístico –¡basta ya de tantos problemas cerrados de soluciones únicas!– con el fin de facilitar el proceso de desarrollo hacia la creatividad profesional.

Cómo podemos mejorar nuestra creatividad

La creatividad requiere la conjunción de una *actitud*, un conjunto de *aptitudes* y una manera de trabajar siguiendo un conjunto de *estrategias, técnicas y métodos*.

La calidad del resultado (sea un pensamiento, un objeto o un servicio) radica en la consecución de determinadas características.

Unos pasos de éxito comprobado

Si un adulto ha logrado tener o mantener un cierto grado de su creatividad innata, ¿puede hacer algo para incrementarla?

1. Asegurarse de que ha comprendido y delimitado correctamente el problema.
2. Abrir su mente a soluciones nuevas. Debido a la educación que se nos ha dado, estamos acostumbrados a manejar problemas cerrados (problemas que tienen un enunciado completo, toda la información necesaria para resolverlos y solución única), pero en el mundo real la mayoría de los problemas (por no decir todos) son problemas abiertos: o no está del todo definido qué se desea hallar o es materialmente imposible disponer de toda la información necesaria. Los problemas de la vida real rara vez tienen solución «única y perfecta», tienen muchas soluciones posibles y la creatividad, el desafío para el creador, es hallar una solución nueva y bien valorada por sus congéneres. No perdamos de vista que una de las características fundamentales de la creatividad consiste, precisamente, en saber ofrecer multitud de alternativas. Tenemos que evitar enamorarnos de la primera alternativa que encontremos y seguir buscando.
3. Hacer acopio de tenacidad y perseverancia.
4. Aplicar las estrategias de ayuda a la creatividad que se explican en este libro.
5. No caer en ninguno de los bloqueos mentales que existen y que también se exponen en este libro.
6. Superar todas las barreras ambientales y de otra clase que se crucen en el camino.
7. Completar la(s) solución(es) encontradas con evaluación rigurosa y sistemática de las tres viabilidades (tecnológica, económica y social). Hay que aceptar que casi nunca existen soluciones perfectas, solo soluciones buenas, soluciones menos buenas y soluciones mejores. La evaluación definitiva la determinarán las futuras personas usuarias.

Actitudes creativas

Básicamente, un creador puede enfocarse a buscar soluciones muy innovadoras (fuertemente disruptivas) o limitarse a desarrollar pequeñas mejoras de los productos o servicios actuales (innovación evolutiva).

Actitud disruptiva

Si se pretende innovar de manera disruptiva, la actitud creativa apropiada es la del pensamiento revolucionario. Se trata de buscar alternativas absolutamente nuevas, inexistentes hasta la fecha. Las estrategias mentales de ayuda a este objetivo serán, lógicamente, contundentes, agresivas, ambiciosas, de fuertes cambios.

En cada segundo del tiempo universal, millones de personas tienen ideas creativas. Pero no todas están enfocadas al progreso y la sostenibilidad del planeta ni introducen cambios permanentes en la sociedad humana. Sin embargo, a lo largo de la historia se han producido actos creativos de profundo impacto en la civilización futura. A título de ejemplo, analizaremos tan solo tres.

- **La rueda.** Un invento que desde la más remota historia ha llegado a miles de aplicaciones todavía no superadas por ninguna tecnología sustitutiva en nuestra época. No se sabe de manera cierta cómo hicieron los arquitectos de las pirámides egipcias para desplazar los enormes sillares de su construcción desde la cantera hasta las obras, pero se supone que ya había habido algún creativo que había descubierto que se podía minimizar el roce de la piedra con el terreno intercalando un tronco pelado de árbol. Este genio anónimo vería lo mismo que todos sus congéneres veían: árboles por un lado y sillares por el otro, pero él fue el primero que tuvo el pensamiento de juntarlos. Posteriormente, entre los miles o millones de personas que usaron troncos de árbol para arrastrar pesadas cargas, otra persona anónima se dio cuenta de que no hacía falta que girara todo el tronco, que bastaba que giraran los extremos y que, si se lograba que la carga no tocara el suelo, el rozamiento era altamente inferior. Todos sus contemporáneos veían lo mismo que él, pero él fue el primero que inventó el eje y la rueda.
- **La navegación a vela.** Se ha dicho que los grandes avances de la historia de Occidente en la llamada Edad Moderna (que se define entre la caída de Constantinopla en 1453 y el estallido de la Revolución francesa en 1789) fueron debidos a las grandes flotas navales militares y comerciales que los imperios de la época habían construido en una clara competencia expansionista de dominar los países de todo el planeta después de la evidencia conseguida por Cristóbal Colón de que la Tierra era esférica. Se ha comparado la importancia que tuvo el desarrollo de la navegación a vela en la Edad Moderna con la que está teniendo en nuestra era las tecnologías de la información y la comunica-

ción (TIC). No sabemos quién inventó el primer barco impulsado por vela. Sabemos que en la prehistoria alguien tuvo una primera idea revolucionaria para inventar el bote. Por analogía, viendo que una cáscara de nuez o de coco flotaba en el río, a nuestro héroe anónimo se le ocurrió imitarla, a escala adecuada para transportarle a él, vaciando un tronco de árbol. Todos sus contemporáneos podían haber tenido la misma idea, pero él fue el primero en tenerla. Navegaría remando con las manos y, vete a saber cuántos años después, otro creativo desconocido inventó los remos. Posteriormente, alguien observó que el viento soplando con fuerza contra un paño desplegado lo arrastraba lejos y se le ocurrió unirlo con un palo a su bote. Está documentado que, en la época arcaica, entre los años 3200 y 2700 antes de Cristo, existían barcos de vela en el Nilo.

- **El *world wide web*.** Tim Berners-Lee era un joven físico de altas energías que en los años ochenta trabajaba de investigador en el CERN.[10] Tim Berners-Lee estaba preocupado por optimizar los costos de los experimentos (enormemente altos en el acelerador de partículas) y, para ello, procuraba averiguar siempre los resultados de experimentos similares efectuados por el resto de los equipos del CERN. Pero en la década de 1980 la comunicación entre computadoras era muy ineficiente. Las computadoras se interconectaban a semejanza de las redes de telefonía oral de las personas. Cuando un usuario de una computadora A quería obtener un fichero de la computadora B, tenía que llamar a la máquina B y pedirle conexión. Si B estaba ocupada, le tocaba insistir sin saber cuándo podría mandarle la petición de información. Si B le abría la conexión, A tenía que pedirle uno o más ficheros concretos que eran transmitidos por el protocolo ftp *(file transport protocol)*. Un problema añadido era que no existía un formato universal para los informes, cada fabricante de computadoras tenía su codificación propia.

  Berners-Lee reflexionó en 1989 sobre cómo podía mejorar esta comunicación tan problemática e ineficiente. Para optimizar la conectividad se le ocurrió pensar en el símil de una tela de araña (en inglés *spider web)*. Las arañas tejen una malla invisible de hilos de seda que atrapan a insectos y siempre tienen más de un camino posible para llegar a su captura (aunque se hayan

---

[10] El Consejo Europeo para la Investigación Nuclear (CERN, por sus siglas en francés, *Conseil Européen pour la Recherche Nucléaire*) está ubicado desde poco después del final de la Segunda Guerra Mundial en Ginebra (Suiza) y dispone de un acelerador de partículas de 30 km de circunferencia (parte de ella en territorio de la vecina Francia). Está financiado por gran cantidad de naciones que comparten los resultados de las investigaciones.

roto algunos hilos de la malla, siempre quedan caminos de acceso disponibles). Para el tema de la comunicación sin petición previa, pensó que los informes deberían estar publicados siempre en un espacio de cada computadora de libre acceso a todas las computadoras del CERN. Para tener un lenguaje único universal, ideó el HTML *(hyper text markup language).*

El proyecto de Berners-Lee fue un gran éxito para optimizar la investigación del CERN y ahorró tanto dinero que llamó la atención de multitud de científicos de todo el mundo que vieron la oportunidad de extender el mismo concepto a todo el universo de conocimientos. Así nació el *world wide web* que ha transformado definitivamente el uso de internet y ha sido la base de la sociedad de la información, uno de los inventos más revolucionarios del siglo xx.[11]

El símil de una tela de araña para mejorar la conexión en red de las computadoras fue el verdadero detonante.

Actitud evolutiva

Si se pretende innovar de manera incremental o evolutiva, las estrategias mentales de ayuda a la creatividad se centrarán en hallar mejoras de prestaciones. Son muchas las vías posibles de mejora de los productos y servicios existentes, es lógico, pues, que exista un gran número de estrategias orientadas a una actitud creativa de mejora por evolución.

Uno de los objetivos imprescindibles de la sociedad 4.0 es la sostenibilidad del planeta; todas las estrategias mentales que ayuden a mejorar la sostenibilidad formarán parte importante de esta actitud creativa evolutiva.

A menudo, la creatividad evolutiva consiste en *mejorar una rutina.* Algunos creativos piensan, erróneamente, que en las rutinas no hay creatividad. Seguir a ciegas con las rutinas existentes es lo contrario de creatividad, pero analizar con visión crítica una rutina existente y mejorarla es una manifestación rotunda de creatividad.

La creación de una rutina nueva o la mejora de una existente suelen requerir muy buenas dosis de creatividad.

Evidentemente, ha habido y habrá mucha creatividad rupturista en los cambios radicales de rutinas por otras radicalmente diferentes y mejores.

---

[11] Sir Tim Berners-Lee sigue siendo el presidente del Consorcio internacional World Wide Web (véase https://www.w3.org/).

Han sido las ideas de talentos anteriores las que nos han dado las rutinas que usamos todos los días. Convertir en una simple rutina un proceso que anteriormente exigía complicadas acciones llenas de incertidumbre o imposibilidad, es un magnífico acto de creatividad.

«La civilización avanza al incrementar el número de operaciones importantes que podemos realizar sin pensar en ellas». *Alfred North Whitehead, filósofo y matemático*

Convertir en simple rutina una operación de apendicitis, o tener agua abriendo un grifo, o poder hablar con cualquier persona en cualquier parte del mundo con un simple aparato portátil, o buscar en internet un conocimiento, o tantísimas más rutinas de la civilización actual, son pruebas evidentes de este progreso.

Estrategias mentales de ayuda a la creatividad

«Si no sabes lo que buscas, no entenderás lo que encuentres». *Sabiduría popular*

Este apartado se basa en la recopilación efectuada por sus autores durante más de quince de experiencia didáctica y práctica en creatividad e innovación orientada al diseño de seis diferentes especialidades. En estos años, se han clasificado y ordenado un buen conjunto de estrategias mentales de ayuda a la creatividad inducida y a la innovación que se ofrecen para el dominio público después de comprobar su eficacia en problemas reales.

Clasificación de las estrategias

Las estrategias mentales de ayuda a la creatividad recogidas en este manual son unas tres decenas. Se pueden aplicar juntas o por separado y una decena de ellas las consideramos «imprescindibles», en el sentido que creemos que deberían tenerse presentes siempre de manera transversal junto a cualquier otra estrategia.

Podemos clasificar las estrategias mentales en función de la actitud creativa que las mueve, o sea, del nivel de ambición disruptiva o evolutiva que contengan (véase la figura 7.1).

— Estrategias mentales **imprescindibles,** de tipo metodológico, que ayudan a encontrar alternativas de soluciones en todos los casos, independientemente del nivel de ambición disruptiva o evolutiva del creativo.

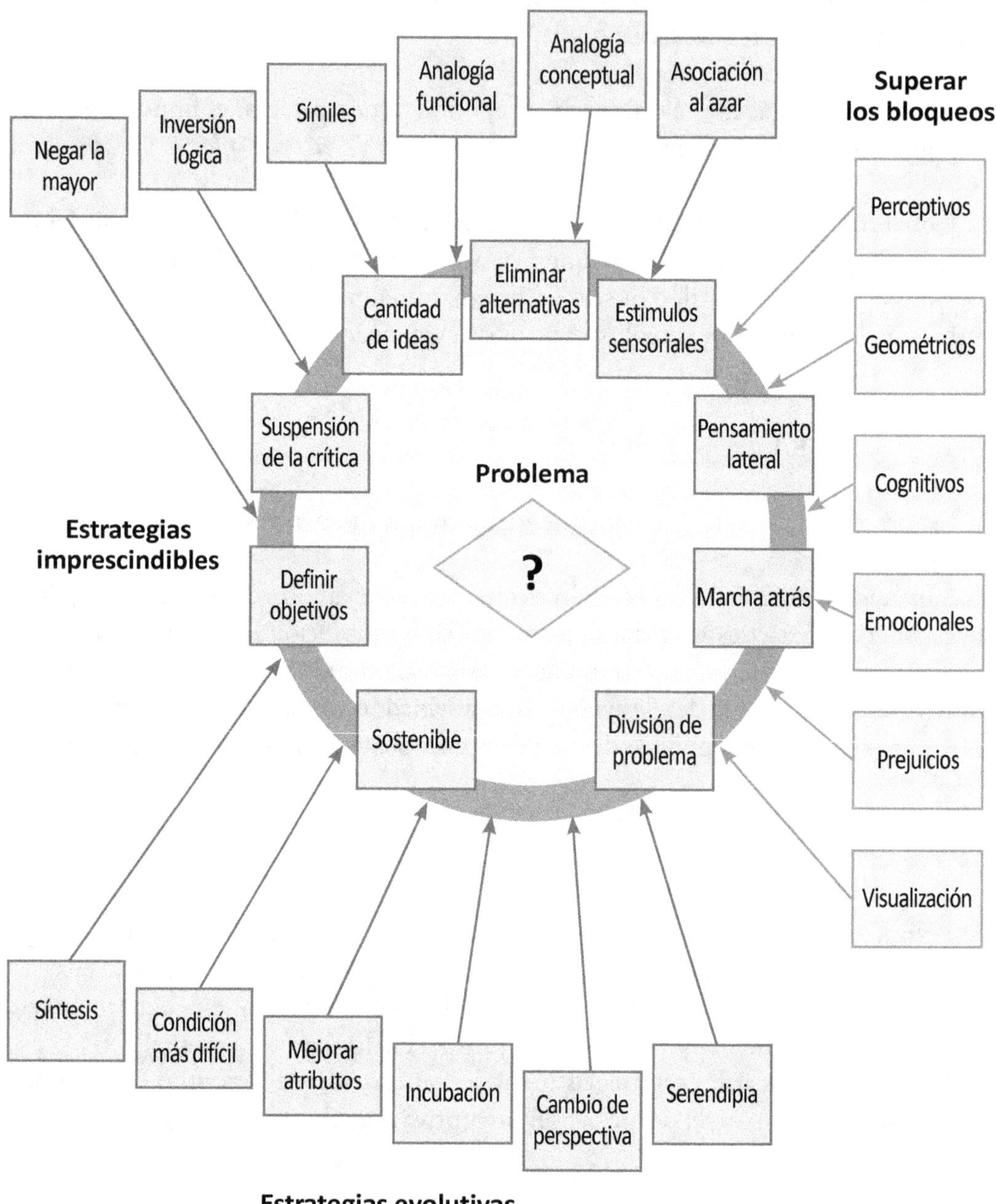

Figura 7.1. Diagrama de las estrategias de ayuda a la creatividad.

— Estrategias mentales **disruptivas,** que contribuyen a hallar soluciones revolucionarias, de alto grado de innovación.

— Estrategias mentales **evolutivas,** que ayudan a mejorar las soluciones actuales sin pretender cambios disruptivos del producto o servicio.

— Estrategias mentales para preservar la **sostenibilidad del planeta** y fomentar la **reutilización de materiales y productos obsoletos.**

¿Cómo se sabe qué estrategia será mejor aplicar en cada caso? Con la práctica. Haciendo una metáfora, las estrategias que vamos a presentar son como una caja de herramientas para hacer bricolaje. ¿Cómo sabemos en cada momento qué herramienta tenemos que usar? La respuesta es simple: juntando el dominio de cada herramienta con la observación del material que tenemos entre manos.

Las universidades deben adaptarse

Las universidades y centros formativos de la sociedad digital no pueden vivir en una burbuja del pasado y deben adaptarse a la nueva situación. No pueden creer que no les afectarán los cambios que por todas partes emergen y se consolidan.

Algunas propuestas para esa adaptación son:

- Deben romper las barreras estancas entre Ciencias y Humanidades; inculcar Humanidades en las actuales carreras de STEM (abreviación inglesa para *Science, Technology, Engineering, and Mathematics* como materias de estudio) e inculcar metodología científica y tecnología digital en las carreras de las actuales Humanidades.
- En todas las carreras deben orientarse hacia la enseñanza de la creatividad, la innovación y la sostenibilidad del planeta.
- La universidad ya no es la única cuna del conocimiento ni el faro único que ilumina el futuro. La sociedad digital tiene múltiples faros no sometidos a barreras de espacio ni de tiempo.
- El saber está por todas partes, no solo en las universidades; a menudo el conocimiento más puntero y con más capacidad de innovación reside en centros de investigación independientes. Valgan como ejemplos que Amazon lleva años invirtiendo más de 20 billones de dólares en I+D, alrededor del 50 % más que el conjunto de la economía española, o que cuatro empresas superan la cifra de 15 billones de inversión: Amazon, Alphabet (Google), Volskwagen e Intel. Y Microsoft y Apple están muy cerca de estas cantidades.

- En internet no solo hay información, hay conocimiento, y está disponible en todo momento y desde todo lugar.
- La sociedad se ha articulado alrededor de mover productos y mover conocimiento en lugar de mover personas, la logística de proximidad y el teletrabajo han cambiado radicalmente las organizaciones de los equipos de trabajo de las empresas y de los emprendedores.
- Hoy tiene muy poco sentido identificar universidad con clases magistrales. Las universidades deben avalar y garantizar conocimientos; promocionar, generar y difundir conocimientos innovadores. Aportar el máximo valor posible a los estados de arte de los ámbitos del saber humano.
- Los docentes analógicos no pueden cumplir con los objetivos actuales de la función docente. Deben reconvertirse a toda prisa o ceder el paso a las generaciones de nativos digitales.

En este contexto, la universidad debe centrarse en las siguientes misiones básicas:

- Dar garantías de calidad de los conocimientos y acreditar la adquisición de conocimientos y competencias.
- Facilitar que los conocimientos adquiridos por cualquier canal sean asimilados mediante su experimentación.
- Formar desde la demanda y no desde la oferta. Entender que la formación que imparten a sus estudiantes debe ser el resultado que la sociedad y las empresas necesitan para mantener y acrecentar su competitividad, y que, en consecuencia, tienen que responder a sus demandas.
- La teleformación se convierte en un reto insoslayable en una sociedad en la cual los conocimientos se convierten aceleradamente en obsoletos y requieren ser actualizados con independencia de la situación laboral o profesional del alumnado.
- Solo con una estrecha colaboración universidad-empresas se lograrán los hitos del reto que tenemos por delante en la transformación de la sociedad.

Capítulo 8
Estrategias mentales imprescindibles

Las estrategias mentales que se describen en este capítulo no deberían olvidarse en ningún momento del proceso creativo.

Definir objetivos inteligentes

El objetivo de todo proyecto creativo debería ser inteligente. Se dice que un objetivo es inteligente si tiene las cinco cualidades que vienen recordadas nemotécnicamente por las cinco letras de la palabra SMART (inteligente, en inglés):

- S → **eSpecífico.** Tenemos que definir claramente y con la máxima precisión posible qué queremos lograr, cuál es la situación deseada que consideramos que solucionaría todos los inconvenientes o insuficiencias de la situación actual.
- M → **Medible.** Debemos tener ben definido cómo evaluaremos si las propuestas generadas cumplen o no con el objetivo deseado y cómo mediremos el grado de progreso conseguido en el camino efectuado.
- A → **Accionable.** Debe ser un objetivo viable, posible de conseguir. Deberá cumplir con las tres viabilidades necesarias (tecnológica, económica y social).
- R → **Relevante.** El objetivo interesa lo suficiente (por los motivos que sean) como para convertirlo en una prioridad profesional del creador.
- T → acotado en el **Tiempo.** El objetivo tiene una fecha de caducidad, debe ser alcanzado antes de que deje de tener interés social o de que otros creativos lo consigan. Se puede establecer un calendario del desarrollo con definiciones concretas de tiempo: cuándo empezamos, fecha límite para finalizar, fechas de los hitos intermedios.

Suspensión de la crítica

Es una de las estrategias más importantes para no desperdiciar ninguna idea creativa a causa de una valoración crítica apresurada.

La *suspensión* de la crítica consiste en evitar valorar, ni positiva ni negativamente, ninguna de las soluciones alternativas que se nos ocurran o lleguen a nuestra mente propuestas por otras personas. Es decir: separar claramente la acción de generar ideas alternativas del estudio de la viabilidad real de dichas ideas.[12]

Se basa en la experiencia de que las soluciones de gran creatividad suelen ser, muy a menudo, consideradas, en primera instancia, imposibles o disparatadas, mientras que las soluciones mediocres suelen recibir una entusiasta acogida que, en realidad, no merecen. Se trata de evitar que una valoración precipitada de las ideas aportadas nos impulse a rechazar soluciones disruptivas de gran futuro innovador o nos enamore de soluciones demasiado fáciles y de baja innovación.

Es la estrategia principal usada por Alex Osborn en los años cuarenta en su método de *brainstorming* y publicada por primera vez en 1954 en su libro *Applied imagination: principles and procedures of creative problem solving*. Una ventaja esencial de la estrategia de suspender la crítica es que propicia la desinhibición del trabajo creativo en equipo. Al eliminarse cualquier atisbo de rechazo verbal o no verbal a las ideas propuestas, los participantes en el *brainstorming* (o lluvia de ideas) se atreven a formular de manera libre cualquier idea que se les ocurra. Se evitan así las críticas despectivas que pueden provocar un fuerte desánimo al creativo cuando provienen de personas que él considera superiores en el dominio de su oficio.

Las críticas deberían formularse siempre con la mente abierta y desde la honestidad y sinceridad y sin olvidar nunca la necesidad de comprensión y apoyo ante los posibles errores cometidos. Forma parte de la conducta habitual de los envidiosos y frustrados verter el veneno de su envidia e impotencia en críticas despiadadas y, a veces, fuera de lugar. Los creativos deben conocer esta debilidad humana y neutralizarla con autocrítica serena y buscando la crítica constructiva de personas competentes, honestas y de mente abierta.

Una ventaja complementaria de la estrategia de suspender la crítica es que facilita la generación de ideas nuevas a partir de ideas anteriores que teníamos

---

[12] En realidad, sería más apropiado hablar de «*posponer* la crítica», puesto que ninguna idea triunfará realmente si no cumple con las tres viabilidades necesarias (tecnológica, económica y social). Pero hemos preferido respetar la manera en que tradicionalmente se ha traducido al español.

tendencia apresurada a valorar como imposibles o disparatadas. Es la realidad práctica que se ha bautizado como «ideas trampolín» o «ideas puente». Una propuesta de escasa o nula viabilidad puede provocar en nuestra mente una asociación mental nueva con una idea que sea realmente genial y que difícilmente se hubiera producido sin la aceptación previa de la idea puente que la ha provocado.

Generar cantidad de ideas

Es esencial no conformarse nunca con las primeras soluciones alternativas que nos vengan a la mente.

Debemos obligarnos a generar una mínima cantidad de ideas antes de abordar la etapa de la valoración crítica y escoger la mejor.

Es una reacción muy humana quedarse prendado de la primera idea creativa que se nos ocurra y limitarnos a pensar en cómo implementarla, pero esta conducta es perjudicial al objetivo de lograr la máxima calidad. La experiencia demuestra que, frecuentemente, las ideas más geniales solo se producen cuando nos obligamos a acumular una cantidad mínima de alternativas. Las mejores ideas suelen aparecer al final de la lista. En este caso, la cantidad ayuda a la calidad. Es otra de las reglas básicas puesta en evidencia por Osborn (1954).

¿Cuál es el número mínimo de ideas a generar? Depende de cada situación concreta y de la disponibilidad de tiempo que se tenga para tomar la decisión. Típicamente, en el método de *brainstorming* se suele considerar un mínimo de veinte ideas si estamos trabajando con seis o más personas, pero trabajando solo o en equipos de pocas personas, pueden bastarnos un número menor de opciones. Pero nunca deberíamos limitarnos a una única opción.

Eliminación de alternativas

Cuando la resolución de un problema nos ofrece *n* alternativas posibles, tenemos que ensayarlas sucesivamente de una manera ordenada. Ante cada fracaso de una alternativa estamos más cerca de la solución porque hemos disminuido el número de alternativas a ensayar.

Usando una metáfora podemos afirmar que resolver un problema es hallar la(s) salida(s) de un laberinto. Estamos perdidos buscando una salida y tenemos diferentes caminos enfrente. La mayoría de ellos no conducen al éxito, pero nada nos permite distinguir *a priori* cuáles son los caminos válidos y cuáles llevan a un callejón sin salida.

Existe una estrategia mental que veremos más adelante, llamada «marcha atrás» (aplicable en casos muy concretos), que consiste en resolver los laberintos de atrás hacia adelante, buscando la entrada partiendo en sentido inverso desde la salida. Pero, si estamos obligados a afrontar la resolución del laberinto desde el punto de entrada, debemos ensayar ordenadamente los distintos caminos que se nos ofrecen a cada paso. Cuando el camino escogido no lleva a la salida deseada, un pesimista dirá que «hemos fracasado». Un creador pragmático y bien entrenado dirá, en cambio, que «ya estamos más cerca de la solución. Si teníamos n alternativas a explorar, ya solo nos queda $n-1$». Se trata de no ser pusilánime, de ser perseverante. Pero, por encima de todo se trata de saber analizar cada fracaso para sacar conclusiones de cuál fue el principal impedimento al éxito y obtener nuevos criterios para escoger los siguientes caminos a explorar.

Una de las sabidurías elementales cuando luchamos con un laberinto es no repetir por segunda vez un camino que ya hemos visto que no tenía salida. En el laboratorio se comprueba que los pulpos, las ratas y otros muchos animales no cometen este error. No podemos afirmar lo mismo de los humanos. ¿Tenemos peor memoria de los caminos fallidos que los animales? Por supuesto, muchos animales nos ganan en memoria sensorial. ¿Esperamos que se produzca un milagro y desaparezca el obstáculo a base de repetir el mismo camino? Es evidente que el pensamiento mágico está presente en el cerebro inmaduro de más de una persona.

Ejemplo 1: El laberinto del Minotauro

En la mitología griega Ariadna le proporciona a Teseo, para que penetre en el laberinto del Minotauro, un larguísimo hilo de oro atado a su cintura que ella desde la entrada va soltando o recogiendo para evitar que Teseo repita caminos y, sobre todo, para que tirando del hilo pueda regresar a la entrada.

Si reflexionamos un poco, veremos que es un recurso muy creativo, pero que no hace falta usar ningún hilo ni que Ariadna esté auxiliando. A Teseo le hubiera bastado con un trozo de tiza y marcar con códigos claros por donde entró a cada pasillo y qué caminos ya han sido explorados y han dado resultado negativo.

Seamos prácticos, documentemos y analicemos bien nuestros intentos fracasados para no repetirlos.

Ejemplo 2: Quinientas llaves

Imaginemos que estamos encerrados en una habitación sin ninguna posibilidad de comunicación exterior para solicitar ayuda y tenemos un llavero con quinientas llaves. La mejor opción es probar de manera ordenada las quinientas opciones disponibles. Si al probar la primera llave, no funciona, un pusilánime podría desanimarse, pero un creativo bien entrenado analizará por qué no ha servido la llave y buscará conclusiones útiles. Si observa, por ejemplo, que la llave era de palo y la cerradura requería un llavín, podrá eliminar de un solo golpe todas las llaves que no sean llavines. Quedará más cerca de la solución. Ante un llavín que no le funciona, podrá sacar conclusiones sobre la orientación y el tipo de dientes necesarios y eliminar otro conjunto importante de llavines. Finalmente, si observa que la cerradura viene marcada con las siglas de un fabricante, podrá quedarse en exclusiva con los llavines que tengan las mismas siglas grabadas en la empuñadura.

Ejemplo 3: La perseverancia de Edison

Thomas Alva Edison quería sustituir el alumbrado de gas de su época por la luz de un filamento puesto en incandescencia mediante la electricidad. Tuvo que realizar durante dos años casi 1.800 pruebas de filamentos distintos hasta encontrar lo que buscaba. Cuando, al año del inicio de sus investigaciones, los periodistas le preguntaron por qué no abandonaba la búsqueda ante un número tan grande de fracasos, Edison les contestó: «Porque de cada fracaso sacamos nuevos conocimientos y sabemos que nos estamos acercando más a la solución».

Si ante un intento fallido, analizamos debidamente las causas del fracaso, nos acercaremos algo más al concepto clave que nos proporcionará la solución.

Ejemplo 4: ¿Un agujero imposible?

Dada una tarjeta de visita y unas tijeras, construir un agujero en la tarjeta que permita pasar una cabeza humana. El agujero debe ser de contorno conexo en una sola pieza, no puede estar formada mediante partes pegadas o cosidas entre sí.

Ante este enunciado, la reacción inmediata más normal es pensar que es imposible realizar lo que se pide. Haciendo el agujero máximo que el perímetro exterior de la tarjeta nos permite (véase la figura 8.1), es evidente que quizá pueda pasar la

Figura 8.1. ¿Agujero máximo?

Figura 8.2. Una de las infinitas soluciones.

cabeza de una rata, pero no la de un ser humano. Es una alternativa a eliminar. Habrá que analizar por qué no funciona y sacar conclusiones.

Es evidente que el principal impedimento radica en el concepto de agujero que hemos aplicado y que, para este tipo de agujeros, la limitación la da el perímetro de la tarjeta. Pero un agujero puede tener formas distintas: redonda, cuadrada, triangular, lineal... De hecho, nos conviene recordar que un agujero puede ser un simple corte lineal. Es lo que se usa en confección de prendas para hacer un ojal destinado a emparejarse con su correspondiente botón.

Aplicando la estrategia de *estimulación sensorial*, mirando y tocando la tarjeta, se aprecia que la cartulina de la tarjeta es un material flexible y jugando a recortar con las tijeras se ve que podemos cambiar el perímetro de la tarjeta fabricando infinidad de maneras posibles tiras largas de papel; por ejemplo, en forma de espiral rectilínea (véase la figura 8.2).

Identificar cuál es el principal impedimento para alcanzar nuestro objetivo es un paso esencial en el camino hacia el éxito. Bastará con hallar la manera de superar dicho impedimento.

Con unas tijeras suficientemente finas, buen pulso y paciencia, se puede lograr que el agujero (ojal) efectuado dentro de la espiral permita el paso de una cabeza de elefante.

Ejemplo 5: El problema de los once clavos

Dado un clavo fijo y estable en un soporte vertical de madera (figura 8.3), lograr, sin usar ningún otro elemento extra, y sin que ningún clavo toque ni el soporte de madera ni la mesa, que los diez clavos restantes se sostengan en equilibrio sobre la cabeza del primero.

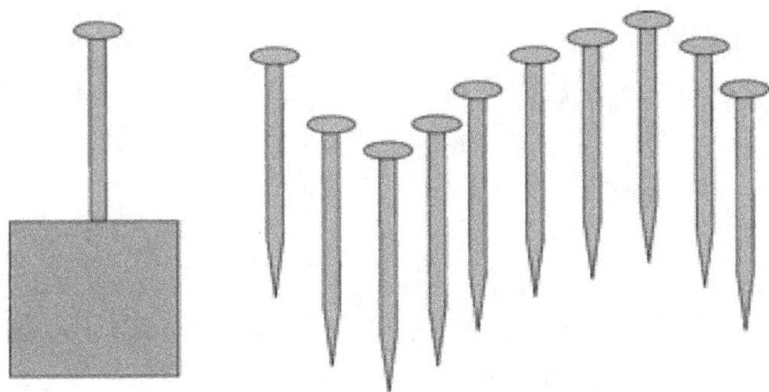

Figura 8.3. **Problema de los once clavos.**

La primera reacción es pensar que es imposible. La alternativa de sostener los diez clavos en vertical, uno encima de otro, es materialmente imposible (apenas lograremos hacer equilibrio inestable con un solo clavo). La alternativa de sostenerlos en horizontal tiene el mismo desenlace: con serias dificultades lograremos que se sostenga un único clavo y nos resultará imposible sostener un segundo clavo encima.

Los pesimistas tirarán la toalla. Un creador bien entrenado sacará las conclusiones adecuadas: si estos dos caminos no funcionan, estamos más cerca de la solución. Si no hay solución ni en vertical ni en horizontal, puede que exista combinando ambas alternativas. Deducirá que para que diez clavos se puedan sostener sobre un apoyo tan pequeño como es la cabeza del clavo fijo, deberán formar previamente una estructura que los entrelace. A partir de esta idea, recurrirá a otra estrategia creativa básica: probar, tocar, mirar y remirar los clavos *(estímulos sensoriales)* para ver cómo podemos montar una trabazón entre los clavos a sustentar sobre la cabeza del clavo vertical fijo.

No adjuntamos la imagen para no quitarle al lector el placer de descubrirlo por sí mismo. Daremos la pista de que es una especie de tejado a dos vertientes. Dos de los clavos colocados juntos, pero con las cabezas en los extremos opuestos, hacen de jácena y se colocan los ocho clavos restantes alternativamente mirando a derechas y a izquierdas. Cada vertiente del tejado tendrá cuatro clavos en pendiente. Apoyando el eje central del tejado sobre la cabeza del clavo fijo, puesto que la estructura construida es simétrica, se aguantará en equilibrio más o menos estable.

Un creativo bien experimentado nunca dirá que un problema que le planteen no tiene solución. La palabra *imposible* es ajena al vocabulario del buen creativo. Podrá afirmar que es difícil o que ignora cómo afrontarlo, pero no caerá en la simplificación de darlo por imposible por el hecho de que a él no se le ocurra ninguna solución.

Estímulos sensoriales

«Lo que nos lleva a la sabiduría es la observación, no la edad. Fijaros en la tortuga; solo hace progresos cuando saca el cuello». *James B. Conant, presidente de la Universidad de Harvard*

Es una estrategia básica imprescindible apoyar la mente analítica y racional con las aportaciones de lo que algunos autores han llamado *pensamiento sensorial*. Los estímulos sensoriales provocados por los materiales y objetos que forman parte del problema pueden aportar al hemisferio derecho de nuestro cerebro la asociación intuitiva de una solución alternativa que se le escapa a la mente racional.

«Nuestros primeros esfuerzos son siempre puramente instintivos, de una imaginación vívida e indisciplinada». *Nikola Tesla, inventor*

La intuición trabaja con la experiencia acumulada a base de vivencias; es decir, con los conocimientos implícitos acumulados y con la capacidad de asociaciones libres entre la realidad presente y la sabiduría implícita. Y las mejores puertas de acceso a la intuición son los estímulos sensoriales, las emociones y los sueños.

Los estímulos sensoriales nos aportan por la vía rápida la información implícita de todo lo que hemos vivido y son mucho más veloces que el pensamiento analítico porque no requieren la verbalización previa.

Un problema bastante frecuente –que también puede afectar a personas con gran capacidad perceptiva– es la falta de la atención conveniente a ciertos estímulos sensoriales que están aportando información clave. Se captan perfectamente las señales, pero no se las identifica como alertas y no se les da la significación que les corresponde. Por ejemplo: se percibe olor a gas, pero no se relaciona con el peligro inminente de explosión; se capta un ruidito extraño en el motor del automóvil, pero no lo llevamos al taller para que diagnostiquen la causa; vemos la mueca de desagrado de nuestro interlocutor y no lo relacionamos con el futuro rechazo a nuestras propuestas.

Los sentidos nos aportan ideas basadas en las propiedades de los objetos y los materiales sin necesidad de verbalizarlas previamente de manera racional.

Se trata de aplicar sobre el problema los cinco sentidos: vista, oído, gusto, olfato y tacto. Tocar, palpar, morder, lamer, zarandear, mirar del derecho y del revés, etc. Atender a todos los estímulos sensoriales que nos puede aportar la situación y los objetos que en ella intervienen y dejar que la intuición nos guíe. Analizar nuestras reacciones frente a las percepciones recibidas para desencadenar nuevas visiones del problema. Confiar en la sensibilidad perceptiva, la capacidad de captar a través de los canales sensoriales vías de solución y descubrir detalles y matices que no todo el mundo percibe.

«La vida es como la música, debe componerse con el oído, el sentimiento y el instinto, no mediante reglas». *Samuel Butler II, escritor*

Percibir la realidad de una manera distinta a la habitual es la vía natural para llegar a la construcción de un nuevo concepto no existente y, en consecuencia, es uno de los pilares fundamentales de la creatividad.

Tal como expresa Robert H. MacKim (1972), en el proceso de generar propuestas alternativas de solución a un problema determinado se produce una interrelación entre tres etapas representadas por tres círculos que se solapan parcialmente (véase la figura 8.4).

En la primera etapa aplicamos los estímulos sensoriales para *percibir* al máximo todos los aspectos y propiedades de los elementos que componen la situación del problema.

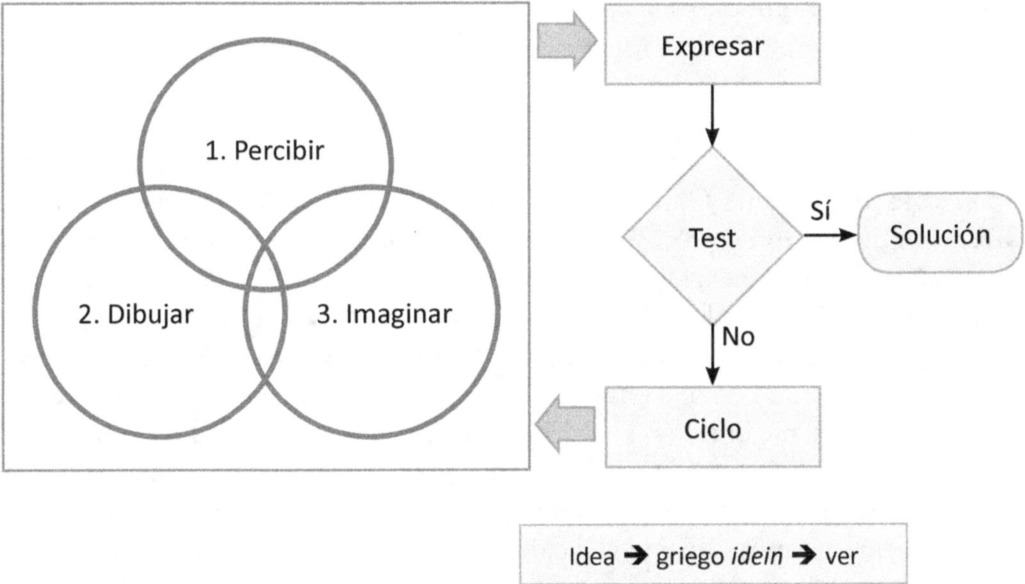

Figura 8.4. Diagrama del pensamiento sensorial.

En la segunda etapa *dibujamos* con diagramas, esquemas, esbozos y cualquier otro apoyo gráfico la conceptualización de los factores y componentes principales del problema.

En la tercera etapa combinamos lo que hemos observado y lo que hemos dibujado (que, naturalmente, no coincidirán), e *imaginamos* posibles vías para abordar el problema (por ejemplo, mediante un prototipo). Nos vendrán ideas que, si ya solucionan el problema, finalizan el proceso, pero que, si no es así, nos permitirán descubrir algunos aspectos o matices del problema que habían sido poco o nada valorados en la primera etapa. En este caso volvemos al paso primero del proceso y repetimos el ciclo de nuevo bajo una perspectiva más enriquecida que aumentará nuestras probabilidades de éxito.

Si la nueva propuesta tampoco funciona, reiteraremos el proceso todas las veces que sean necesarias. Podemos observar que las iniciales de expresar, testear y continuar forman las siglas ETC (= etcétera).

Podemos limitarnos a encontrar una única solución válida o, teniendo en cuenta la estrategia de «generar cantidad de ideas», aplicar el «pensamiento sensorial» repetidamente hasta acumular un número aceptable de ideas.

Un buen consejo que se le puede dar a un creativo es que utilice al máximo toda la información sensorial que tiene a su alcance. Esto le ayudará a visualizar convenientemente el problema, y representarlo con esquemas que le ayudarán a visualizar las propuestas de solución. No es por casualidad que la palabra «idea» proviene del griego *idein* que significaba *visión*.

Ejemplo 1: La prensa de Gutenberg

En el siglo xv Johannes Gutenberg revolucionó la civilización occidental con su invención de la imprenta. Sus primeras ideas geniales consistieron en aplicar sus largos años de experiencia de herrero en la sustitución de los tipos fijos de madera usados por la xilografía de la época por los tipos móviles metálicos que se podían compaginar y reutilizar. Pero su invención en tipografía no habría causado el impacto social que causó si no la hubiera acompañado de la invención de la prensa. Obsesionado por mejorar la velocidad de impresión manual, acudió a una vendimia en el campo y observó que habían sustituido la antigua técnica de obtener el mosto pisando la uva con los pies por una moderna prensa de madera con acción mecánica que permitía mayor velocidad y eficacia. Se basó rápidamente en la analogía con ella para diseñar la prensa tipográfica que le permitió imprimir en serie las páginas de sus libros.

Ejemplo 2: El velcro

En 1941 el ingeniero suizo George de Mestral, asombrado por la gran dificultad que tenía diariamente para quitar los cardillos que se pegaban al pelo de su perro lanas cada vez que lo sacaba a pasear por el campo, observó en el microscopio la forma en que la planta *Xanthium spinosum* se adhería a los pelos de su mascota. Como consecuencia de ello, inventó el velcro que reproduce el sistema de adherencia de esta planta.

La inspiración en la imitación de la naturaleza de George de Mestral recibe el nombre de biomimética y es una metodología con siglos de existencia que actualmente está proporcionando grandes inventos gracias a las nanotecnologías. Aunque todavía sus teorías no han sido asumidas por el cien por cien de la profesión, Antoni Gaudí afirmó que «el arquitecto del futuro se basará en la imitación de la naturaleza, porque es la forma más racional, duradera y económica de todos los métodos».

Ejemplo 3: Los brazos robóticos

Los primeros brazos robóticos imitan el brazo humano y tienen los mismos tipos de articulaciones y capacidad prensil. Los brazos robóticos que se han desarrollado últimamente se han basado en combinar la flexibilidad y ductilidad de las trompas de los elefantes con la capacidad prensil de los tentáculos de los pulpos (figura 8.5).

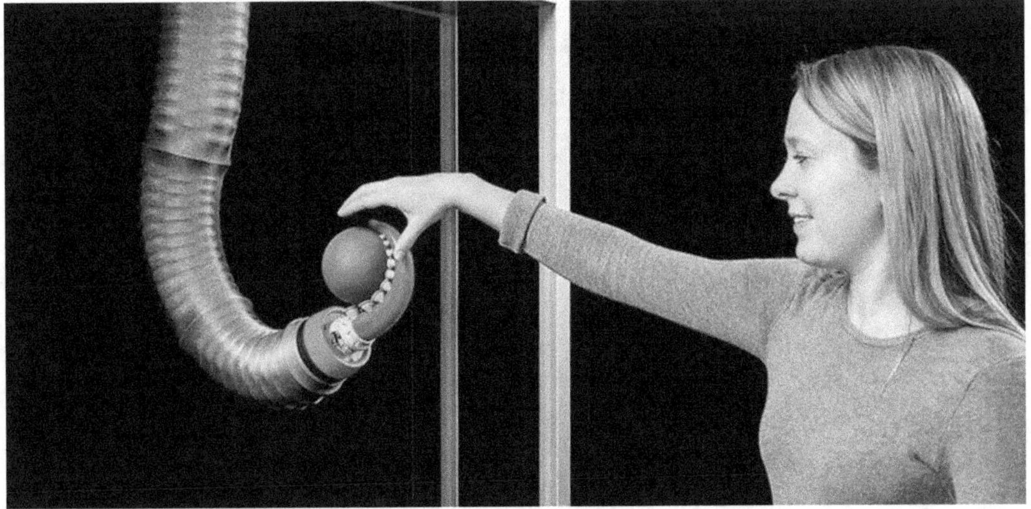

Figura 8.5. **Brazo robótico de inspiración biomimética.** (Fuente: http://www.makinamagazin.com.tr)

De la trompa de los elefantes se ha tomado también la idea de poder soplar o aspirar a través del nuevo tipo de brazos robóticos y algunos fabricantes han añadido visión artificial.

Ejemplo 4: Las tres bombillas

En una habitación del piso superior tenemos tres bombillas de incandescencia. Cada bombilla es accionada por un interruptor propio. Los tres interruptores están alineados al pie de la escalera de la planta baja donde nos hallamos. Nos informan de que ha habido errores en el montaje eléctrico y que no hay la lógica y habitual correspondencia ordenada entre las bombillas y los interruptores (figura 8.6).

La principal dificultad radica en que cuando accionamos un interruptor es absolutamente imposible ver qué efecto ha tenido sin desplazarse al piso superior. ¿Tendríamos manera de, accionando los interruptores con las combinaciones que haga falta, poder establecer la correspondencia de cada interruptor con cada bombilla con un solo desplazamiento al piso de arriba? Se nos prohíbe, explícitamente, intervenciones en la circuitería eléctrica o disponer de un ayudante que nos informe de lo que está ocurriendo en la planta de arriba.

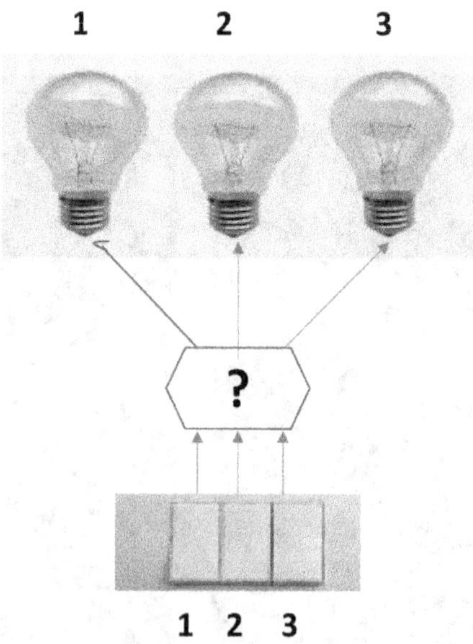

Figura 8.6. Conexión mal ordenada de tres bombillas.

Evidentemente, la segunda dificultad del problema estriba en la limitación a un solo viaje para comprobar qué ha pasado en el piso superior. Con dos viajes la solución es trivial. Por ejemplo:

- Viaje 1. Enciendo el interruptor 1 y subo a ver qué bombilla se ha encendido y me la apunto (supongamos que ha sido la que tiene el número 3).
- Viaje 2. Bajo y enciendo el interruptor número 2. Subo y veo qué bombilla se ha encendido (supongamos que ha sido la 2). Por eliminación, la bombilla que todavía permanece apagada es la que corresponde al interruptor 3 (en nuestro supuesto la bombilla 1).

En el experimento de Guilera (2002) realizado en laboratorio se comprobó que solo el 21 % de los estudiantes de primer curso de Psicología sabían hallar la solución en ocho minutos. El resto, un 79 %, combinaban y recombinaban interruptores sin darse cuenta de que necesitaban una segunda variable discriminatoria que no fuera la luz. La solución pasa por usar el calor emitido por las bombillas como segunda variable discriminatoria. A partir de este concepto clave, podremos formalizar 24 soluciones posibles, todas ellas combinaciones basadas en que una bombilla ha estado encendida durante cinco o más minutos y seguirá estando caliente cuando suba, la haya dejado encendida o apagada.

Se comprobó que, a pesar de no aplicarlo de manera efectiva para solucionar el problema, el 100 % de los sujetos tenían el conocimiento (y la experiencia) de que las bombillas encendidas desprenden calor.

Si a un grupo de sujetos se les daba la pista verbal previa de: «¿Te has quemado alguna vez con una bombilla eléctrica?», el índice de éxitos subía a casi un 30 %.

Cuando, en un tercer grupo, el alumnado tocaba una bombilla encendida y caliente unos minutos antes de plantear el problema, el índice de éxitos en la resolución se triplicó y llegó al 60 %.

Los estímulos sensoriales son mucho más resolutivos para aportar la idea o concepto clave de solución de un problema que los conocimientos explícitos o las formalizaciones verbales de la mente analítica. La *inteligencia de los sentidos* se basa en la intuición y es más rápida y eficaz para hallar la inspiración que la inteligencia analítica.

Pensamiento lateral

Aunque el primer autor en plantear esta estrategia mental fue Joy Paul Guilford (1950) que la llamó *pensamiento divergente* por oposición al *pensamiento convergente* que solo usa los caminos conocidos y trillados, usaremos la denominación equivalente de *pensamiento lateral* por la gran difusión que han otorgado al término las numerosas obras y conferencias de Edward de Bono desde su primer libro publicado en 1967.

El pensamiento lateral es una gran estrategia para superar la mayoría de los bloqueos mentales y para construir caminos conceptuales originales.

Es una estrategia mental consistente en:

- **Buscar las soluciones** a los problemas en las vías o caminos laterales (y menos transitados).
- **Evitar las vías obvias** y evidentes por donde transcurre la mayoría de las personas porque no nos van a aportar soluciones originales.
- **Deshacerse del encorsetamiento** de los lugares comunes (pensamiento vertical o convergente).
- **Buscar la reestructuración imaginativa** de los conceptos que intervienen en el problema.
- **Superar los bloqueos mentales** con vías alternativas.

El axioma fundamental del pensamiento lateral coincide plenamente con la famosa advertencia de Einstein:

«Si buscas resultados distintos, no hagas siempre lo mismo». *Albert Einstein*

Si quieres hallar nuevas ideas, debes cambiar tus acciones. Tenemos que descartar la insistencia en los métodos que ya han demostrado que no han aportado soluciones eficaces y cambiar la dirección de nuestra atención en otros aspectos, otras variables y otras propiedades del problema.

Haciendo uso de un símil, cabe comparar la búsqueda de una solución de un problema con la conducción de un automóvil por rutas accidentadas (figura 8.7). De repente podemos encontrarnos con la carretera cortada por una catástrofe natural o porque nunca fue terminada; o también puede ocurrirnos que piedras o árboles caídos nos bloqueen el paso. Como última observación, si transcurrimos siempre por las vías de autopistas y carreteras de primer orden, nunca descubriremos paisajes, monumentos y restaurantes ajenos a la vorágine turística de los lugares más frecuentados.

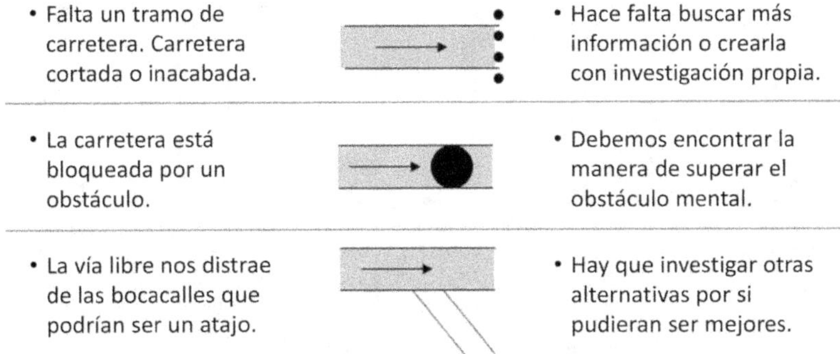

Figura 8.7. Diagrama del símil del pensamiento lateral.

Ejemplo 1: La división de un cuadrado en cuatro partes iguales

Dado un cuadrado, se nos pide dividirlo en cuatro partes iguales.

Las soluciones más comunes proporcionadas por el pensamiento convergente son las que se presentan en la figura 8.8.

Solo cuando se exigen nuevas soluciones se encuentran algunas de las que indicamos en la figura 8.9. Si observamos las opciones de la segunda fila, veremos que todas ellas tienen en común una misma propiedad: las divisiones están formadas por dos líneas simétricas que unen los lados opuestos desde puntos elegidos al azar. Deducimos de ello una regla general que nos abre la puerta a infinitas soluciones: si elegimos dos puntos cualesquiera en dos lados opuestos y los unimos por una línea tan caprichosa como queramos, si a continuación trazamos la simétrica a esta línea, obtendremos siempre la división del cuadrado en cuatro partes iguales.

De unas primeras opciones de soluciones obvias, hemos pasado, gracias al pensamiento lateral, a una infinidad de soluciones nada evidentes a primera vista y, lo que todavía es más interesante, a un conocimiento muy superior del problema planteado.

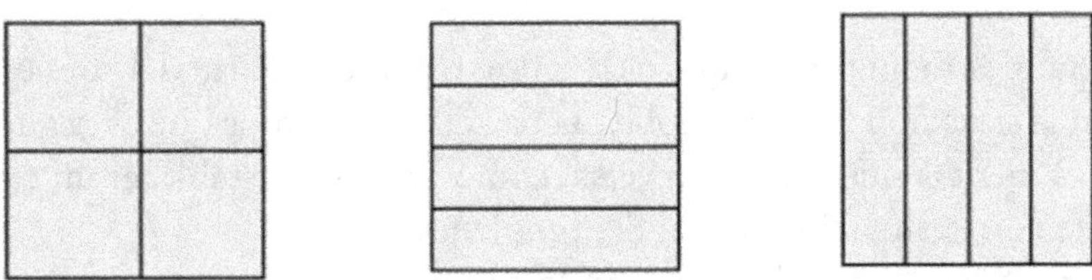

Figura 8.8. Algunas formas de dividir un cuadrado en cuatro partes iguales.

Figura 8.9. **Infinidad de soluciones.**

Ejemplo 2: Exterminio del mosquito tigre

Muchas poblaciones están infestadas en verano del molesto mosquito tigre. La fumigación con insecticidas no ha logrado hasta ahora vencer la plaga. Se impone un cambio de dirección: eliminar del municipio todas las charcas de agua sucia que constituyen el hábitat necesario de estos mosquitos. Si cuesta tanto matarlos, hagamos que no tengan dónde vivir.

En la era de los algoritmos y del mundo poscovid, hay que considerar que:

«El pensamiento divergente propio de los humanos será lo que permitirá a los humanos y las máquinas, dotadas de inteligencia artificial, que nos complementemos como lo hacen las dos partes de nuestro cerebro, el convergente y el divergente». *Àurea Rodríguez, directora de Innovación de ACCIÓ de la Generalitat de Catalunya*

Marcha atrás (supongamos el problema resuelto)

Es una estrategia mental muy utilizada en matemáticas. Parte del supuesto de que estamos en la situación final de problema resuelto y tenemos que averiguar, haciendo los pasos mentales en marcha reversa, cómo podemos establecer un camino que nos conecte con la situación inicial del problema.

Esta estrategia solo es aplicable cuando tenemos clara la representación física de la situación final que nos proporcionaría la solución que deseamos implementar. La visión de lo que buscamos arroja una luz sobre las distintas etapas del camino que deberemos recorrer para conectar el punto de partida con el punto de llegada.

También es una estrategia muy usada para planificar eventos de larga y laboriosa preparación. Partiendo del día D, hora H del evento a realizar, y caminando marcha atrás iremos determinando los hitos claves de la planificación hasta llegar al día límite en el que deberíamos empezar si no queremos problemas de falta de tiempo.

Ejemplo 1: La resolución de un laberinto

En un laberinto para niños de corta edad nos piden hallar el camino que debemos seguir para llegar al árbol de Navidad (figura 8.10).

Si exploramos las opciones de los niños caminando hacia adelante nos encontramos con varias líneas muertas; en cambio, si exploramos marcha atrás el camino que une el árbol con los niños, las opciones se simplifican y podemos determinar con mayor rapidez cuál es el camino buscado.

Figura 8.10. Laberinto para niños.

Ejemplo 2: La silueta de una casa

Tenemos un esquema de casa hecha con palillos (figura 8.11) que mira hacia la derecha. Nos piden que moviendo únicamente dos palillos hagamos que la casa mire hacia la izquierda.

Supongamos el problema resuelto. La casa tendría el aspecto que muestra la figura 8.12. Si analizamos las diferencias entre ambos dibujos, veremos que bastará con dar un giro a los dos palillos en ángulo obtuso de la parte interior del techo.

Ejemplo 3: Viaje a Bochum

Vivo en Barcelona. Me llama un cliente que reside en Bochum (Alemania) y me pide que vaya a verle urgentemente.

Desconozco qué distintos medios de transporte tengo que planificar para ir a Bochum. Pero, si le pregunto a mi cliente qué hace él para venir a Barcelona, me bastará con hacer lo mismo en sentido opuesto.

Ejemplo 4: El vuelo de la paloma

Dos enamorados están a 30 km de distancia y andan a su encuentro. Él avanza a la velocidad de 5 km/h y ella, en bicicleta, a 10 km/h. Una paloma mensajera va volando entre ambos a una velocidad de 8 km/h transmitiéndoles mensajes de aliento. ¿Cuántos quilómetros habrá recorrido la paloma cuando finalmente se encuentren los dos enamorados? (Para simplificar el cálculo, se supondrá que la paloma efectúa el cambio de sentido en su vuelo sin pérdida de tiempo.)

Figura 8.11. **Mirando a la derecha.**

Figura 8.12. **Mirando a la izquierda.**

Resolver este problema de adelante hacia el punto final comporta complejas herramientas matemáticas de fracciones continuas. Resolverlo con la estrategia de la marcha atrás nos simplifica enormemente los cálculos.

Supongamos que los amantes se acaban de encontrar. ¿Cuánto han tardado en llegar al encuentro? En una hora han recorrido 15 km entre los dos. En dos horas han recorrido 30 km y, en consecuencia, se hallan juntos.

La paloma ha estado volando sin parar entre ambos durante estas dos horas. Como su velocidad de crucero es de 8 km/h, habrá recorrido un total de 16 km.

En aquellos problemas que es posible visualizar la solución deseada y la dificultad consiste en definir el camino para llegar a ella, puede ser de gran ayuda la estrategia mental de la marcha atrás (suponer el problema resuelto) porque nos permite centrarnos en los factores más esenciales del problema y nos evita tener que perdernos en vías secundarias de poco o nulo interés.

División del problema

Cuando un problema está compuesto de varios sistemas de elevado grado de independencia entre ellos, la estrategia más adecuada es separar el problema en las distintas partes que lo componen (subproblemas) y solucionarlas por separado.

Es la vieja estrategia del arte militar y político de Julio Cesar: «Divide y vencerás». En lugar de abordar la búsqueda de soluciones del problema planteado como un bloque monolítico, aplicamos la capacidad de análisis y dividimos el problema en los subproblemas que lo componen.

Ejemplo 1: Regular el tráfico de una gran ciudad

El tráfico de una gran ciudad es un sistema de gestión de tremenda complejidad. No será posible hallar soluciones que satisfagan a todas las partes involucradas al mismo tiempo. Para abordarlo, una buena estrategia será dividir el problema en los distintos subsistemas que podemos gestionar por separado (aunque después tengamos que prever, lógicamente, las interrelaciones entre ellos).

Caben muchas maneras de dividir el problema en partes. Una de las propuestas puede ser:

- Gestión del estado de las vías (diferenciando entre operativa vs cerrada; fluida frente a congestionada; capacidad actual de absorción de tráfico; etc.).

- Señalización horizontal y vertical de las vías.
- Instalación y gestión de los puntos semafóricos (programa complejo de investigación operativa a implementar con una sofisticada red informática).
- Gestión de accidentes e incidencias (coordinando policía urbana, grúas, bomberos, ambulancias, etc.).
- Gestión de infracciones y sanciones.
- Información viaria a los conductores (con paneles luminosos, emisoras de radio y televisión, servicio de SMS a teléfonos, conexión a GPS, etc.).
- Educación viaria de peatones (especialmente niños) y conductores.
- Otras.

Ejemplo 2: Las doce bolas

Nos entregan doce bolas perfectamente idénticas en tamaño y forma y nos advierten de que una de ellas es defectuosa en el peso. Se sabe que pesa diferente, pero puede que pese algo más o algo menos que las otras. Nos retan a que determinemos cuál es la bola diferente y el signo de su diferencia en el peso usando únicamente una balanza de platillos con un máximo de tres pesadas.

Se destaca inmediatamente que la gran dificultad radicará en la limitación a tan solo tres pesadas. Sin esa circunstancia el problema es de resolución trivial.

Es evidente que en cada pesada deberemos colocar el mismo número de bolas en los dos platillos (entre un máximo de seis y un mínimo de uno). Si la balanza queda en equilibrio, significará que todas las bolas que intervienen en la pesada tienen el peso correcto y la bola anómala está en el conjunto del resto de bolas que no ha participado en la pesada. Si la balanza queda desequilibrada, significará que tenemos un dilema: puede ser que en el platillo que quede más abajo esté una bola que pese demasiado, o puede que haya una bola de peso inferior en el platillo que ha quedado arriba. Las bolas que hayamos dejado fuera son, indiscutiblemente, correctas en peso.

Podemos utilizar un símil (inspirado en las novelas de la sempiterna Agatha Christie) que nos ayudará a expresar el proceso de búsqueda de la bola anómala: tenemos doce bolas sospechosas de un crimen y sabemos que hay una sola culpable. A cada pesada que hagamos tenemos que poder discriminar bolas que demuestran su *inocencia* y bolas que siguen siendo *sospechosas*. Cada pesada debe servirnos, pues, para eliminar el máximo posible de bolas de la investigación.

La primera idea que se nos ocurre es colocar seis bolas en cada platillo, pero es una pesada que no tiene sentido porque, antes de hacerla, ya sabemos qué ocurrirá:

nos quedarán seis sospechas de peso excesivo y seis sospechosas de peso inferior y ninguna bola descartada por *inocente*. Deberíamos poder eliminar bolas sospechosas ya en la primera pesada o nos será imposible cumplir el objetivo pedido con tan solo tres pesadas. La buena lógica nos conduce a partir la docena en tres grupos de cuatro bolas cada uno. Dos participarán en la primera pesada y uno quedará fuera.

El resultado de la primera pesada tendrá dos posibles resultados (véase tabla 8.1): o la balanza se equilibra o se desequilibra. De cada una de las dos opciones extraemos conclusiones y deducimos cuál es el subproblema que habrá que solucionar a continuación.

Hemos logrado la división del problema en dos subproblemas. Si somos capaces de resolver ambos por separado, habremos triunfado.

Subproblema 4b(?)/2p
(de cuatro bolas de signo desconocido con dos pesadas)

Aquí nos será útil la estrategia de marcha atrás. ¿Con cuántas bolas sospechosas podemos llegar a la tercera y última pesada? La respuesta varía mucho según conozcamos previamente o no el signo de la sospecha. Si ignoramos de qué están *acusadas* las bolas, en la tercera pesada solo podremos manejarnos con una sola bola (la *culpable* que ya habremos separado del resto, pero ignoramos el signo de su diferencia) para poderla comparar con una bola *inocente* y poder determinar el signo de su anomalía (requisito que nos piden en el enunciado). En cambio, si ya tenemos detectado previamente el signo de las sospechosas, podremos llegar a la tercera y última pesada con tres de ellas. Colocaremos en los platillos dos que tengan el mismo

Resultado →	Balanza equilibrada	Balanza en desequilibrio
Significado →	Las ocho bolas de los platillos son correctas y nos quedan cuatro bolas de signo desconocido	Las cuatro bolas de fuera de la balanza son correctas y nos quedan cuatro bolas sospechas de exceso de peso y cuatro bolas sospechosas de falta de peso
Siguiente etapa →	**Subproblema 4b(?)/2p** Cuatro bolas de signo desconocido a resolver con dos pesadas (con ocho bolas *inocentes*)	**Subproblema 4b(+)4b(−)/2p** Cuatro bolas sospechosas de exceso y cuatro bolas sospechosas de defecto a resolver con dos pesadas (con cuatro bolas *inocentes*)

Tabla 8.1. Resultados de la primera pesada.

signo de acusación y dejaremos fuera la tercera. Si la balanza se equilibra, la tercera bola era la culpable y ya sabíamos por anticipado el signo del crimen. Si la balanza se desequilibra, si ambas bolas eran sospechosas de exceso, la que quede abajo es la culpable. Si, por el contrario, eran sospechosas de falta de peso, la que quede arriba será la culpable.

Subproblema 4b/2p. Segunda pesada

Regresemos ahora al punto de determinar la segunda pesada en el subproblema de cuatro bolas con dos pesadas. Si lo esencial es que nos queden un máximo de tres bolas con signo de sospecha conocido, tendremos que dejar una de las cuatro bolas fuera. Utilizaremos una de las ocho bolas correctas para equilibrar la balanza. Las bolas rojas de la figura 8.13 son las *sospechosas;* la blanca es una inocente.

Figura 8.13. Segunda pesada del subproblema de cuatro bolas con dos pesadas (véase la tabla 8.2).

Resultado →	Balanza equilibrada	Balanza en desequilibrio
Significado →	La bola de fuera es la *culpable* y solo falta determinar su signo	Tenemos dos bolas sospechosas de un signo y una bola del signo contrario
Siguiente etapa →	**Subproblema 1b(?)/1p** Se contrasta la bola con una *inocente* y se determina su signo	**Subproblema 2b(+)1b(−)/1p** Se colocan las dos del mismo signo en la pesada y se deja la tercera fuera

Tabla 8.2. Resultados de la segunda pesada

Subproblema 4b(+)4b(–)/2p
(de ocho bolas de signos establecidos a resolver con dos pesadas)

Es un subproblema de alta dificultad que suele requerir horas en más de un sujeto. El bloqueo mental proviene del hecho de no darnos cuenta de todas las propiedades que nos pueden ofrecer las balanzas de platillos. Concretamente, la propiedad que necesitamos se detalla a continuación. Si hemos realizado una pesada que ha dado desequilibrio y en la pesada siguiente permuto las ubicaciones de dos bolas, pueden ocurrir dos cosas: que la balanza permanezca igual (indicará que las dos bolas permutadas son *inocentes)* o que el signo del desequilibrio se altere (indicará que una de las dos bolas permutadas es la *culpable* y el resto son *inocentes)*.

Cuando nos bloqueamos en la resolución de un problema, conviene reflexionar a fondo sobre si estamos usando todas las propiedades que nos pueden ofrecer las herramientas y aparatos que intervienen en el problema.

Una vez alcanzado este concepto clave, existen distintas combinaciones para aplicarlo. Nos limitaremos a exponer una de ellas.

Vamos a una segunda pesada de tres contra tres y dejar dos fuera. Apartamos fuera dos bolas sospechosas de menos peso (del platillo de la derecha) y completamos la balanza tal como se muestra en la figura 8.14, con tres bolas que han cambiado de ubicación en relación con la primera pesada y dos bolas de signo conocido que dejamos fuera.

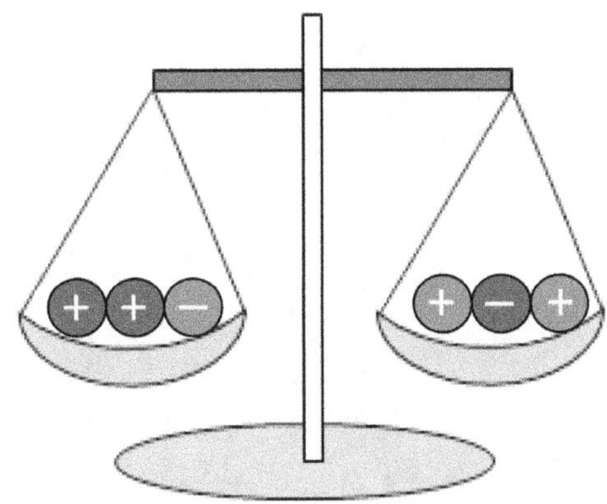

Figura 8.14. Segunda pesada del subproblema de 4+4 bolas con dos pesadas
(véase la tabla 8.3).

Resultado →	Balanza equilibrada	Balanza con mismo desequilibrio anterior	Balanza con desequilibrio invertido
Significado →	Las únicas sospechosas serán las dos dejadas fuera (dos negativas)	Las bolas permutadas de ubicación son correctas y solo nos quedan como sospechosas las tres que permanecen en su ubicación original (dos positivas a la izquierda y una negativa a la derecha)	Las bolas que permanecen en la misma ubicación son correctas y nos quedan como sospechosas las tres que han cambiado de ubicación (una negativa a la izquierda y dos positivas a la derecha)
Siguiente etapa →	**Subproblema 2b(–)/1p** Contrastando ambas, la que queda arriba es la *culpable*	**Subproblema 2b(+)1b(–)/1p** Solución ya explicada de 3 bolas de signo conocido con la tercera y última pesada	

Tabla 8.3. Resultados de la segunda pesada del subproblema 4+4 bolas con dos pesadas.

Capítulo 9
Estrategias mentales evolutivas

Cuando la persona creativa solo pretende hallar innovaciones incrementales, le servirán las estrategias expuestas en este capítulo.

Analogías funcionales

Consiste en saber traspasar una solución que funciona en un ámbito determinado a un ámbito distinto cuando ambos objetos desempeñan funciones análogas.

Ejemplo 1: Patines de ruedas

Las primeras analogías se basaron en los coches (dos ejes de dos ruedas en cada pie). Los patines en línea toman la analogía de las motos (ruedas alineadas en cada pie) (figs. 9.1 y 9.2).

Figura 9.1. Analogía de los patines de cuatro ruedas.

Figura 9.2. **Analogía de los patines en línea.**

Ejemplo 2: Patines de cuchilla

Toman la analogía de los barcos rompehielos que circulan por el mar Báltico (fig. 9.3).

Ejemplo 3: Coches frente a casas

Cuando el coche se convirtió en una herramienta de transporte habitual que consumía muchas horas semanales de sus personas usuarias, se le aplicaron toda una serie de comodidades por analogía a las disponibles en los hogares: sillones confortables, aire acondicionado, radio y música mediante reproductor, etc.

La aplicación de analogías en el sentido inverso está pendiente de hacer en muchas de las posibilidades que existen. Los ventanales de las casas todavía no se construyen con sistemas automáticos de lavado (por analogía con el limpiaparabrisas); el control de acceso y de alarmas de las casas no suelen tener las tecnologías usadas en los coches, entre otras posibilidades más.

Figura 9.3. **Analogía de los patines de cuchilla.**

Ejemplo 4: Cordones y botones

Si los abrigos se cierran con botones y los zapatos con cordones, ¿qué nos impide cerrar abrigos con cordones o zapatos con botones?

Ejemplo 5: Del avión al restaurante

Cuando en el avión necesitamos la asistencia del personal de cabina, si no los tenemos cerca, nos basta con pulsar un botón para mandar al asistente de vuelo un aviso sonoro y visual (suena un timbre y se queda encendida una luz encima del asiento).

Podríamos transferir la analogía a los restaurantes. Un botón en la mesa manda una señal electrónica al camarero/a que corresponda y deja una lucecita encendida para que quede constancia visual de quienes han requerido la atención del personal de sala. Este sistema acabaría con estentóreas llamadas que molestan a todos y proporcionaría control visual inmediato a la persona responsable del restaurante de cómo se están atendiendo las mesas.

Ejemplo 6: Las grapas quirúrgicas

Las grapas quirúrgicas fueron inventadas por los cirujanos cuando observaron que una tribu primitiva usaba cabezas de hormigas gigantes para pinzar las heridas y ayudar a que suturasen.

Serendipia

Hay veces que, buscando la solución a un determinado problema, la persona creativa encuentra por azar, de rebote, la solución a otro problema que no buscaba pero que resulta ser tremendamente útil y exitosa.

Es lo que llamamos «chiripa» en castellano de toda la vida o «serendipia» como neologismo de la traducción del inglés *serendipity*.

Ejemplo 1: Descubrimiento del celuloide

John Wesley Hyatt, en 1870, quería conseguir un nuevo material sustitutivo del marfil y estaba prensando una mezcla de serrín y papel con cola. Se cortó un dedo, y fue a su botiquín. Sin querer, volcó un frasco de colodión (nitrato de celulosa disuelto en éter y alcohol). Esto provocó que quedara en su estantería una capa de nitrocelulosa. Al verla, Hyatt se dio cuenta de que este compuesto podría actuar de pegamento y, trabajando en él, inventó el celuloide, tan esencial —entre otras cosas— para el desarrollo de la industria cinematográfica en sus inicios.

Cambio de perspectiva

A veces la solución más creativa e innovadora proviene de considerar el problema con una visión distinta de la habitual sobre cuáles son las variables y los procesos más fundamentales.

Se asemeja mucho al pensamiento lateral, pero aquí no se trata de buscar caminos divergentes, se trata de buscar visiones divergentes del enunciado del problema; preguntarse qué ocurre si en lugar de tomar como variables y factores fundamentales aquellos que siempre han sido considerados, ponemos a otros factores y variables en su lugar. Se trata de plantearnos distintas representaciones, abstractas, visuales o del tipo que se quiera del mismo problema. Cada representación distinta será una oportunidad de descubrir alternativas a explorar.

Tampoco se debe identificar con la estrategia rupturista de *inversión lógica* porque aquí no se busca hacer lo contrario de lo que siempre se ha hecho; se busca mirar el problema con un cambio de perspectiva sobre la relativa importancia de los distintos elementos que intervienen en él.

Ejemplo 1: La invención de los contenedores

Cuando la industria naviera cayó en crisis profunda en los años cincuenta por no poder competir con los tiempos de entrega del transporte terrestre debido a las importantes mejoras producidas en los ferrocarriles y las autopistas terrestres, todos los expertos buscaron soluciones en la reducción de costes de operación. Pero todos miraron el problema con exceso de familiaridad y se dedicaron a proponer barcos más baratos, de menor consumo y menor personal.

Solo uno de los implicados (el empresario de transportes terrestres Malcom McLean) se dio cuenta en 1956 de que la verdadera solución consistía en mirarse el negocio del transporte marítimo con una perspectiva distinta. Si querían competir con el transporte por ferrocarril y por carretera, tenían que transportar dentro del barco camiones enteros y vagones de ferrocarril. Ahí nace el concepto clave del cambio de perspectiva: el contenedor.

El cambio de perspectiva consistía en reducir drásticamente los tiempos de carga y descarga del barco, lo que reporta un ahorro importante en costes operativos y en derechos de amarre, reduce los riesgos de robos nocturnos de mercancías en los largos períodos de cargas/descargas y reduce drásticamente los anteriores tiempos de inactividad de los camiones por la lentitud de las cargas y descargas. Todas las partes salen ganando: las navieras, los transportistas de terrestres y los clientes.

Para los grandes volúmenes, los camiones no pueden competir en costes con los barcos y para el transporte en la última milla, los barcos necesitan a los camiones. En lugar de plantear una lucha de competencia entre ambos medios, Malcom McLean planteó una visión de colaboración que fuera beneficiosa para ambas partes.

Si no puedes batir a tu rival, procura buscar una alianza con él en la que ambas partes salgáis ganando.

Ejemplo 2: La ordenación del tráfico urbano

Los primeros semáforos (de uso manual) fueron inventados para ordenar la circulación de trenes en el siglo XIX. La primera constancia de la utilización de semáforos eléctricos de tres luces para la ordenación del tráfico urbano data de 1920 en Detroit (Estados Unidos).

Actualmente, no hay ciudad que se precie que no disponga de un sistema semafórico controlado por un sistema computador central. El algoritmo de regulación más usado se basa en las estadísticas de flujos de vehículos experimentados en las distintas horas del día en las distintas épocas del año y en dar prioridad de paso a determinadas vías rápidas del trazado urbano.

Este sistema es bastante imperfecto. No se adapta a sobrecargas extemporáneas de tráfico por causas excepcionales (manifestaciones, conciertos, huelgas, accidentes...) y, en gran cantidad de ocasiones, genera paros innecesarios de los vehículos sin que haya tráfico alguno en las vías transversales.

El cambio de perspectiva actual consiste en regular los tiempos semafóricos en función del flujo real de cada instante en cada vía del trazado urbano. Las tecnologías para detectar estas demandas reales pueden ser analógicas (cable que detecta los impactos de ejes de los vehículos) o digitales (proceso de imágenes de cámaras de tráfico).

Un cambio de perspectiva más radical se podrá realizar en el futuro cuando todos los vehículos sean de conducción autónoma. En aquel entonces se podrán suprimir todos los sistemas semafóricos, puesto que la interacción directa e inteligente entre los propios vehículos en concurrencia podrá ser mucho más eficaz.

Ejemplo 3: Cambiar poseer por compartir

La sociedad digital y la crisis del sistema económico basado en el consumismo han propiciado cambios de perspectiva en una gran cantidad de sistemas.

No es necesario poseer un coche propio y se pueden compartir vehículos entre varias personas usuarias *(car sharing)*. Y, por *analogía funcional* se puede aplicar el mismo modelo de compartición a bicicletas, patines, paraguas, residencias de vacaciones, joyas y prendas de lujo, cortadoras de césped, tractores agrícolas, etc.

Ejemplo 4: Un examen histórico

Sir Ernest Rutherford, presidente de la Sociedad Real Británica y premio Nobel de Química en 1908, contaba la siguiente anécdota:

«Hace algún tiempo, recibí la llamada de un colega. Estaba a punto de suspender a un estudiante por la respuesta que había dado a un problema de física, pese a que el muchacho afirmaba rotundamente que su respuesta era absolutamente correcta. Profesores y estudiantes acordaron solicitar el arbitraje de alguien imparcial y me eligieron a mí.

La pregunta del examen decía: *¿Cómo mediría usted la altura de un edificio con un barómetro?*

El estudiante había respondido:

—Llevo el barómetro a la azotea del edificio y le ato una cuerda muy larga. Lo descuelgo hasta la base del edificio, marco el punto y mido. La longitud de la cuerda es igual a la altura del edificio.

La respuesta era correcta, pero en la resolución no aplicaba las características propias del barómetro, sino las de cualquier objeto que hiciera de plomada.

Sugerí que se le diera al alumno otra oportunidad. Le concedí seis minutos para que me respondiera a la misma pregunta, pero esta vez con la advertencia de que en la respuesta debía demostrar sus conocimientos de física. Habían pasado cinco minutos y el estudiante no había escrito nada. Le pregunté si deseaba marcharse, pero me contestó que no escribía porque tenía muchas respuestas al problema. Su dificultad era elegir la mejor de todas. Me excusé por interrumpirle y le rogué que continuara. En el minuto que le quedaba, escribió la siguiente respuesta:

—Tomo el barómetro y lo dejo caer a la calle desde la azotea del edificio. Mido el tiempo de caída con un cronómetro. Después aplico la fórmula de la caída libre y así obtengo la altura del edificio.

Llegado a este punto le pregunté a mi colega si el estudiante se podía retirar. Le dio la nota más alta y lo despidió. Tras abandonar el despacho, me reencontré con el estudiante y le pedí que me contara sus otras respuestas a la pregunta.

—Bueno –respondió– hay muchas respuestas. Por ejemplo, tomas el barómetro en un día soleado y mides su altura y la longitud de su sombra. Si medimos a continuación la longitud de la sombra del edificio y aplicamos una simple proporción, obtendremos fácilmente la altura del edificio.

—Perfecto –le dije–. ¿Y tienes otra solución?

—Sí –contestó–. Este es un procedimiento muy elemental para medir un edificio, pero también sirve. Tomas el barómetro y te sitúas en las escaleras del edificio en la planta baja. Según subes las escaleras, vas marcando la altura del barómetro en la pared y cuentas el número de marcas hasta la azotea. Multiplicas la altura del barómetro por el número de marcas que has hecho y ya tienes la altura.

—Es un método muy directo, por supuesto.

—Y si lo que se quiere es un procedimiento más sofisticado, puedes atar el barómetro a una cuerda, lo descuelgas desde la azotea hasta la calle y lo mueves como si fuera un péndulo. Así puedes calcular la altura midiendo su período de oscilación. En fin, –concluyó– existen otras muchas maneras, pero, probablemente, la más rápida sea tomar el barómetro y golpear con él la puerta de la casa de la portera. Cuando abra, decirle: 'Señora portera, aquí tengo un bonito barómetro. Si usted me dice la altura de este edificio, se lo regalo'.

En ese momento de la conversación, le pregunté si no conocía la respuesta convencional al problema: la diferencia de presión marcada por un barómetro en dos puntos de diferentes alturas nos proporciona la distancia entre ellos.

—Ciertamente la conozco, pero durante mis estudios, mis profesores han intentado enseñarme a pensar y buscar alternativas distintas en todos los problemas.»

El estudiante se llamaba Niels Bohr, que prosiguió posteriormente con la investigación de la física subatómica de Rutherford y que obtuvo el premio Nobel de Física en 1922.

Incubación del problema

Graham Wallas (1926) incluyó la estrategia de «incubación» cuando en la resolución de un problema nos topamos con un bloqueo mental muy persistente que nos impide llegar a la iluminación (inspiración o *insight*).

Wallas había comprobado experimentalmente algo que, muchos años después, las neurociencias han confirmado:

Un exceso de actividad racional impide que actúe la necesaria intuición.

El hemisferio izquierdo del cerebro domina la atención cuando estamos en vela e impide que se despliegue el inconsciente cognitivo que podría aportarnos las asociaciones innovadoras que necesitamos para romper el bloqueo.

Si, a pesar de la transpiración intensiva, no somos capaces de hallar la solución, la mejor recomendación es relajarse y olvidarnos por un tiempo del problema. La historia está llena de casos de éxito en que las piezas del rompecabezas encajan gracias a la incubación del problema. Desde Arquímedes a Kekulé, pasando por Newton, Gutenberg, Babbage, Howe, Dalí, etc., se trata de saber combinar el potencial de la mente analítica y racional con el potencial de la mente intuitiva. La intuición trabaja con la experiencia acumulada a base de vivencias, con los estímulos sensoriales, con las emociones, con los sueños… En definitiva: con los conocimientos implícitos acumulados y con la capacidad de asociaciones libres.

El inconsciente cognitivo se nos manifiesta a través de sueños, actos fallidos, síntomas emocionales y lapsus. Para aprovechar el conocimiento implícito que conlleva debemos atender sus manifestaciones y llevarlas a la conciencia, superar las barreras emocionales o mentales que nos impiden el acceso al concepto clave. La manera más usual es dejar que afloren las asociaciones libres mediante la relajación (descansar, dormir, meditar, distraerse, jugar, hacer yoga, etc.).

Cuando el bloqueo mental persiste durante un largo período, la mejor estrategia consiste en dejar de batallar con la mente racional contra los obstáculos que nos impiden tener la iluminación y relajarse; incubar el problema desviando totalmente la atención a otros temas; hacer algo que nos apetezca sobremanera o, simplemente, descansar y dormir.

Ejemplo 1: El invento de los perdigones

En 1835, el fabricante francés de armas Casimir Lefaucheux patentó el cartucho de perdigones. Hasta aquella fecha las escopetas estaban construidas para disparar una sola bala.

Cuentan que a Lefaucheux le gustaba cazar patos silvestres pero su mala puntería no le propiciaba casi nunca cobrar las piezas a las que disparaba. Se ha escrito que una noche soñó que estaba en el monte y de repente se puso a llover y del cielo le caían encima gotas de plomo. Lefaucheux se despertó eufórico porque su inconsciente cognitivo le había proporcionado, en el lenguaje metafórico de los sueños, lo que necesitada para cobrar piezas a pesar de su mala puntería: si, en lugar de una única bala, la escopeta disparase una lluvia de perdigones, crecería enormemente la probabilidad de tocar una presa y hacerla caer de su vuelo (un perdigón en un ala no deja volar).

Ejemplo 2: La estructura del átomo

Aunque la palabra «*átomo*» proviene del griego y significa *indivisible,* a principios del siglo el físico neozelandés Ernest Rutherford publicó sus hallazgos sobre la estructura nuclear básica de los átomos: protones y neutrones en el núcleo y electrones girando a su alrededor. Trabajos por los cuales recibiría el premio Nobel de Ciencias en 1908.

Se cuenta que, obsesionado por hallar coherencia a sus cálculos experimentales sin lograrlo, una noche se durmió y soñó que estaba en el sol y que los planetas giraban a su alrededor atados por largos cables. Cuando se despertó comprendió que el átomo podría tener la misma estructura planetaria y enfocó (con éxito) sus investigaciones hacia esta hipótesis.

Ejemplo 3: La estructura del benceno

A mediados del siglo XIX se conocía la fórmula molecular del benceno (C_6H_6), pero no cómo se disponían los átomos en su estructura química. En 1857 Friedrich August Kekulé, que por ese entonces tenía 28 años, estuvo trabajando de manera intensa en cuadrar la fórmula con la estructura molecular interna sin lograrlo a pesar de arduos esfuerzos. Un problema en el que muchos químicos contemporáneos estaban empeñados sin hallar respuesta debido al precario potencial de las herramientas analíticas de la época.

Una tarde, se desplazaba en tranvía y se quedó dormido a causa del agotamiento acumulado. Soñó que se caía en un pozo lleno de serpientes y una de ellas se mordía la cola (el famoso símbolo de la alquimia conocido como *ouroboros)* y se burlaba de él. Se despertó enfadado con la serpiente burlona y saltó de alegría cuando comprendió el mensaje que le mandaba su inconsciente cognitivo: la molécula del benceno era como el *ouroboros* y se mordía la cola; es decir, tenía estructura de anillo. Con este concepto clave, todas las valencias y valores experimentales cuadraban a la perfección.

Hasta aquel momento, todas las estructuras moleculares estudiadas habían sido lineales. A ningún científico se le había ocurrido la posibilidad de que existieran moléculas en forma de anillo. Kekulé fue el primero en hacerlo y gracias a su incubación del problema. A partir de sus trabajos, la química orgánica avanzó a un ritmo muy superior.

Ejemplo 4: Las agujas de las máquinas de coser

Elias Howe fue el inventor de la primera máquina de coser con pespunte, patentada en Estados Unidos en 1846, y pionero de la confección textil, lo que más adelante se conocería como *pret à porter*.

Estaba obsesionado en conseguir muy alta productividad de sus máquinas de coser y se encontraba con el inconveniente de que, al acelerarlas en exceso, todos los hilos de las máquinas de coser existentes (todas ellas de fabricación europea en aquel entonces) se rompían y se perdía gran cantidad de tiempo enhebrándolas de nuevo cada dos por tres.

Realizó pruebas con hilos más resistentes a la tracción, pero el incremento de costos no le compensaba.

Una noche se durmió después de leer un artículo en una revista que hablaba de la existencia de tribus primitivas en la Amazonia y soñó que unos salvajes armados con lanzas le perseguían. Soñó que tropezaba y uno de los perseguidores le tiraba una lanza. El pánico de la pesadilla no le impidió advertir que la lanza tenía un sorprendente agujero en su punta.

Se despertó por el terror de la pesadilla y rápidamente cambió su estado de ánimo por el de euforia. Eureka. El sueño le había dado la solución que buscaba desde hacía muchos días.

Las máquinas de coser europeas se habían construido para ayudar a la confección de la alta costura, sin preocuparse demasiado por la velocidad. Tenían diseñada la aguja a imitación de las agujas de coser manuales: el agujero para enhebrar el hilo estaba ubicado en el extremo opuesto a la punta. Ello obligaba al hilo a tener que recorrer una trayectoria en zigzag muy larga y estresante. Si Howe cambiaba la posición del agujero en la punta de la aguja (tal como le sugería la lanza del sueño), la trayectoria a seguir por el hilo sería mucho menor, menos tensa y, en consecuencia,

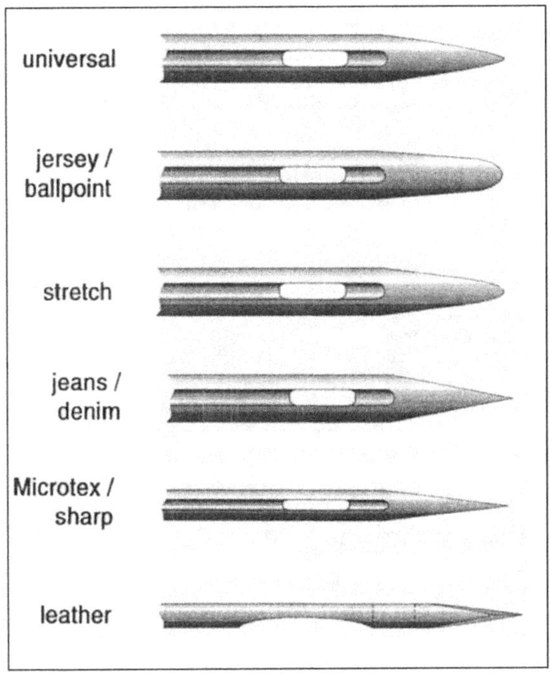

Figura 9.4. Ejemplos actuales de agujas de máquinas de coser. (Fuente: https://www.heatherhandmade.com)

tendría menos roturas. No hace falta decir que todas las agujas de las máquinas de coser actuales tienen el sistema inventado por Howe (figura 9.4).

Mejoras en los atributos

Una de las estrategias más usadas en la creatividad evolutiva es la mejora de uno o más atributos de los diseños existentes. Es una estrategia que ya hallamos documentada por Robert P. Crawford (1954) y que, aplicada de una manera exhaustiva y sistemática, proporciona el método del *análisis morfológico* que se explica en la parte II, capítulo sobre los *métodos de ayuda a la creatividad.*

Consiste en analizar cuál es la propiedad, característica o atributo del producto o servicio que puede mejorarse de una manera sustancial y aplicar la creatividad en lograrlo.

Una buena fuente de información será siempre la consulta a las personas usuarias (diseño centrado en los usuarios).

Ejemplo 1: Puerta del frigorífico

Producir frigoríficos con puerta transparente que permite ver el contenido sin necesidad de abrirlo.

Ejemplo 2: Horno doméstico

Fabricar hornos autolimpiantes.

Ejemplo 3: Teléfono

El peso del teléfono (para un mismo tamaño) es una variable altamente competitiva entre los teléfonos y otros dispositivos portátiles. A menor peso, más éxito de ventas.

Ejemplo 4: Gestionar colas de espera

En un servicio al público (ya sea un comercio, unas urgencias sanitarias, un banco, una oficina de hacienda o cualquier otro tipo de servicio donde se puedan producir colas de espera), se valora enormemente una gestión eficiente del orden de atención. Una recogida de turno que clasifique por temas del servicio demandado, un procesador con un buen algoritmo de las prioridades y una pantalla informativa del estado de las esperas son unas mejoras sustanciales que se agradecen.

Se puede mejorar la ergonomía, la seguridad, la durabilidad, el tamaño, el peso, la resistencia a las posibles agresiones del entorno, el ámbito de uso, la sostenibilidad, la calidad obtenida, etc. La creatividad se puede apoyar en un buen conocimiento de los materiales existentes (con especial atención a los nuevos materiales que aportan propiedades innovadoras); en conocer las posibilidades de automatizar procesos que antes eran manuales; en añadir inteligencia al producto (véase más adelante el apartado de productos inteligentes).

Uno de los atributos mejor valorados por las personas usuarias es siempre la disminución en el precio, pero no es bien aceptada cuando afecta a la calidad del producto o servicio.

Atacar primero la condición más difícil

Cuando un creativo/a recibe la lista de requerimientos que debe satisfacer el producto a diseñar (lo que llamamos el *briefing* del producto), debe ponerse a trabajar atacando primero la condición más difícil.

Un estudiante debe atacar las preguntas de un examen empezando por las más fáciles y dejando las que no domina para el final (si le queda tiempo), porque su objetivo es conseguir un aprobado como mínimo. Pero un profesional debe buscar siempre la excelencia y dejar una sola de las condiciones requeridas por el cliente sin cumplir es un fracaso que no se puede permitir.

Si el creativo ataca primero las condiciones fáciles de lograr y se atasca después sin remedio en la condición más difícil, no podrá entregar el encargo pedido. El cliente no le abonará nada por los gastos efectuados hasta la fecha (pueden ser pérdidas considerables de tiempo y dinero) y, cosa mucho peor, expandirá en las redes sociales la mala fama sobre su persona y capacidad creativa.

Si, por el contrario, el creativo se enfrenta en primer lugar con la condición más difícil y restrictiva, si llega a la conclusión de que no podrá superarla, hará bien en rechazar el pedido o (si es posible) en recurrir a la colaboración de un colega que le aporte la solución. Si, a base de su esfuerzo creativo, logra superar el escollo, estará en condiciones de plantear, a buen seguro, más de una alternativa final de solución al cliente para que escoja la que más le complazca y su imagen (y su correspondiente prestigio en las redes sociales) subirá puntos.

Las condiciones más restrictivas de un *briefing* de un producto o servicio condicionan totalmente el éxito del proceso creativo y deben ser afrontadas antes de cualquier otra condición del *briefing*.

Ejemplo 1: Teléfono para sordos

La condición más difícil es que los mensajes de voz de los interlocutores aparezcan como textos escritos. Superado este escollo, el resto de las dificultades son mucho más fáciles de solucionar.

Ejemplo 2: Energía eléctrica en un quirófano

La condición más importante es que en ningún caso pueda faltar el suministro eléctrico en mitad de una operación quirúrgica.

Ejemplo 3: Botonera de un ascensor

Deben tener braille para personas invidentes y estar a una altura accesible para usuarios con sillas de ruedas.

Ejemplo 4: Un paraguas que no se olvida

Son clásicos los olvidos de paraguas cuando ha dejado de llover. Un localizador GPS y una app en el teléfono pueden avisarnos cuando la distancia con su paraguas sea superior a unos metros preestablecidos.[13]

Combinación (síntesis)

A veces la fusión de dos o más ideas, conceptos, prestaciones, atributos, materiales, tipos de clientes, o cualquier otra característica del problema, aporta una nueva visión de gran valor y utilidad.

De la combinación de dos o más objetos, aparentemente dispares, la persona creadora genera la nueva idea de un nuevo producto que no existía.

Ejemplo 1: Cena y espectáculo

Muchas parejas, en sus salidas de entretenimiento, cenan en un restaurante y acuden después a un espectáculo. ¿Por qué no juntar estas dos prestaciones y montamos cenas con espectáculo? Podemos aplicar dos combinaciones diferentes: espectáculo con cena (teatros con restaurante en la platea) o cena con espectáculo (restaurantes con un escenario).

Ejemplo 2: Smartphones

Los teléfonos inteligentes de última generación son un ejemplo apabullante de hasta dónde se pueden combinar prestaciones múltiples en un mismo dispositivo electró-

---

[13] Sigue sin tener una buena solución un sistema de protección contra la lluvia que podamos llevarlo siempre incorporado en nuestra vestimenta.

nico dotado de memoria, procesador y conectividad. Cámara fotográfica, calculadora, navegación por internet, GPS, brújula, aplicaciones sin fin, etc.

Ejemplo 3: Cepillo de pelo y secador

Un mismo electrodoméstico nos permite cepillarnos el pelo mientras el interior del cepillo nos emite aire caliente para secarlo.

Ejemplo 4: Unión de WC y bidet

Con mandos específicos, la taza del WC se convierte en taza de bidet. Ahorra espacio y papel higiénico.

Añadir inteligencia

El reto de la sociedad 4.0 es añadir capacidad de tomar decisiones de forma autónoma a productos y servicios, es decir: dotarlos de: a) sensores para captar variables del entorno o del funcionamiento interno; b) capacidad de procesar los datos que necesita para tomar las decisiones; c) conectividad con todos los puntos que le convenga para adquirir datos o comunicar con las personas usuarias; d) acceder a las bases de datos especializadas que le proporcionen las informaciones que necesita.

Recordemos que la psicología evolutiva y las neurociencias establecen cinco niveles de inteligencia humana, vinculadas cada una de ellas a las mejoras anatómicas experimentada por el cerebro humano a lo largo de cientos de millones de años de evolución desde los primitivos reptiles (instintos), pasando por los paleo mamíferos (emociones), los primates (intuición), los homínidos (razonamiento) y el homo sapiens actual (capacidad de planificación).[14]

De manera análoga podemos plantear a los productos diseñados distintos niveles de inteligencia. Desde la mera implementación de reacción única a estímulos predefinidos *(inteligencia reactiva,* a similitud de los instintos), a la implementación de decisiones basadas en las estadísticas de fracasos y éxitos de las reacciones anteriores *(inteligencia adaptativa,* análoga a la inteligencia intuitiva humana), a la aplicación

---

[14] Un texto recomendable para profundizar en este tema es Guilera (2006).

de un algoritmo predefinido de toma de decisiones *(inteligencia programada,* similar a la inteligencia racional humana) o a la implementación de un sistema basado en redes neuronales, capaz de autoaprendizaje y actuar con decisiones nuevas que sepan considerar la mejor opción de futuro basándose en los estímulos que reciben y los que calculan que van a recibir en un futuro cercano *(inteligencia artificial o inteligencia de planificación,* similar a la capacidad de previsión humana).

La inteligencia artificial, del mismo modo que la inteligencia humana, puede estar al servicio del bienestar social y de la sostenibilidad del planeta o perseguir beneficios mezquinos o malvados.

«El mayor éxito de cualquier organización es conseguir que todas las personas alineen sus ideas, creatividad y esfuerzo con un único propósito compartido. La inteligencia colectiva y el pensamiento divergente generan un ejército del conocimiento innovador imparable, clave de la competitividad en un mundo cambiante, y regido por la incertidumbre imperante en el último tramo de 2020».
Àurea Rodríguez, directora de Innovación de Acció de la Generalitat de Catalunya

Capítulo 10
Estrategias mentales rupturistas

En este capítulo se detallan las principales estrategias mentales de ayuda a la creatividad que busca la innovación rupturista.

Negar la mayor

Esta estrategia debería aplicarse siempre al inicio de cualquier etapa de resolución de un proyecto de mejora de un producto o servicio.

Consiste en cuestionar la mayor exigencia (la más prioritaria) que tenga el problema y ver qué alternativas nuevas se nos ocurren si la negamos.

La utilidad de esta estrategia es muy grande porque ataca la raíz profunda del problema o situación y puede proporcionarnos soluciones que nadie se había planteado antes.

Pueden presentarse cuatro situaciones:

- *Situación 1:* **Cambio radical de sistema.** Nos damos cuenta de que se puede afrontar la misma necesidad con otro tipo muy diferente de objetos o servicios. En este caso, crearemos algo realmente novedoso, algo revolucionario, que aportará una nueva alternativa que nunca habríamos descubierto si no hubiéramos empezado por negar la mayor.
- *Situación 2:* **Cambio de funcionamiento en el sistema actual.** Vemos que es imprescindible atacar la necesidad de la misma manera que se ha estado haciendo tradicionalmente, pero descubrimos una modificación o ampliación de carácter sustancial.

- ***Situación 3:*** **Cambios evolutivos.** Vemos que es imprescindible atacar la necesidad de la misma manera que se ha estado haciendo tradicionalmente y que solo nos cabe la posibilidad de mejorar aspectos secundarios, de menor importancia.
- ***Situación 4:*** **Ausencia total de ideas.** Si el resultado de negar la condición mayor no nos aporta soluciones que nos satisfagan, se puede reiterar el procedimiento pasando a negar la segunda condición más importante. Y así sucesivamente.

Ejemplo 1: La revolución del arte pictórico

Hasta finales del siglo XIX, la regla básica y obligatoria del arte pictórico era copiar con rigor la realidad. El invento de la fotografía puso en crisis esta visión y algunos pintores empezaron a negar la mayor. Nacieron las vanguardias que revolucionaron la pintura: impresionismo, expresionismo, cubismo, surrealismo, etc.

Ejemplo 2: Diseño de tejados innovadores

Empezamos negando la mayor. ¿Es necesario que las casas tengan tejado? ¿Tiene sentido una casa sin tejado?

Solo tendría sentido en un país donde nunca lloviera y donde no hiciera falta protegerse del calor, ni del frío, ni de los insectos, ni del ruido. Como esta clase de países no existe, parece que será obligatorio que las casas tengan tejado. Pero, atención a la idea que nos aparece y que nos lleva a la situación 2. Si las manzanas de una gran ciudad o urbanización tuvieran un techo único, las casas individuales no haría falta que construyeran sus tejados.

Dice un refrán que no hay que empezar las casas por el tejado y, como todos los refranes, expresa una sabiduría popular basada en siglos de experiencia. Pero el deber de la persona creativa es cuestionar todo y no van a ser una excepción los refranes populares. Las modernas tecnologías constructivas permiten este cambio de planteamiento: se puede construir perfectamente un tejado común a toda una manzana de edificios. Nos reportaría ventajas evidentes:

1. Todos los edificios podrían tener los máximos servicios que se ubican en los tejados: paneles fotovoltaicos, climatizadores y sistemas de ventilación natu-

ral, partes abatibles o deslizantes, antenas de telecomunicaciones, claraboyas, chimeneas, etc.

2. Sería más fácil garantizar la estética urbanística de la ciudad o urbanización.
3. Se reducirían los costos de construcción de los edificios.

Por analogía funcional, nos damos cuenta de que los estands en las ferias ya son una aproximación a este esquema: un techo único de un pabellón de exposiciones evita que cada estand tenga que ocuparse del cerramiento superior de su *habitáculo*.

Ejemplo 3: Protección contra la lluvia

Nos encargan que diseñemos un nuevo sistema de protección personal contra la lluvia que tenga mayor aceptación por parte del público que la que tienen los actuales paraguas y chubasqueros.

Empecemos negando la mayor. ¿Hace falta protegerse de la lluvia? Podemos imaginar una ciudad en la que no haga falta protegerse de la lluvia. Bastaría en que todas las aceras tuvieran obligatoriamente porches o marquesinas y que los pasos de peatones fueran todos subterráneos. Estaríamos en la situación 1. Sería una ciudad utópica, pero su racionalidad, utilidad y belleza sería indiscutible. Nos apuntamos la idea para plantearla a un ministerio de la vivienda y la edificación que quiera ser realmente innovador. Pero es obvio que, en los espacios abiertos, parques y jardines, campo, playa y montaña, seguiríamos desprotegidos de la lluvia.

Con los chubasqueros tenemos el problema de que molestan cuando están mojados y no sabemos qué hacer con ellos. En restaurantes, oficinas y locales públicos solemos encontrar paragüeros para dejar en depósito el paraguas chorreante de agua, pero no está previsto meter nuestro chubasquero que va soltando agua. La solución de chubasqueros de volumen mínimo que se pueden plegar en el interior de un bolsillo solo es buena cuando están secos.

Neguemos a continuación la segunda condición mayor: ¿tenemos que acarrear con un paraguas o un chubasquero? Pues, la verdad, no tendríamos por qué. Imaginemos que hay libre uso de paraguas y chubasqueros públicos y colectivos por toda la ciudad. Podrían ser de uso gratuito (financiado mediante publicidad de marcas) o condicionado a una pequeña cuota anual. Cada vez que llueve cogemos un paraguas en la primera estación de suministro de paraguas (habría una en cada esquina) y cuando para la lluvia dejamos el paraguas en la estación de servicio de paraguas más cercana. Hay antecedentes de servicios públicos de este tipo. Barcelona, por ejemplo, fue pionera en implantar con gran éxito el sistema de transporte público urbano con bicicletas llamado *Bicing*.[15]

Si no nos satisface esta solución, por los motivos que sean, podemos reiterar el procedimiento de negar la tercera condición mayor. ¿Es preciso que los paraguas y chubasqueros sean pieza aparte de la vestimenta?

Imaginemos por un momento que tuviéramos unos rayos mágicos que neutralizaran todas las gotas de agua que se acercaran a más de un metro de nuestra persona (evaporándolas o desviando su trayectoria). Bastaría con vestir siempre un collar o brazalete que emitiera a conveniencia estos rayos mágicos y nuestra protección contra la lluvia estaría garantizada, sin importar cómo vamos vestidos y sin tener que proveerse de adminículos especiales que luego olvidamos porque nos estorban. Estaríamos en la situación 2.

Mientras la tecnología no nos proporcione estos collares mágicos contra la lluvia, estamos obligados a movernos en la situación 3 anterior, ideas más o menos geniales para mejorar los paraguas y chubasqueros de toda la vida.[16]

Ejemplo 4: La locomoción urbana

Si negamos la premisa mayor de que debe primar el transporte privado, se obtiene que debería primar el transporte público.

Si negamos que tengamos que ser propietarios de un vehículo, se obtiene el *car sharing,* los taxis compartidos, Uber, Bicing y otras posibles alternativas de la economía colaborativa.

Si negamos los motores de combustión de gasolina y diésel por ser tan altamente contaminantes, se obtienen motores eléctricos, motores de combustión de hidrógeno, motores de aire comprimido y vete a saber qué otras alternativas nos ofrecerán los tecnólogos con el tiempo.

Si negamos la mayor de que la solución es el automóvil, se obtienen motos, bicicletas, patinetes, *segways,* monopatín eléctrico, y vete a saber qué otras alternativas nos ofrecerán los creativos con el tiempo.

---

[15] Véase www.bicing.barcelona/es/.

[16] Podemos consultar variantes originales en https://difundir.org/2014/09/04/19-paraguas-geniales-que-haran-que-ames-los-dias-de-lluvia/

Si negamos la mayor de que el transporte tenga que ser terrestre, entramos en un ámbito de gran complejidad legislativa con drones y helicópteros mochila.

Si negamos que la conducción tenga que ser manual, se obtienen vehículos de conducción automatizada. Concepto que se está implantando a gran velocidad para coches, pero que es perfectamente expandible a cualquier otro tipo de vehículo terrestre, aéreo o marítimo.

Inversión lógica (pensar en los opuestos)

Es una estrategia que persigue hallar visiones absolutamente originales del problema que puedan ser un buen estímulo para encontrar ideas nuevas que nunca descubriríamos si no hubiéramos aplicado la inversión lógica.

Consiste en «darle la vuelta» o «cambiar por el sentido opuesto» a todos los requisitos y todos los objetivos que se han enunciado para el producto o servicio.

Se parece a la «negación de la mayor», pero no debe confundirse con ella. Aquí no se trata de negar, sino de girar del revés los objetivos habituales. Cambiar la dirección de una acción, invertir derecha por izquierda, arriba por abajo, positivo por negativo, el núcleo por el entorno, el calor por el frío, arriba por abajo, masculino por femenino y viceversa, etc. Pensar en hacer justamente lo contrario de lo que se está haciendo actualmente y evaluar la viabilidad de la solución alternativa que ello nos ofrece.

Tampoco debe confundirse con «pensamiento lateral», que consiste en salirse por una tangente. Aquí se trata de enfocar directamente lo opuesto a las soluciones actualmente establecidas.

Ejemplo 1: Dormidor

Hay muchísimas soluciones de aparatos despertadores y ninguna de aparatos dormidores. Cuando se tienen problemas para congeniar el sueño, se suele recurrir a productos farmacéuticos. Cabe una amplia variedad de creaciones de aparatos destinados a facilitarnos la conciliación del sueño.

Ejemplo 2: Desimpresora

Lo contrario de imprimir sería *desimprimir*, recuperar páginas impresas para que puedan volverse a imprimir y, de esta manera, reciclar folios impresos. Una máquina que se alimente de páginas impresas y deposite encima de ellas una tinta blanca que tape la impresión anterior y permita un nuevo uso de las hojas. También podíamos haber llegado a esta solución por analogía con el corrector Tipp-Ex[17] usado en la mecanografía manual.

Ejemplo 3: La manta que enfría

Existen mantas eléctricas para calentar partes del cuerpo. La inversión lógica nos proporciona el concepto de una manta eléctrica que nos enfríe. Muy útil para ahorrar aire acondicionado a las personas que viven solas y para evitar tener que suministrar antipiréticos a los niños.

Ejemplo 4: La isla en llamas

Tenemos un náufrago solitario en una isla desierta. Se inicia un incendio en el extremo occidental de la isla. Sopla un fuerte viento del oeste. La isla es llana y de pura hierba seca, sin árboles. El mar está infestado de tiburones y nuestro náufrago no puede refugiarse en el agua para escapar del incendio porque perdería la vida por mordidas de los escualos. Tampoco dispone de cubos para defenderse con agua ni de picos ni palas para cavar una cueva. ¿Cómo hará para salvarse del fuego?

Pensemos. ¿Cuáles son las maneras habituales de apagar un fuego?

a) Quitarle el oxígeno (el comburente). Sofocarlo con agua, mantas, nieve carbónica o lo que sea. En la isla no dispongo de ninguna de estas opciones.

b) Quitarle el combustible. Esta segunda opción puede salvarme si me doy cuenta de que lo que está quemado ya no puede quemar. La inversión lógica consiste aquí en combatir el fuego con fuego. Es el concepto en el cual se basan los contrafuegos: lo que ya ha sido pasto del fuego no puede volver a quemarse y pasa a ser una zona segura.

La solución consiste en proveerse de fuego en la punta occidental y traspasarlo a una zona intermedia de la isla. Puesto que el viento sopla del oeste se quemará el

---

[17] Tipp-Ex es una marca registrada de líquido corrector de mecanografía y de otros productos relacionados, líder europeo de dicho producto y una de las marcas más reconocidas de Alemania.

extremo oriental de la isla y tendremos una zona quemada donde podremos refugiarnos cuando se acerque el fuego de la punta oeste. Vale la pena hacer notar que este sistema resiste a los cambios súbitos del sentido del viento: si se girara viento del este tendríamos como zona segura para refugiarnos la punta del oeste que ya ha sido pasto de las llamas.

La fuerza desplegada por mis enemigos, si logro usarla en su contra, puede ser mi mejor aliado. Mis enemigos pueden convertirse en mis mejores aliados para conseguir mis objetivos si logro invertir el efecto de sus ataques.

Ejemplo 5: El caballo más lento

Un rico terrateniente muere a consecuencia de una caída del caballo. En su testamento deja la parte principal de sus posesiones a aquel de sus dos hijos que en una carrera justa y sin trampas demuestre que su caballo es el más lento. ¿Cómo organizaremos la carrera para resolver con rapidez y justicia la voluntad del difunto?

Cuando se plantea este problema en un taller de creatividad, los asistentes se dan cuenta muy rápidamente de que los jinetes no pueden montar sus respectivos caballos porque harán todo lo posible para perder. Muy fácilmente surge la idea de recurrir a otros jinetes, pero este sistema no garantiza que podamos evitar los sobornos a los jinetes.

Se comprueba, entonces, una vez más, que los bloqueos mentales suelen estimular la imaginación. Es frecuente que algún asistente sugiera dejar los dos caballos con hambre y después soltarlos en persecución de apetitosa comida. Pero tenemos que descartarlo porque este sistema demostraría cuál es el caballo que tiene más hambre, no cuál de ellos corre más en condiciones normales. También es frecuente la sugerencia de ponerles en la meta una yegua en celo. Este segundo sistema demostraría cuál es el caballo que está más estimulado para la procreación, pero tampoco nos sirve.

La solución pasa por darse cuenta de que es una carrera al revés de lo normal: «perder» significa «ganar». Si nos fijamos en esta «inversión de la lógica habitual», nos daremos cuenta de la solución: que cada hermano corra con el caballo del otro. Haciéndolo así, ambos querrán ganar y la carrera pasará a ser una carrera normal. Si la carrera tiene invertido su sentido normal, invierto los jinetes *naturales*. Dos negativos aplicados uno detrás del otro dan un positivo.

Ejemplo 6: La fuerza del enemigo

Un recurso muy común en todas las artes marciales de inspiración oriental es lograr que la fuerza negativa del enemigo se aplique en contra suya. La mejor defensa personal es lograr que la virulencia del atacante le perjudique hasta el punto de perder el control y quedar fuera del combate.

Esta misma sabiduría también tiene aplicación en el ámbito político y en las guerras de competitividad empresarial.

Ejemplo 7: Reciclaje del vidrio

El objetivo es que los ciudadanos lleven recipientes de vidrio a los depósitos o centros de reciclaje. La inversión lógica sería que los centros de reciclaje den vidrio a los ciudadanos que acudan a ella llevando envases de plástico.

No es ninguna tontería. Si obsequiamos con botellas de vidrio dotadas de cierre abrefácil hermético a todos los que nos traigan botellas de plástico, les incentivaremos para que fabriquen sus propias limonadas y refrescos caseros y dejen de generar algo de basuras comprando menos productos envasados con plástico contaminante.

Ejemplo 8: Contaminación del río

¿Qué podemos hacer para evitar que una fábrica de hilaturas contamine el río? Las fábricas cogen el agua limpia río arriba (antes de que llegue a la fábrica) y sueltan el agua contaminada río abajo (cuando el río ya ha pasado por el lado de la fábrica).

Aplicar la inversión lógica nos proporciona la idea de evacuar el agua contaminada río arriba y tomar el agua limpia río abajo.

En primera instancia parece una locura o una estupidez. Pero si lo pensamos mejor, veremos que, haciéndolo de este modo, si la fábrica contamina el agua será la primera en sufrir las consecuencias, y para evitarlo procurará no contaminar el agua o, en caso contrario, depurarla convenientemente. Tan buena resulta ser la idea que muchos países la han integrado en sus leyes de protección medioambiental.

Símiles (pensamiento metafórico)

El lenguaje metafórico consiste en relacionar un concepto desconocido o poco conocido con otro que sea familiar o mejor conocido para nuestro interlocutor con el propósito de ayudarle a la comprensión de algo que todavía no conoce.

Es necesario que existan relaciones de similitud entre ambos conceptos, pero puede ser una similitud de carácter totalmente parcial, por ejemplo, que tengan la misma estructura o que se comporten de la misma manera en algunos aspectos muy concretos.

El objetivo principal de la estrategia metafórica es establecer comparaciones con objetos conocidos para ayudar a la generación de ideas originales al destacar las diferencias existentes entre ambos.

La creación de nuevos conocimientos ha recurrido a veces a la creación y exploración de metáforas. Si se acepta el principio de que todas las cosas están conectadas, tiene sentido buscar conexiones entre cosas que en principio parecen no tener ninguna relación.

Para generar un buen símil (una buena metáfora) hay que atenerse a dos grandes preguntas:

1. ¿Qué otra cosa que se le parezca me recuerda? Las similitudes nos ayudan a comprender mejor el objeto poco conocido. Mirando con mayor profundidad el primer objeto y extendiendo al segundo el resultado de mi observación puedo avanzar en el conocimiento del nuevo objeto.
2. ¿Con qué otra cosa no hay que confundirla? Si destacamos las diferencias con algo que tenga alguna similitud superficial, será una manera de enriquecer la comprensión del objeto.

Ejemplo 1: La metáfora de la computadora en psicología

Una metáfora que en psicología cognitiva dio mucho de sí a partir de la década de 1970 fue comparar el funcionamiento del cerebro humano con una computadora digital. Ambos son sistemas de procesamiento de la información; ambos disponen de memoria para almacenar datos y procedimientos; ambos tienen dispositivos de entrada y salida de información; etc.

Como todas las metáforas, extenderla en exceso llevó a algunos planteamientos erróneos sobre el funcionamiento cognitivo del cerebro; pero la posterior clarificación de las diferencias existentes ayudó aún más a la comprensión del cerebro humano. Y, de rebote, dio ideas nuevas sobre cómo podíamos fabricar computadoras más potentes.

Los primeros ordenadores (en los años setenta del siglo xx) funcionaban linealmente, es decir, que no empezaban una acción hasta que no habían terminado la anterior. Aplicando la metáfora, la psicología cognitiva pensó que el cerebro humano funcionaba igual. Esta manera de proceder atascó las investigaciones psicológicas, que pudieron avanzar cuando se superó la metáfora y se demostró que el cerebro realiza muchas acciones en paralelo. Esta segunda metáfora se aplicó para mejorar los ordenadores, que ahora son capaces de procesar muchas cosas a la vez.

Ejemplo 2: Explicar qué es una bombilla a indígenas primitivos

Si queremos explicar a un indígena de la Amazonia qué es una bombilla eléctrica, podríamos recurrir a una vela (hace luz), un globo (vacío por dentro), un huevo (frágil), etc. Cada uno de estos pensamientos profundizaría su comprensión sobre la bombilla.

Si le comparamos la bombilla con una fruta de su entorno que tenga una luz en su interior, le tendremos que añadir aclaraciones sobre las diferencias.

- Las bombillas son transparentes; las frutas, no.
- Las frutas tienen color; las bombillas, no.
- Las frutas crecen en los árboles; las bombillas las fabrican los humanos.
- Las frutas se comen; las bombillas, no.

El enunciado de estas disimilitudes puede estimular la generación de ideas originales sobre las bombillas:

- Se puede dar color a las bombillas coloreando su cristal.
- No se puede hacer que las bombillas crezcan en los árboles, pero surge la idea de diseñar una lámpara de pie para jardines que imite un frondoso árbol con bombillas en cada rama.
- ¿Se pueden hacer bombillas comestibles? No, pero surge la idea de iluminar con leds algunas creaciones de la alta cocina innovadora.
- Si hemos usado el símil de los globos hinchables, podemos pensar en usarlos para soltarlos al cielo nocturno con iluminación interior de leds para sustituir a los farolillos chinos que llevan una bujía encendida y están prohibidos en muchos países por el riesgo de incendio de bosques.

Ejemplo 3: La invención del www

Tal como hemos explicado al hablar de inventos disruptivos, Tim Berners-Lee se basó en el símil de las telas de araña para cambiar el modelo de conectividad y crear las redes de computadoras.

Un símil nada fácil ni convencional puede ser la semilla para una idea creativa de magnitud revolucionaria.

Analogías estructurales

No confundir con analogías *funcionales*. En algunos problemas, la analogía no radica en semejanzas a nivel funcional o formal, la verdadera analogía radica en la estructura conceptual del problema, una analogía abstracta muy difícil de percibir si no se tiene entrenamiento previo para ello.

De hecho, las analogías estructurales son mucho más fructíferas en creatividad que las funcionales porque nos permiten resolver de golpe toda una clase de problemas que –aunque pertenezcan a ámbitos muy diversos– son conceptualmente el mismo problema.

William J. J. Gordon (1961) se basó en esta estrategia para crear el método de creatividad sinéctica.

Se trata de poner en paralelo problemas de distintos ámbitos de conocimiento que, en el fondo, tienen una misma estructura conceptual.

Por ejemplo, podemos intentar resolver un problema en economía buscando algún caso resuelto que tenga la misma estructura mental en otras disciplinas: en la biología, o la historia, o en un deporte colectivo.

La resolución de un problema por analogía estructural es un proceso que requiere una gran capacidad de abstracción. Saber percibir que dos problemas planteados en dos dominios de conocimiento totalmente dispares poseen la misma estructura conceptual y que, por lo tanto, se puede transferir entre ellos el mismo tipo de solución, no es nada trivial. Algunos autores lo llaman *transferencia conceptual* y recomiendan descomponer el objeto o servicio en partes constitutivas antes de buscar las posibles analogías con problemas de otros dominios.[18]

Lo ilustraremos con tres ejemplos de tres ámbitos claramente diferentes que tienen la misma estructura conceptual y que, en consecuencia, cuando resolvemos uno, resolvemos los otros dos aplicando la analogía estructural.

---

[18] Algunos autores han desarrollado la misma estrategia bajo el nombre de *pensamiento analógico por modelos* (PAM). Véase Tarquino, Sánchez y Suárez (2006).

Ejemplo 1: Asalto a una fortaleza

Una banda de forajidos tiene presa a toda una población en el interior de una fortaleza amurallada que solo tiene una puerta principal de entrada. Un ejército se dirige a la fortaleza para liberar la población. El comandante envía a los exploradores a investigar el terreno y regresan con la noticia de que toda la fortaleza ha sido protegida por los bandidos con un círculo cerrado de minas anticarro. La estrategia de atacar con toda su tropa a la puerta principal para derribarla no va a ser posible porque morirían muchos de sus soldados al pisar las minas anticarro.

El comandante reflexiona unos minutos y obtiene la solución ganadora. Puesto que las minas solo explotan cuando el peso es mayor al de un solo hombre, ordena a sus soldados que se distribuyan alrededor de todo el círculo completo de la fortaleza y traspasen todos a la vez, pero de uno en uno, la línea peligrosa minada. Una vez evitadas las explosiones, les ordena que se reagrupen delante de la puerta de la fortaleza para juntar toda la fuerza que hará posible derribarla y entrar a liberar a la población.

Ejemplo 2: La lámpara fundida

Ana trabaja en un laboratorio científico que experimentan con lámparas especiales muy caras. La tarde anterior se fue sin apagar (por un olvido imperdonable) una de las lámparas y esta mañana se la ha encontrado con el filamento fundido. Si no logra reparar el desastre, le tocará pagar los daños causados descontándolos de su sueldo. Sabe que, aplicando un rayo láser de suficiente intensidad, el filamento se recuperaría, pero también sabe que la fuerza del láser rompería el cristal de la bombilla. ¿Podemos sugerirle a Ana una solución a su problema?

Aunque cueste de entenderlo en una primera instancia, si hemos solucionado el problema del ataque a la fortaleza, estamos en disposición de dar la solución a Ana. Son problemas análogos. Son problemas que tienen la misma estructura conceptual.

¿Qué tiene qué ver una fortaleza con una lámpara? ¿Un ejército con una trabajadora? ¿Un campo de minas con un cristal?

Pues tienen mucho que ver. Estructuralmente son un mismo problema (véase la figura 9.5).

En ambos problemas hay un objetivo central a alcanzar que, si se pretende lograrlo aplicando toda la intensidad de nuestra fuerza junta y de un solo golpe, existe un impedimento que destruirá nuestra acción, y la única manera de evitar esta des-

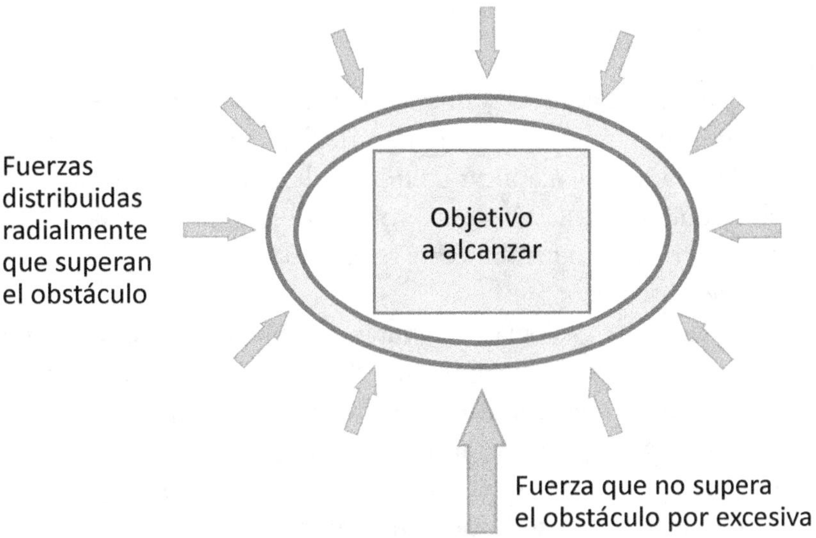

Figura 9.5. Diagrama de la estructura conceptual común.

trucción es dividir la intensidad de la fuerza de ataque en múltiples fuerzas de baja intensidad que, al reunirse todas ellas sobre el objetivo perseguido, logran actuar con la intensidad necesaria sobre él.

La solución para Ana es aplicar una analogía perfecta del caso de la fortaleza. Consiste en aplicar rayos láser de baja intensidad repartidos radialmente alrededor de la circunferencia de la bombilla, de forma que ninguno de los rayos tenga la fuerza suficiente para romper el cristal, pero de manera que la suma de todas las intensidades que reciba el filamento sea la necesaria para repararlo.

Ejemplo 3: Tratamiento de un tumor interno

Cuando un paciente tiene un tumor cancerígeno en una parte externa de su cuerpo, la aplicación de radioactividad directa sobre el tumor suele ser un tratamiento habitual y efectivo desde el descubrimiento de Marie Curie. Pero, cuando el tumor está ubicado en el interior del cuerpo —en el estómago, por ejemplo— la aplicación directa de la radiactividad mataría todas las células buenas que se encuentran delante del tumor.

Una vez más estamos ante el mismo problema conceptual. Por analogía, la solución consistirá en atacar el tumor con la suma de radiaciones de baja intensidad que individualmente no puedan dañar las células sanas, pero de forma que la concentración de todas ellas sobre las células malignas tenga la intensidad necesaria para eliminarlas.

Es por esta causa que desde las primeras *bombas de cobalto* (véase la figura 9.6) la radioterapia se ha aplicado con instrumentos de forma tubular cilíndrica.

Hallar analogías basadas en aplicar las mismas herramientas o propiedades de los objetos es relativamente fácil. Saber encontrar analogías estructurales en problemas de ámbitos muy distintos, en cambio, está reservado a mentes bien entrenadas y con gran capacidad de abstracción.

Una vez detectada una analogía estructural, podemos extender el mismo tipo de soluciones a todos los problemas de la misma clase, con independencia de su ámbito.

Las analogías estructurales con un problema de otro campo de especialidad distinta a la nuestra permiten que, aunque nos falten conocimientos detallados que solo los expertos tienen, podamos identificar una analogía con *nuestro* campo profesional y hacer la transferencia conceptual que proporciona la solución al problema. Esta es, precisamente, la principal razón de la eficacia de los equipos multidisciplinarios. Está demostrado que cada carrera proporciona modelos de pensamiento y herramientas mentales propias y específicas. La aplicación de estos modelos a dominios distintos de sus originales proporciona visiones enriquecedoras porque se producen analogías creativas. En la historia de los inventos de la humanidad es bastante frecuente que la solución la haya proporcionado un *outsider*.

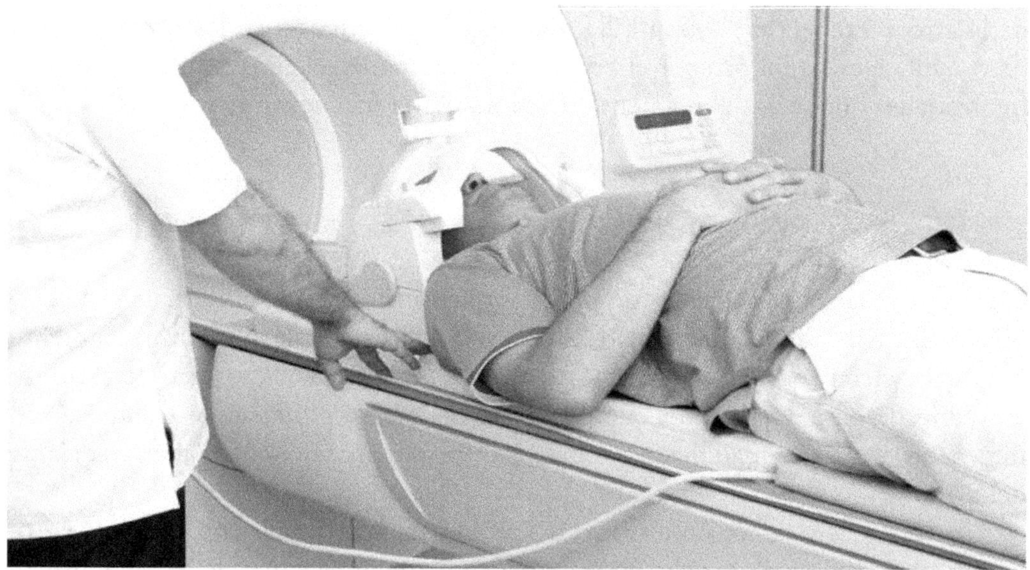

Figura 9.6. Tratamiento con radioterapia.

La estructura conceptual que hemos expuesto en los tres ejemplos anteriores es muy extendida. Veamos un par de ejemplos añadidos pertenecientes a otros ámbitos.

Ejemplo 4: Envejecimiento de una empresa

A la muerte de sus padres, Juan recibe en herencia una empresa todavía con resultados positivos pero que está perdiendo competitividad de manera muy evidente y rápida porque la media de edad de los empleados es de más de cincuenta años.

Sabe que debe rejuvenecer la plantilla. Si la rejuvenece de golpe y al cien por cien destruirá la empresa porque perderá la cultura, el estilo y el *know-how* de empresa acumulados y con ello la aceptación de la bolsa de clientes actuales.

Debe rejuvenecer en varias etapas. Incorporar personal joven y bien preparado en los departamentos clave para que absorban los valores actuales y aporten motivación y capacidad de innovación. Tres o cuatro movimientos de rejuvenecimiento de la plantilla escalonados a lo largo de dos años conseguirán el objetivo.

Ejemplo 5: Fracaso en el lanzamiento de un nuevo producto

Una empresa ha invertido grandes cantidades en mercadotecnia y publicidad en el lanzamiento de un nuevo producto y la respuesta del mercado no ha sido, ni de lejos, la esperada.

Atacar el fracaso con una nueva campaña tanto o más intensa de lanzamiento es fracasar de nuevo. La empresa debe hacer un buen análisis comercial para identificar una buena segmentación de sus clientes objetivos y destinar a cada segmento de mercado campañas de lanzamiento específicas.

Asociaciones al azar

Algunas de las grandes innovaciones creativas se han producido cuando alguien ha asociado por primera vez dos conceptos que hasta aquel momento nadie había asociado («pensar lo que nadie había pensado»).

Asociar troncos pelados de árbol con pesadas piedras a transportar creó la rueda. Asociar la fuerza del viento con los botes de remos creó la navegación a vela.

Asociar la red de conectividad de las computadoras con una tela de araña cambió radicalmente internet.

La estrategia creativa de asociaciones al azar fue propuesta por Charles S. Whiting (1958) y puede dar resultados de innovación rupturista. Consiste, precisamente, en estimular las mentes creativas con palabras o imágenes tomadas al azar. Combinar dos objetos de ámbitos muy diversos origina una nueva situación que puede estimular ideas originales gracias a las asociaciones que realiza el inconsciente cognitivo de los participantes en el proceso.

«La palabra al azar actúa como un paquete de conceptos que se traen a la situación para abrir nuevas líneas de pensamiento [...]. Si miramos solo a lo que estamos mirando, ¿cómo van a cambiar nunca nuestras ideas? Puede que uno deba mirar a cosas que parecen no tener relevancia, e incluso a cosas que sabemos certeramente que no tienen ninguna relevancia, para disparar nuevas ideas».
Edward de Bono

La estimulación de ideas mediante una asociación al azar es una buena estrategia para utilizar en la fase de generación de ideas de cualquier método creativo cuando el proceso espontáneo de ideación se está estancando.

Existen distintas variantes en la manera de provocar una asociación al azar. Destacaremos:

- **Palabra al azar:** Se extrae una palabra al más puro azar abriendo una web, una revista, una novela, un diccionario, etc. No es necesario que nos restrinjamos a textos relacionados con el tema que nos ocupa. Hasta cierto punto es preferible que huyamos de ellos y cojamos la palabra al azar en textos de materias distantes.
- **Técnica del catálogo:** Impulsada por algunos profesores de creatividad:
  a) Se parte de un catálogo que, a ser posible, tenga algo que ver con nuestro objetivo de la creación.
  b) En lugar de una única palabra, se cogen dos palabras del catálogo al azar.
  c) Se escriben dos palabras que se nos acudan asociadas con las dos anteriores.
  d) Se combinan al azar las palabras originales entre sí y con las asociadas.

- **Citas y proverbios:** En lugar de usar una sola palabra, se usa una frase sacada al azar de un libro de citas célebres o de un refranero.
- **Estratales:** La estimulación se hace mediante un estratal (neologismo creado por Edward de Bono). Un estratal es una serie de enunciados paralelos (nor-

malmente cinco) que se consideran como una totalidad. No es necesario que los enunciados tengan conexión alguna entre sí.

Para cierto tipo de problemas Charles S. Whiting (1958) aconseja descomponer antes en sus elementos constitutivos tanto el objeto (o el concepto principal del problema) como la palabra extraída al azar y forzar tantas relaciones entre ellos como se nos puedan acudir. (Véase el ejemplo 3.)

Esta estrategia debe combinarse siempre con la imprescindible «suspensión de la crítica». Conviene no rechazar ninguna asociación libre del pensamiento, por rara que parezca en primera instancia, porque está comprobado que puede ser una idea *puente* hacia otras ideas de auténtico valor.

Según señalan los expertos, los antiguos oráculos existentes en varias culturas eran, en cierta manera, un precedente de esta técnica. Una estimulación de la mente con frases al azar servía para que el consultante buscara su propia respuesta a la pregunta planteada. El propósito de los oráculos no era tanto el de predecir el futuro, como el de ayudar a sus usuarios a tener una mayor penetración en sus propias mentes.

Los antiguos griegos utilizaban las ambiguas predicciones del oráculo de Delfos, mientras que los chinos utilizaban el *I Ching*. Los egipcios consultaban el tarot, los escandinavos usaban las runas y los indios norteamericanos la rueda de la medicina. Muchas personas utilizan en la actualidad los horóscopos de revistas y periódicos.

Ejemplo 1: Programación de nuevas actividades

Nos han encargado que hagamos la programación de actividades del próximo curso del ateneo cultural del barrio y nos han explicitado que les gustaría que hubiera actividades distintas a las acostumbradas.

Supongamos que nos sale al azar la palabra «sombrero». Hacemos acopio de las asociaciones mentales que automáticamente nos sugiere este vocablo: señorío y elegancia, gánsteres, magos, mendicidad, votaciones improvisadas…

Hacemos, también, una lista de los atributos vinculados a sombrero: cubre la cabeza, protege del frío, quitárselo es señal de respeto, existe el gesto y la expresión «chapó» (del francés *chapeau* que significa sombrero), hay de muy distintos modelos y materiales, está en retroceso su uso, etc.

A continuación, se registran las conexiones neuronales de conceptos que se van produciendo. Por ejemplo:

- Conferencias y cursos sobre tendencias de la moda.
- Ciclo de cine negro.
- Taller de escritura de novela negra.
- Espectáculos de magia.
- Cursos para aprender magia.
- Colectas públicas para apadrinar a niños del tercer mundo o financiar ONG.
- Ciclo de charlas y debates con los principales líderes políticos de la demarcación.
- Conferencias sobre salud y cuidado capilar.
- Clases de peluquería.
- Cursos de fabricación artesanal de sombreros y gorras.
- Concurso de sombreros creativos.

Ejemplo 2: Nuevas prestaciones para el teléfono móvil/celular

Supongamos que la palabra al azar es «inundaciones». Las ideas que podrían surgir (pendientes de evaluación crítica) serían:

- Teléfono sumergible.
- Avisos SMS de prevención de catástrofes de todo tipo; inundaciones, terremotos, amenazas terroristas, etc.
- Incorporar barómetro, termómetro e higrómetro.
- Incorporar sismógrafo.

Ejemplo 3: Ideas innovadoras en la fabricación de sofás

Por un lado, descompondremos el sofá en partes: tapicería, estampado, estructura, base, respaldo, brazos, cojines, patas de apoyo.

Supongamos que la palabra escogida al azar ha sido «melocotón». Su descomposición en conceptos asociados nos da: piel, pulpa, hueso, sabor dulce, jugo, color. Las relaciones entre ambas descomposiciones nos pueden aportar ideas tales como:

- Tapicería color melocotón.
- Tapicería con la suavidad de tacto de la piel del melocotón.
- Tapicería con olor a melocotón (u otras frutas).
- Estampados con melocotones y otras frutas.

– Cojines con forma de melocotón.

– Patas hechas de huesos de melocotón triturados.

– Base del sofá con cajones para guardar frutas y otras fruslerías.

– Respaldo con un depósito de jugos refrigerados de frutas (implica conexión a la electricidad y grifos laterales o posteriores).

Ejemplo 4: El post-it

Hay casos en los que un producto fracasado para los objetivos inicialmente planteados se descubre más tarde que es sumamente útil para una nueva función que descubrimos cuando se asocia por azar con una nueva finalidad. Este sería, por ejemplo, el caso de la invención del post-it, un pegamento creado por un ingeniero de 3M que lo rechazó porque tenía poca adherencia y se despegaba sin apenas esfuerzo. La visión genial de un directivo de 3M fue buscarle una utilidad vinculada precisamente a esta propiedad novedosa que no tenían otros pegamentos del mercado.

Sostenibilidad

Atendiendo a la emergencia climática del planeta, cualquier innovación de un producto o servicio deberá contemplar los Objetivos de Desarrollo Sostenible aprobados en septiembre de 2015 en Nueva York, durante la 70.ª Asamblea General de la ONU.

Los principales factores que una persona creativa deberá tener en cuenta son:

- Diseñar con materiales no contaminantes y reciclables.
- Tener en cuenta la disponibilidad a futuro de los materiales (evitar la extinción de los recursos utilizados).
- Procurar minimizar los costes económicos excesivos en la fase de producción.
- Minimizar la energía necesaria tanto para la producción como para la utilización del producto o servicio.
- Evitar al cien por cien que se produzcan emisiones contaminantes.
- Prever un transporte y distribución no contaminantes en embalajes reciclables.
- Prever una durabilidad máxima del producto, con un mantenimiento fácil y de costo mínimos.
- Planificar segundas utilizaciones del producto cuando se produzca la obsolescencia del primer uso previsto.
- Al final de la vida útil del producto, planificar el reciclaje de los componentes que lo forman, buscando en la medida de lo posible, la economía circular.

Debido a su importancia este tema se ha desarrollado de forma más exhaustiva en un capítulo aparte (véase cap. 11).

Inteligencia del producto

Debido a su importancia, este tema se ha desarrollado de forma más exhaustiva en un capítulo aparte (véase cap. 12).

Capítulo 11
Diseño de productos sostenibles

¿Qué entendemos por sostenibilidad?

«La sostenibilidad consiste en satisfacer las necesidades de la actual generación sin poner en peligro la capacidad de las futuras generaciones para satisfacer las suyas». *Informe Brundtland de 1987*

Es decir, promover el progreso económico y social respetando los ecosistemas naturales y la calidad del medio ambiente.

La combinación de un rápido crecimiento poblacional con nuevas aspiraciones a lograr los niveles de consumo del mundo desarrollado actual es uno de los mayores desafíos a enfrentar para la sostenibilidad humana en el futuro. La solución no pasa por impedir que los países en desarrollo no obtengan el bienestar que desean y merecen, pasa por reducir drásticamente los inconvenientes de la economía basada en el consumismo y la falta de respeto a las condiciones medioambientales del planeta.

La sostenibilidad del planeta Tierra para albergar la vida humana viene condicionada por la contaminación del aire y el agua, el cambio climático que produce el exceso de dióxido de carbono en la atmósfera, la degradación del entorno por nuestras basuras no recicladas y el agotamiento de recursos naturales básicos por exceso de población. En definitiva, por la acción desaforada de la propia humanidad sin respeto a la regeneración natural y al mantenimiento del medio ambiente.

Agotamiento de los recursos naturales

El aumento progresivo de la población humana y el consumo cada vez más exigente de energía per cápita, de minerales y de recursos naturales escasos, conduce a la desaparición de gran cantidad de materias primas de muy difícil sustitución.

Uno de los mayores retos que tiene la sostenibilidad del planeta es el rápido crecimiento de población que aspira a lograr el nivel de industrialización y consumismo de los países con producto interior bruto (PIB) superior.

La solución no puede consistir en impedir que los países en desarrollo no obtengan el bienestar que desean y merecen. Debe consistir en lograr reducir drásticamente la contaminación causada por la economía consumista y la falta de sostenibilidad de los procesos de fabricación, logística y vida final no reciclable de la mayoría de los productos.

O sea, que estamos obligados a promover el progreso económico y social respetando los ecosistemas naturales y la calidad del medio ambiente.

Distintas Cumbres de la Tierra celebradas en Río de Janeiro en 1992 y otras ciudades en los años noventa propiciaron que, en 2012, en la Conferencia de las Naciones Unidas sobre el Desarrollo Sostenible celebrada también en Río de Janeiro (Río+20), se definieran los ODS ya mencionados.

Cambio climático

El exceso de dióxido de carbono, metano e hidrofluorcabonos vertidos a la atmósfera generan el efecto invernadero.

La temperatura media del aire sube unos pocos grados cada año y está provocando cambios descontrolados del clima que repercuten en la subida de los niveles de los mares por descongelación de glaciares y de los hielos de los polos, en la desertización creciente y en la proliferación de huracanes, inundaciones y catástrofes naturales.

Los principales causantes de esta contaminación son las energías de combustión (motores de explosión y centrales térmicas), la ganadería y los incendios forestales.

Contaminación del aire

Los motores de explosión y las chimeneas industriales y domésticas vierten en el aire sustancias contaminantes (óxidos de nitrógeno, azufre y plomo, entre otros) que afectan a la respiración humana y ocasionan cada año la muerte de millones de personas y problemas de salud en un número aún mayor de humanos y animales.

Las energías electromagnéticas y la contaminación acústica de muchos núcleos urbanos son otros contaminantes transmitidos por el aire que también perjudican a la salud.

Contaminación del agua

El agua es, en muchos entornos del planeta, un bien escaso y en clara regresión por el cambio climático. Si a esto le añadimos la contaminación por detergentes y químicos de residuos industriales o por heces humanas, tenemos la progresiva y cada vez más preocupante carencia de agua potable que sufren gran cantidad de habitantes.

Degradación del entorno

Las basuras y residuos no reciclados crecen a ritmo cada vez más acelerado y degradan los entornos naturales perjudicando o imposibilitando la habitabilidad para personas, animales y plantas.

Aumenta de manera imparable el número de especies animales y vegetales que cada año se extinguen. Hay auténticas islas y nuevos continentes de plásticos y residuos contaminantes flotando en los océanos.

Principales consignas para la sostenibilidad

En todo proceso de diseño se deben atender las funcionalidades que demanda la persona usuaria: la ergonomía de uso, la estética, la seguridad y la ética. Dentro de la ética se sitúan el diseño ecológico y el diseño preocupado por la sostenibilidad medioambiental.

El diseño *ecológico* (o *ecodiseño*) se preocupa de concebir los productos con materiales naturales y biodegradables; por ejemplo, fomentar el uso del algodón en la confección de ropa. El diseño *sostenible* va un poco más allá: se ocupa de garantizar el mínimo impacto medioambiental en toda la cadena de valor del producto, en todas las etapas de su ciclo de vida útil.

En esta segunda exigencia, el cáñamo es preferible al algodón porque su filatura consume diez veces menos de agua que la del algodón.

Se pueden resumir en tres consignas que empiezan con erre:

- **Reducir** a su mínima expresión los factores contaminantes, los costos y los consumos de energía.
- **Reutilizar** al máximo los productos, sus componentes y los materiales que los forman.
- **Reciclar** todos los componentes y materiales al final de la vida útil del producto.

Son tres criterios para tener en cuenta en todo el ciclo de vida útil del producto (véase la figura 11.1).

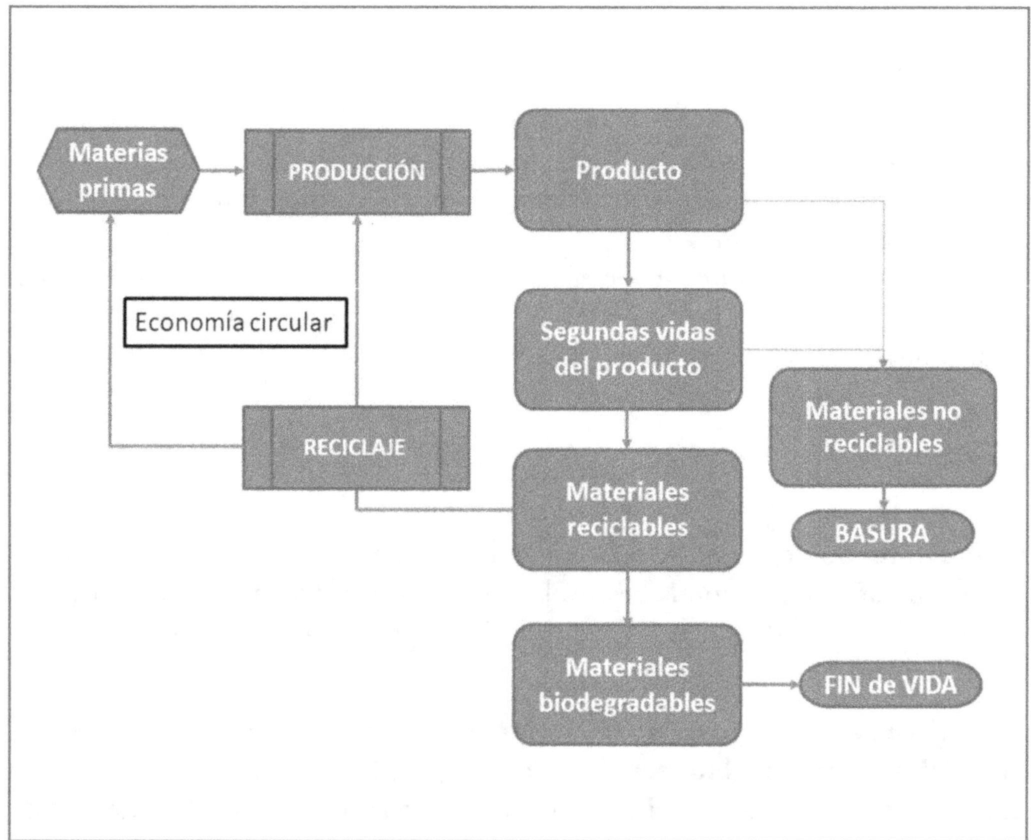

Figura 11.1. Sostenibilidad en el ciclo de vida del producto.

En la etapa de diseño

- *Reducir* el empleo de recursos y materiales por debajo de su límite de renovación. (Tener en cuenta la disponibilidad a futuro de los materiales para evitar su extinción a corto o medio plazo.)
- Diseñar formas que *eviten el deterioro* por roce en su uso.
- Prever *reutilizar* el producto en segundas vidas cuando llegue su obsolescencia natural; prever desde el diseño la reutilización de componentes o materiales de los productos obsoletos.
- Usar materiales y/o componentes *biodegradables* siempre que sea posible. En caso negativo que sean materiales *reciclados* y, si tampoco eso es posible, que sean *reciclables*.

En la etapa de producción

- *Reducir* de forma sistemática el uso de cantidad de materia prima utilizada y el desperdicio generado en la fabricación.
- *Reducir* a su mínima expresión los costos económicos de fabricación y los consumos de energía necesarios.
- Evitar el uso de materiales que no sean biodegradables o reciclables.
- Evitar que los procesos de fabricación generen contaminantes del medio ambiente.
- *Reutilizar* productos obsoletos para aplicarles actualizaciones a las versiones nuevas.
- Emplear al máximo posible materias primas, sustancias químicas y componentes *reciclados* de la propia producción o de otros fabricantes (economía circular).
- Los productos deben ser fácilmente *desmontables* y facilitar el acceso a todos sus componentes por separado, tanto para su sustitución en caso de averías como para facilitar su aprovechamiento en el proceso de reciclaje.

En la etapa de distribución

- *Reducir* a cero el uso de plásticos y embalajes no biodegradables o no reciclables; transportar mediante vehículos no contaminantes.
- *Reutilizar* envases ecológicos recuperados de las ventas anteriores mediante un proceso de logística inversa (recogidas de envases en las entregas de los suministros de los productos).
- *Reciclar* los productos deteriorados o averiados.

En la etapa de uso

- *Reducir* al mínimo el consumo de energía necesaria para el funcionamiento del producto.
- Buscar la máxima durabilidad del producto y *reducir* las necesidades de mantenimientos y reparaciones; suprimir de raíz la práctica de la obsolescencia programada.
- *Reutilizar.* Prever un servicio de reparación rápida y económica de las posibles averías o deterioro de partes del producto.
- Tener organizadas las *segundas vidas* del producto obsoleto (por ejemplo, distribuir a mercados de países en vías de desarrollo o hacer donaciones filantrópicas vía ONG). La cultura del usar y tirar debe ser sustituida por la de usar y reutilizar.

  Las segundas vidas con costes mínimos exigen que en el proceso de diseño se prevea que, con pequeños ajustes, pueda ser usado de nuevo con funcionalidades idénticas a las originales o ajustadas al desgaste del producto.

En la etapa de reciclaje

- *Reducir* al máximo las fugas de productos rotos u obsoletos de las cadenas de reciclaje.
- *Reducir* al máximo los costos del proceso de reciclaje.
- Buscar de manera continua la posibilidad de *reutilizar* materiales y componentes como insumos de nuevas fabricaciones (economía circular).
- Establecer sistemas eficaces de recogida y tratamientos de *reciclaje.*
- Los productos deben reducir al máximo los impactos ambientales que se puedan producir a lo largo de su ciclo de vida, desde el diseño hasta su reciclaje para darle una nueva vida o convertirlo en materia prima. Deberán considerarse también la sostenibilidad de los hábitos de comportamiento que los productos inducen a las personas usuarias.
- Un producto, además de satisfacer las necesidades por las que ha sido diseñado, no debe comprometer las necesidades de recursos de las próximas generaciones. Tenemos que considerar que el planeta es un usufructo que debemos traspasar a las generaciones venideras.
- En cuanto al reciclaje, debe hacerse posible que sea con minimización de los residuos lo cual exige el uso de materiales apropiados de tal manera que, su separación sea factible económica y medioambientalmente al no exigir el proceso de reciclado una elevada cantidad de recursos.

Sociedad sostenible

Una sociedad es sostenible si está basada en valores éticos; si persigue la convivencia armónica y de respeto mutuo entre culturas, religiones, diferencias étnicas y orientaciones sexuales; si mejora continuamente las infraestructuras y servicios comunes; si fomenta la educación continua de todos y persigue el bienestar social; si dispone de una administración de justicia rápida, independiente y justa.

País sostenible

Un país es sostenible si lo son su economía, su sociedad y su democracia.

Si cualquiera de las tres falla, el país pierde posiciones en la clasificación de países más sostenibles.

Capítulo 12
Diseño de productos inteligentes

La inteligencia de una persona es la capacidad para, frente a las situaciones variables del entorno, tomar la decisión más adecuada para conseguir el resultado más propicio a sus intenciones y objetivos.

Por extensión, se llaman objetos o máquinas inteligentes a los que son capaces de tomar de manera autónoma decisiones equivalentes a las que tomaría un humano.

Llamaremos producto inteligente *(smart product)* al que aporta una solución innovadora a una necesidad social (global o individualizada) que mejora la calidad de vida de las personas con comodidad de uso, seguridad, eficacia y sostenibilidad. Los *smart products* que no contemplen la sostenibilidad no pueden llamarse, en puridad, «productos inteligentes», puesto que no es inteligente ignorar la emergencia del calentamiento global del planeta.

Mejora de la experiencia de usuario

Combinar los datos recogidos por los sensores con otros datos públicos a los que se puede acceder en internet nos permitirá proporcionar funciones o prestaciones únicas.

Una estrategia de éxito para aumentar la competitividad de una empresa es trasformar sus productos en servicios.

Ejemplo 1: Aspersor inteligente

Un aspersor inteligente se podrá activar de forma remota, pero además podrá controlar el estado del tiempo y no regar el jardín en los días de lluvia.

Ejemplo 2: Calefacción inteligente

Una calefacción inteligente (de, por ejemplo, una segunda residencia) se podrá activar y/o programar en remoto y ajustarse automáticamente a los cambios climatológicos.

Ejemplo 3: Vehículos autónomos

Pueden cambiar su destino de forma remota y trazar su trayectoria atendiendo tanto a los datos de sus sensores como a la información de datos externos que le llegan por la IoT.

Ejemplo 4: Neveras inteligentes

Además de conservar en buenas condiciones los alimentos y bebidas, pueden informar al usuario de las existencias de cada tipo de alimentos y bebidas y cuáles están a punto de caducar. Modelos más avanzados pueden gestionar la reposición automática de las existencias o sugerencias de recetas de cocina que combinen los alimentos disponibles.

Ejemplo 5: Ropa inteligente (wearables)

Vestidos e indumentaria que integran sensores, wifi y capacidad de proceso. Chaquetas que permiten accionar el teléfono móvil sin tener que tocar su pantalla; calcetines que cuentan los pasos y miden las calorías consumidas; zapatos que miden las pisadas y previenen lesiones; o que tienen localización GPS; prendas que toman las constantes vitales de quien las lleva; o que calientan o enfrían el cuerpo según la temperatura externa; etc.

Clasificación de las inteligencias de los productos

La inteligencia requiere disponer de una capacidad de detectar estímulos (externos e internos), de medir su magnitud, de contrastarlo con patrones establecidos y, en función del resultado de esta comparación y con distintos grados posibles de proceso de los datos, tomar la decisión de realizar las acciones más adecuadas para la consecución de los objetivos preestablecidos.

La detección de estímulos se efectúa mediante intervención directa del usuario, por la aportación de un dato vía IoT, o mediante algún(os) sensor(es) de entre la gran variedad de los actualmente disponibles en el mercado.

La magnitud de los estímulos analógicos se digitaliza mediante calibradores y su proceso puede consistir en un simple filtro de pasa-no pasa o en la aplicación de algoritmos de creciente rango de complejidad.

Las acciones resultantes serán efectuadas por accionadores integrados en el producto.

De manera análoga a como al analizar las capacidades mentales humanas se distinguen cinco diferentes niveles de inteligencia (instintiva, emocional, intuitiva, racional y de planificación), en los *smart products* podemos diferenciar cuatro niveles posibles de inteligencia.

Inteligencia reactiva

Similar a los instintos humanos. Ante ciertos valores de las variables internas y externas detectadas mediante los sensores, el objeto o máquina reacciona con una respuesta siempre igual que ha sido establecida en su diseño.

La decisión del producto consiste en escoger entre aplicar o dejar de aplicar una cierta acción.

Una aplicación frecuente de la inteligencia reactiva es medir datos esenciales del estado del producto para alertar al usuario de la necesidad de acciones preventivas o correctivas. Ejemplos: sistema de iluminación de la entrada de una casa unifamiliar que se ilumina siempre que detecta una presencia humana; grifo que ahorra agua porque solo se abre con la presencia de un objeto en el trayecto de su fotocélula; motor que se detiene y emite una alarma sonora y/o visual cuando el nivel de lubricación es insuficiente; electrodoméstico que avisa de avería o su necesidad de mantenimiento.

Inteligencia adaptativa

Similar a la intuición humana.

Comparando los estímulos actuales con anteriores situaciones experimentadas, se deduce una alternativa de decisión que se somete a verificación de la persona usuaria.

Ejemplos: sistema de iluminación que detecta movimientos sospechosos de las personas y manda aviso al propietario de la casa para que decida si debe alertar a la policía o no; nevera inteligente que detecta las carencias de alimentos de su interior y propone la compra a efectuar.

Inteligencia programada

Similar a la racionalidad humana. A cada posible situación de combinación de los estímulos, se tiene predefinido el tratamiento a aplicar.

Ante la combinación de valores que presentan las variables externas detectadas por los sensores y ciertos valores de variables internas, el objeto o máquina tiene la capacidad de procesar un algoritmo que le conduce a la más adecuada entre las posibles reacciones alternativas establecidas en el diseño.

Ejemplos: sistema de iluminación de la entrada a una casa unifamiliar que se ilumina siempre que detecta la presencia de un humano, detecta su identidad mediante reconocimiento facial y, si dicha persona no está en la lista de habitantes de la casa, manda la foto de ella al teléfono de los propietarios de la casa para avisarles de la visita; productos específicos de vigilancia de la salud que detectan la viscosidad de la sangre y actúan en el momento adecuado para evitar que se produzcan coágulos que pudieran causar graves lesiones cardiovasculares; productos de vigilancia continua de las constantes vitales que toman la decisión de inyectar la medicación correspondiente avisando a la vez a los facultativos por si procede su intervención; cajeros automáticos; dispensadores de alimentos o bebidas, etc.

Inteligencia artificial o de autoaprendizaje (IA)

Similar a la capacidad de planificación de la mente humana.

Todas las variables externas e internas son procesadas por un sistema de redes neuronales que tiene la capacidad adaptativa de aprender de manera autónoma cómo mejorar y ampliar sus decisiones frente a situaciones inicialmente no previstas a partir de la experiencia adquirida.

Ejemplos: sistema de iluminación de la entrada a una casa unifamiliar que se ilumina siempre que detecta la presencia de un humano y, si dicha persona no está en la lista de habitantes de la casa, elabora su propia clasificación de los visitantes entre bienvenidos y posibles asaltantes, de manera adaptativa combinando los patrones de movimientos y los resultados de visitas previas; electrodomésticos inteligentes; determinadas aplicaciones de teléfonos inteligentes; coches autónomos; pantallas publicitarias inteligentes; asistentes domésticos; nanorrobots quirúrgicos; etc.

Tecnologías de los productos inteligentes

En la Industria 3.0, la conexión a internet se usaba para simples funciones de telecontrol o telepresencia. Hoy en día, sin embargo, la utilización de la potencia de cálculo y de bases de datos existentes en internet permiten el uso de algoritmos complejos de procesamiento de información y de datos que les pueden remitir a los productos, y por consiguiente dotarlos de inteligencia.

Las innovaciones tecnológicas están invadiendo todos los ámbitos de la sociedad y, en consecuencia, los nuevos productos deben plantearse cómo pueden aprovecharse de este hecho desarrollando interacciones útiles entre la tecnología que integran en el nuevo producto y la tecnología existente en los productos y servicios del entorno de uso.

Una toma de decisiones requiere siempre una captación de datos internos y externos (conectividad), una capacidad de proceso (local o en la nube) y una capacidad de acción sobre las variables objetivo de la decisión.

La conectividad puede ser pasiva (solo se reciben datos externos), activa (solo se emiten datos a otras fuentes) o interactiva (se reciben y se emiten datos).

La capacidad de proceso puede estar ubicada íntegramente en el objeto, ubicada en un servidor local, ubicada en la nube o repartida entre estas tres ubicaciones.

Los sensores permiten detectar alertas y medir sin intervención humana los valores de variables propias del producto o del entorno. Los *big data* proporcionan informaciones necesarias para definir las condiciones de entorno que determinan las decisiones a tomar. La conectividad de la IoT permite los accesos y trasvases de información necesarios y acceder a la capacidad de proceso (local o en nube) para aplicar algoritmos predefinidos o recurrir a procesos de autoaprendizaje de la IA.

Se aplican todas las tecnologías que constituyen la base de la sociedad digital:

- Sensores para detectar los valores de variables internas del producto o de su entorno.
- Visión artificial.
- Interfaces (táctiles o de voz) para interactuar con las personas usuarias.

– Transmisores, receptores y antenas para formar parte de una red de conectividad en la IoT que permita acceder a lecturas de *big data,* recibir órdenes de procesadores externos o mandar órdenes a componentes electrónicos.
– Procesadores y *software* integrados en las placas de circuitos para interpretar los datos captados y enviar comandos a las interfaces o a los componentes accionables.
– Componentes accionables que ejercen control físico sobre el producto o su entorno.

Datos que intervienen en los productos/máquinas inteligentes

En cualquier toma de decisiones pueden intervenir:

– Datos **internos** del producto o máquina.
– Datos **externos** que inciden directamente sobre el producto o máquina.
– Datos del **entorno** que pueden afectar (geográficos, económicos, climáticos, etc.).
– **Objetivos** que perseguir en la decisión.
– Sistema de **proceso de la decisión** (lineal, algorítmico o adaptativo).

Ejemplo 1: Recipientes que contienen líquidos

Aplicable desde un tanque de hectólitros de una sustancia química a una lata de refresco o una taza de té.

- *Datos internos:* Volumen actual (entre un mínimo y un máximo permitidos), temperatura del líquido (entre una mínima y una máxima permitidas), valores de determinadas características físicas y químicas, costo unitario del líquido, etc.
- *Datos externos*: Volumen y naturaleza de otros líquidos o sustancias que se añaden, intensidad de la fuente de calor o enfriamiento aplicada; fuerza del agitador, etc.
- *Datos del entorno*: Demanda del mercado, precio unitario de venta al público, datos del clima.
- *Objetivos posibles*: Controlar la temperatura, o el volumen del recipiente; generar una mezcla con características físicas, químicas y de costo preestablecidas;

ídem anterior, pero dependiendo de cálculos vinculados a variables comunicadas en línea por la IoT; etc.

- Si nos centramos en el uso cotidiano que hacemos de los vasos de cristal, se puede apreciar que inciden sobre ellos una buena cantidad de temas en los que (con distinta viabilidad económica) es posible dotarlos de inteligencia de producto:

  - Control del llenado.
  - Aviso para rellenado periódico a mitad del consumo.
  - Control y conservación de la temperatura del líquido.
  - Detección del tipo de contenido.
  - Añadir azúcar, edulcorantes u otras sustancias y líquidos.
  - Agitar contenido para obtener mezcla de ingredientes.
  - Identificación de quien lo usa en una aglomeración de personas usándolos.
  - Estadísticas de usos diferentes.
  - Limpieza posterior y secado.
  - Guardar ordenadamente para nuevos usos.
  - Prevenir rotura.
  - Recogida de cristales rotos y reposición de vasos rotos.

Ejemplo 2: Movilidad de vehículos

Aplicable desde un patinete eléctrico a un trasatlántico.

- *Datos internos*: Velocidad y aceleración; peso del vehículo; potencia motriz; número de ocupantes; etc.
- *Datos externos*: Condiciones climáticas; coordenadas GPS de ubicación; mapa de rutas posibles.
- *Datos de entorno*: Petición de cambio de destino o de ruta; obstáculos aparecidos en la ruta; etc.
- *Objetivos posibles*: Conducción remota; conducción autónoma; evitar obstáculos; optimizar costes de combustible o energía; reducir contaminación; etc.

Ejemplo3: Dispensadores de alimentos a granel

Aplicable a frutas, granos, harinas y líquidos.

- *Datos internos*: Capacidades mínima y máxima; modularidad de los servicios al detalle; intervalos de temperaturas de cada alimento; etc.
- *Datos externos*: Condiciones climáticas; costos unitarios y precios a cobrar; sistemas de pagos; tendencias de consumos; contactos para mantenimiento y para reposición de suministros; etc.
- *Datos de entorno*: Segmentación de la clientela de la zona; estadísticas de consumos anteriores; etc.
- *Objetivos posibles*: Servir cantidades de alimentos ajustadas a cada necesidad de la clientela; ahorrar en embalajes no reciclables; descentralizar al máximo los puntos de venta e independizarlos de los grandes supermercados; etc.

Posibles objetivos del diseño de productos inteligentes

«Estamos usando las nuevas tecnologías para sustituir al talento humano y deberíamos usarlas para potenciarlo». *Daron Acemoglu, coautor de* Por qué fracasan los países

Que los productos están evolucionando hacia la incorporación de inteligencia queda constatado por la innumerable cantidad de objetos que están conectados a la IoT. Los miles de millones de productos conectados actualmente a internet y la aceleración con que crece dicho número son un indicador claro del incremento imparable del mercado de *smart products*.

Los diseñadores, para atender las oportunidades que ofrece esta tendencia, deben saber mantener los objetivos tradicionales de todo buen diseño (belleza de la forma, ergonomía en el uso, seguridad, buenas prestaciones, etc.) y añadir la capacidad autónoma de decisión.

Afrontar el diseño de productos inteligentes exige una nueva forma de crear, de diseñar y de innovar que obliga a estar al corriente de los avances científicos y tecnológicos que pone a su disposición nuevas opciones de materiales y de procesos de tratamiento.

Las empresas pueden perseguir distintos objetivos (no excluyentes entre sí) en las distintas etapas del ciclo de vida del producto/servicio.

Inteligencia en el diseño

Cuando una empresa planea diseñar un producto/servicio nuevo, basa sus requisitos y características en suposiciones sobre cómo se utilizan los productos existentes. Pero estas suposiciones pueden ser erróneas y provocar que el esfuerzo de desarrollo del nuevo producto sea un fracaso porque los clientes se encontrarán con productos que no quieren o no necesitan.

Las redes sociales y el *big data* permiten conocer las carencias de satisfacción de los productos actuales del mercado (propios y de la competencia) y las tendencias y demandas de las personas usuarias.

En el diseño del nuevo producto, es altamente recomendable hacer participar a los *prosumers* (consumidores proactivos). Hay que centrar el diseño en la persona que lo va a usar y sus demandas.

Si el proyecto exige la colaboración multidisciplinaria, convendrá recurrir a la creatividad colaborativa y al teletrabajo de algunos de sus miembros.

Pensando en el servicio posventa y en el seguimiento futuro de la satisfacción de la clientela, el nuevo objeto debería incorporar en su diseño conectividad sobre sus usos y posibles incidencias. En la era de la IoT, las suposiciones se pueden reemplazar con datos proporcionados por los productos conectados. Las empresas pueden incorporar sensores en los productos existentes para obtener datos fiables sobre el uso de estos y mediciones del entorno de funcionamiento. Esto les permitirá verificar con precisión el uso o funcionamiento real de un producto en lugar de hacer suposiciones.

Inteligencia en la fabricación

La automatización de la cadena de fabricación es un objetivo que muchas pymes no se pueden permitir en los grados deseables debido a la magnitud de las inversiones económicas que suelen requerir. Pero se puede incorporar inteligencia en el testeo de los prototipos y, de esta manera, ahorrar fracasos en la falta de prestaciones de los productos fabricados.

En la cadena de fabricación, se puede lograr que las componentes tengan capacidades autónomas de verificación de la calidad en las etapas críticas de la cadena de fabricación y que se aparten todos los elementos que no cumplan al cien por cien con las especificaciones.

Los almacenes, tanto los de materias primas como los de productos acabados, pueden estar gestionados con las tecnologías más avanzadas.

Inteligencia en distribución y logística

El embalaje puede ser sostenible y optimizar el volumen que ocupa en el transporte. Y debe permitir la trazabilidad individualizada y/o por series de producción.

La distribución debe basarse en la información actualizada de la demanda real de mercado y ser capaz de reaccionar a cambios de destino provocados por estas actualizaciones.

La logística deberá velar por la reducción drástica de contaminación del aire en la movilidad y la economía de costos optimizando la logística de la última milla y aplicando la logística inversa donde convenga.

Inteligencia en la comercialización

Se deben utilizar todas las ventajas de la segmentación de mercados, del *marketing* digital y del comercio electrónico *(e-commerce)*. Que el cliente pueda comprar desde cualquier ubicación donde se encuentre y obtenga la entrega a domicilio en el intervalo de tiempo que establezca. Con garantías de devolución y reintegro si no le satisface el producto. Con comodidad de pago. Con relación calidad/precio contrastada.

El propio producto debe aportar (vía realidad aumentada, código QR o similar) toda la información que pueda requerir el cliente potencial y facilitar que establezca contacto con los técnicos de preventa si fuera preciso. Se debe poder conocer a fondo todas las características y prestaciones del producto/servicio; dimensiones físicas, presencia y estética; simulación de percepciones sensoriales; normas de uso; mantenimiento; sostenibilidad; tabla comparativa de prestaciones entre productos alternativos del mercado; etc.

Una manera segura de aumentar la competitividad es ofrecer la posibilidad de personalización del diseño (customización).

Inteligencia en el servicio posventa

El producto debería gestionar de manera autónoma los mantenimientos preventivos y correctivos. Las personas deberían poder supervisar el rendimiento del producto de forma remota y realizar el mantenimiento cuando muestre lecturas problemáticas en lugar de reaccionar tarde ante la avería de un producto recién comercializado, lo que puede provocar tiempo de inactividad y el descontento de la clientela. La clave de este enfoque es reconocer las tendencias en los datos que indican un fallo inminente o la necesidad de servicio preventivo, una habilidad que el producto puede conseguir mediante el aprendizaje automático (algoritmos de *software* que buscan anomalías en los datos) o los gemelos digitales (modelos virtuales que imitan el comportamiento de los productos físicos en funcionamiento).

Si se tienen consignados los datos de contacto de nuestra clientela, puede ser de gran utilidad lanzar periódicamente una encuesta de satisfacción.

Añadir la oferta de servicios de mantenimiento y/o actualizaciones de los productos (y de consultoría en equipos complejos) es una manera de afianzar la marca e incrementar los beneficios. Ante la obsolescencia del producto, conviene informar al cliente de las posibles actualizaciones para evitar que se cambie de empresa proveedora. Ver si dichas actualizaciones se pueden realizar de manera remota porque afectan tan solo al *software* y decidir si es un servicio facturable o gratuito.

Inteligencia en la conservación medioambiental

Muchos productos pueden tener capacidad autónoma de velar por la conservación medioambiental. Por ejemplo: grifos de agua que solo se abren cuando detectan cuerpos debajo suyo; luces, calefactores y aires acondicionados que se apagan cuando no detectan presencia humana; electrodomésticos que se paran al cabo de un tiempo discrecional de uso; aparatos electrónicos que ahorran batería tan pronto como ha transcurrido un intervalo de tiempo establecido desde el último estímulo táctil; ciudades que reciclan las aguas residuales; etc.

Inteligencia en el final de vida útil del producto

En el final de vida del producto, puede informar a la persona usuaria de una posible segunda utilización o, llegado el caso, proporcionarle una guía del reciclaje posible.

En el tema de envases reciclables, cada vez serán más las empresas que recurrirán a la logística inversa y recuperarán los envases vacíos.

Requisitos del diseño de productos/servicios inteligentes

El diseño de productos o servicios inteligentes requiere:

- En primer lugar, difuminar las barreras entre quien crea (diseñadores) y quien usa (clientela), no diseñar desde la oferta sino desde la demanda; es decir, identificando las necesidades reales de los usuarios considerando a su vez los aspectos culturales y del entorno, así como las exigencias medioambientales.

- En segundo lugar, estar atento a las oportunidades surgidas gracias a las nuevas tendencias del mercado y los avances técnicos y científicos.
- En tercer lugar, atender a las normas asimétricas de los mercados globales y su sensibilidad a los cambios.
- En cuarto lugar, asumir el compromiso de reducir la huella ecológica. No deberíamos decir que un producto es inteligente si no se preocupa de la preservación del medio ambiente.
- En quinto lugar, inspeccionar si la capacidad autónoma del producto/servicio puede afectar a la seguridad e integridad física de personas y, en caso afirmativo, establecer los criterios éticos que se deberán incorporar.

Fases del diseño de productos inteligentes y sostenibles

El proceso de diseño de productos inteligentes y sostenibles (véase la figura 12.1) debe entenderse como un método de creación con bases técnicas y científicas que lo diferencian claramente de la creación artística. Consta de las ocho etapas o fases siguientes:

1. Acotar la oportunidad.
2. Diseño conceptual del producto/servicio.
3. Análisis de mercado y estado del arte.
4. Diseño físico del producto/servicio.
5. Planificación del proyecto de fabricación.
6. Construcción de los prototipos y testeo.
7. Ajuste del diseño industrial, control de calidad y validación.
8. Asegurar el ciclo de vida extendido.

Cada fase tiene finalidades específicas y puntos de control para validar el progreso hacia la siguiente fase. En cada una de ellas pueden intervenir equipos distintos que trabajan de forma complementaria para efectuar las verificaciones que permiten avanzar o replantearse la viabilidad e idoneidad del producto/servicio en diseño.

Las empresas que deseen innovar con productos/servicios inteligentes y sostenibles deben ser capaces de desterrar el modelo de diseñador enciclopedista e interiorizar la necesidad de trabajar con equipos multidisciplinarios y con metodología de creación colaborativa e innovación abierta.

Obviamente, el trabajo de calidad será el que se ajuste a todos requisitos establecidos de los plazos, costes y especificaciones a cumplir por el producto/servicio a diseñar y fabricar.

Figura 12.1. **Las fases del diseño de productos/servicios inteligentes y sostenibles.**

Fase 1. Acotar la oportunidad

La fase primera tiene por finalidad descubrir una oportunidad de ganar competitividad mejorando las prestaciones de los productos/servicios de nuestra oferta actual o creando un nuevo producto/servicio innovador. Para ello aplicaremos el método de detección de oportunidades de innovación.

Método de detección de oportunidades de innovación (MDOI)

El MDOI consiste en investigar el sector en el que opera la empresa y detectar cuáles son las tendencias que generan nuevas oportunidades –directas o indirectas– para el mercado en el que despliega sus actividades. La observación debe centrarse en las tendencias de consumo existentes, pero especialmente en los emergentes, y debe basarse en las potencialidades que proporcionan los avances técnicos y científicos que pueden incorporarse en los productos o en su proceso de fabricación.

En el caso particular de los *smart products* deberá prestarse especial atención a la evolución de la sensórica (sensores); a los sistemas integrados de interfaces (UI/UX) para facilitar las interacciones del producto/servicio con sus personas usuarias; a las nuevas funcionalidades que puedan aportar las tecnologías y los protocolos de comunicación y a las módulos básicos de ayuda a la IA como pueden ser, por ejemplo, el proceso automático de las imágenes o de la voz.

Para analizar los mercados y los últimos avances técnicos y científicos, es muy útil tener identificados agentes referenciales y centrarse en su seguimiento, sin menospreciar la posibilidad de disponer de socios tecnológicos *(partners)* con los que poder compartir información y debatir las oportunidades detectadas. Se procurará determinar, con la mayor precisión posible, el público objetivo prioritario *(target)*, los intervalos de precio de venta al público, los niveles de calidad asumible, los mercados geográficos a cubrir, una primera aproximación de los volúmenes a producir y la relación de los competidores a batir.

Una vez identificadas las tendencias del sector y las oportunidades asociadas a las mismas, se procede a establecer los requisitos técnicos, científicos y culturales que deben cumplir los nuevos productos/servicios a diseñar con el objetivo de que, al ser desarrollados y colocados en el mercado, aporten valor agregado a quien los vaya a usar y competitividad a la empresa que los fabrica y comercializa. Es lo que se llama *prediseño* del producto/servicio.

Este prediseño o *briefing* permitirá ajustar, de forma específica, factores tan importantes como son: costo de oportunidad; mercado potencial; aspectos culturales básicos y hábitos de consumo del público objetivo *(target)*; capacidades de interacción y personalización; previsión de siguientes vidas útiles que deben ser tomadas en consideración con criterios de sostenibilidad y medioambientales; reciclaje de componentes al final de la vida útil y posibilidad de establecer economía circular.

Asimismo, se destacarán los hitos a alcanzar en cuanto a innovación; se determinarán las ventanas temporales y geográficas de oportunidad y las empresas competidoras a considerar; qué productos sustitutivos existen en el mercado; cómo quedarán establecidos los derechos de la propiedad intelectual e industrial.

Los perfiles profesionales que pueden ser requeridos en esta fase están especializados en:

- Sociología.
- Ingeniería.
- Diseño de productos inteligentes *(smart)*.
- Economía.

Fase 2. Diseño conceptual del producto/servicio

Una vez acotada y delimitada la oportunidad, sobre la base de los estudios efectuados, y si es aceptada la definición previa o prediseño, se procederá al *diseño conceptual o lógico* desarrollando en detalle los cinco factores que caracterizan un producto/servicio *smart,* que son los siguientes:

Quíntupla de factores característicos del diseño de un producto/servicio inteligente y sostenible
• Funcionalidades.
• Estética.
• Ergonomía, capacidades de interacción e inteligencia autónoma.
• Valores que transmitir y criterios éticos.
• Criterios de sostenibilidad y conservación medioambiental.

Se definirán de forma concisa pero inequívoca las funcionalidades que tendrá el producto/servicio, así como las limitaciones y rangos de aplicación, considerando tanto las derivadas del objetivo del producto/servicio como las relativas a la interacción con la persona usuaria y la eventual personalización que se pudiera acometer.

Una vez definidas las funcionalidades, se procederá a diseñar su estética, teniendo en cuenta los estilismos más aceptados por el segmento de usuarios a los que nos dirigimos y procurando seducirles por la belleza de las formas y el impacto sensorial/experiencial asociado a su utilización.

Pero la estética y la belleza no pueden ir en menoscabo de la facilidad de uso y la ergonomía. Se tendrán en consideración los aspectos antropomorfológicos del público al que se dirige, extendiendo en la medida de lo posible a personas con eventuales discapacidades *(design for all).*

Una vez determinados, en primera aproximación, los componentes funcionales y estéticos que aseguran la riqueza del contenido de manera simbiótica con la seducción de la forma, se procederá al *diseño conceptual o lógico* de los elementos requeridos para dotar al producto/servicio de la capacidades de interacción e inteligencia autónoma deseada.

Los perfiles profesionales que pueden ser requeridos en esta fase son de:

- Antropología o filosofía.
- Ingeniería.
- Publicidad.
- Diseño.
- Especialista en procesos de producción y sostenibilidad.

Fase 3. Análisis de mercado y estado del arte

Con el diseño conceptual a punto, se procederá a un análisis detallado de la competencia existente en el sector y las respuestas diferenciales que aporta nuestra solución.

Se concretarán los avances técnicos y científicos que se requieren o que se desea incorporar al producto/servicio, así como posibles colaboradores externos que aporten soluciones innovadoras.

Se considerarán las posibles alternativas y alianzas para redondear el diseño lógico (con asociaciones de usuarios y *prosumers)*, la fabricación (con proveedores), la distribución (con empresas logísticas), la venta (con cadenas de comercio al por mayor), el mantenimiento (con empresas de servicios técnicos) y la reutilización al finalizar la vida útil (con organismos de reciclaje). En esta fase del proceso, emitir desafíos y consultas a la red a través de contactos preestablecidos suele ser un buen acelerador del proceso de creación innovadora de la solución.

Los perfiles profesionales que pueden ser requeridos en esta fase son de:

- Análisis de mercados.
- Diseño.

Fase 4. Diseño físico del producto/servicio

Sobre la base del análisis de mercado anterior, se procederá a la acotación definitiva del producto/servicio mediante su *diseño físico o industrial,* fijando funcionalidades a implementar; materiales a usar; rango de precios; mercados prioritarios y *targets*; fechas y estrategias de lanzamiento; alianzas estratégicas; campañas previas de generación de expectativas y presupuesto orientativo inicial.

Los perfiles profesionales que pueden ser requeridos en esta fase son:

– Diseño.
– Análisis económico.
– Publicidad y estrategias de mercados.

Fase 5. Planificación del proyecto de fabricación

Una vez determinado con precisión el producto/servicio que se va a fabricar, se procederá a la identificación de: el equipo técnico y material requerido (con colaboraciones externas si procede); el método de fabricación adecuado a las características del objetivo buscado; la planificación detallada del proyecto de fabricación con los puntos de supervisión, reporte y control que aseguren la calidad del resultado, el cumplimiento de los plazos establecidos, y que los costes del prototipado y testeo se encuentren dentro de los márgenes del presupuesto establecido en la fase 4.

Los perfiles profesionales que pueden ser requeridos en esta fase son de:

– Diseño multidisciplinario.
– Gestión del diseño y la innovación.
– Ingeniería de producción.

Fase 6. Construcción de los prototipos y testeo

La calidad del producto/servicio fabricado dependerá totalmente de la calidad de su prototipado y el testeo exhaustivo del mismo (véase la figura 12.2).

Partiendo del diseño físico que ha establecido los requerimientos en la quíntupla *funcionalidad, interactividad, usabilidad, personalización y estética*, se elabora un prototipo virtual que nos permite comprobar si se cumplen todos los requerimientos del diseño físico o industrial. En caso negativo, deberemos proceder a un ajuste.

Si el prototipo virtual funciona correctamente, nos cuestionaremos su *sostenibilidad y conservación del entorno medioambiental*. Si el resultado es negativo, hay que revisar los requerimientos iniciales y ajustarlos para incorporarlos al prototipo virtual. Si la sostenibilidad es correcta, se analiza la posibilidad de *integrar inteligencia en el producto*. ¿Tiene sentido dotar al producto de interactividad y capacidad de tomar decisiones en forma autónoma? En caso negativo, pasamos al desarrollo del prototipo físico cuya explotación nos proporcionará las *especificaciones para la producción*, la comercialización y todas las restantes etapas del ciclo de vida.

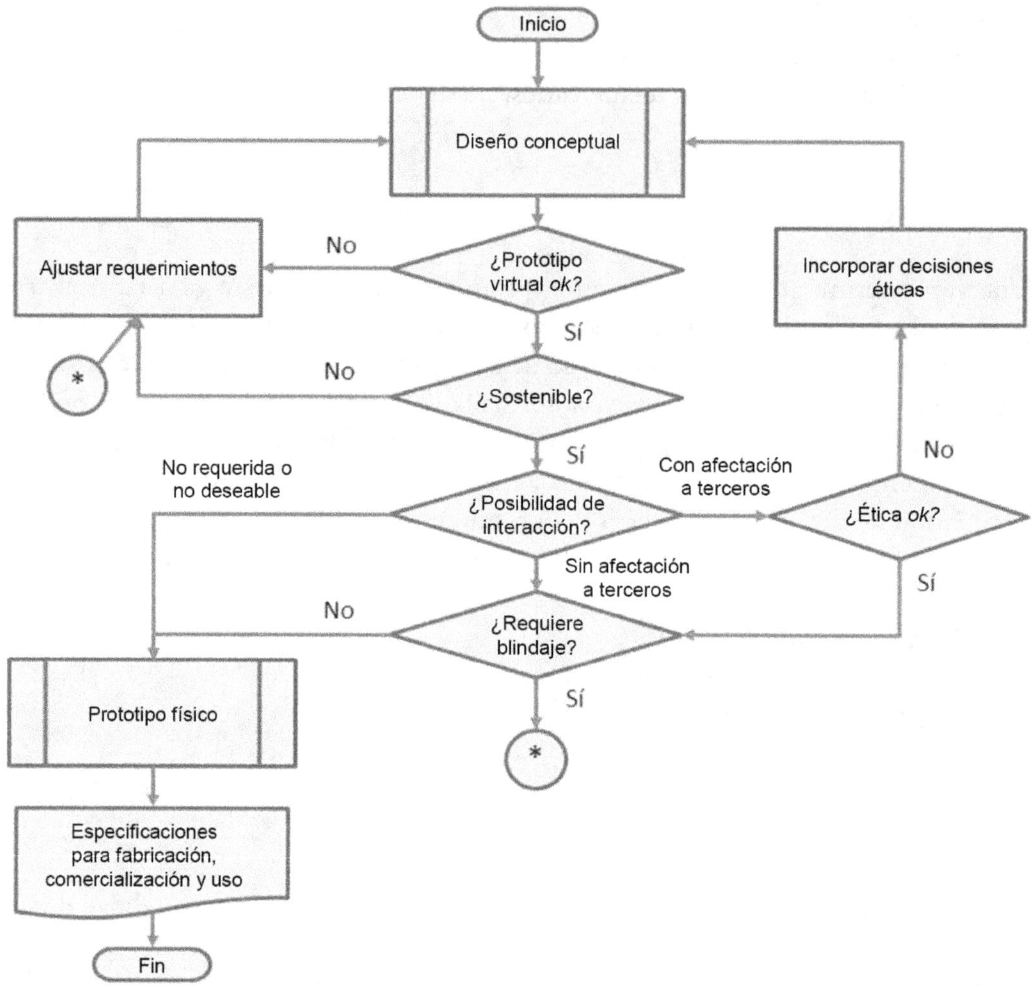

Figura 12.2. Construcción y testeo de los prototipos.

Método para definir la inteligencia necesaria del producto/servicio

Determinaremos en qué consistirá la inteligencia a implementar mediante los siguientes pasos:

1. *Analizar* cuáles son las decisiones que las personas usuarias efectúan con los productos actuales (no dotados de suficiente inteligencia) y determinar cuáles conviene integrar en el nuevo diseño físico del producto *definiendo las funciones y prestaciones básicas a cubrir.*

2. *Decidir el tipo de inteligencia* que vamos a requerir (inteligencia reactiva, adaptativa, programada o de autoaprendizaje). Es una elección que se basará en el criterio de las tres viabilidades (tecnológica, económica y de mercado).

3. *Inventariar todos los tipos de datos que intervienen* en la toma de decisiones elegida para integrarla en el producto.

4. Diseño físico de la *configuración de sensores* adecuada y de las *placas de circuitos y de* software *integrado* que permitan ejecutar las decisiones requeridas. Se diseñarán las interfaces con criterios de simplicidad, con cumplimento de los criterios de UI/UX con la finalidad de no excluir a nadie por la complejidad de la interacción *(design for all).* Se diseñarán interacciones extremadamente fáciles, autoexplicativas e intuitivas, a implementar mediante criterios de lenguajes naturales y *software* estándar de IA y comunicación a través de IoT.

5. Hacer inventario de todos los materiales y todas las tecnologías que permiten pasar del diseño físico al desarrollo de un *prototipo,* teniendo muy presente todas las opciones de conectividad disponibles y que la capacidad de interacción y de proceso que se necesita puede ubicarse en el propio producto, en un servidor local, en una aplicación de un teléfono inteligente o en la nube.

6. *Prueba de ensayo/error* de uno o más prototipos alternativos, descartando todas las combinaciones constructivas que no satisfagan los criterios de sostenibilidad y eficacia deseadas.

Establecer criterios éticos

La progresiva irrupción de la robótica y la inteligencia integrada en los productos y en los agentes virtuales de los servicios existentes en internet ha ido configurando una opinión generalizada de positividad hacia los sistemas dotados de capacidades de tomas de decisión autónoma. Esta aceptación va acompañada, sin embargo, de una preocupación no siempre verbalizada frente a los criterios morales y éticos que regirán las tomas de decisiones cuando puedan producirse perjuicios o daños a la integridad física del usuario o de terceras personas.

Los criterios de actuación autónoma de los productos/servicios basados en valores y convicciones éticas presentan grandes desafíos para superar.

Hay que distinguir entre las situaciones en que las decisiones del producto puedan afectar a terceras personas y las situaciones en que no tengan posibilidad de interferir con otras personas. Si la inteligencia del producto puede, eventualmente, colisionar con los intereses o la seguridad de otras personas, es preciso *establecer los criterios éticos* que deberán gobernar sus decisiones y ajustar el diseño para integrar dichos criterios.

Son planteamientos que ya están presentes en cantidad de sistemas autónomos actualmente en desarrollo, como es el caso de los vehículos autónomos que, ante un accidente con afectación inevitable a personas, deben decidir a quién perjudicar y a quién salvar. Ante una situación de riesgo mortal en la que solo se puede salvar a una persona de entre un bebé, un joven robusto y una persona de edad avanzada, ¿qué decisión tomará el autómata? ¿Qué decisiones tomará en situaciones en las que se deba garantizar la no discriminación y el trato equitativo?

Preguntas como estas son las que debe responder un *producto inteligente*. La tarea de creación consiste en incorporar los criterios para que las decisiones del autómata sean éticamente correctas, aunque no puedan evitar un daño en determinadas situaciones. Son criterios para la toma de decisiones que deberán estar incrustados en el ADN del producto por sus creadores y diseñadores.

Para que los productos/servicios inteligentes puedan tomar decisiones éticas sin la intervención humana[19] es imprescindible que quien crea el algoritmo que otorga capacidad de interacción y toma de decisiones, se fundamente en criterios éticos y morales aceptados por la sociedad en la que se comercializa; aunque una misma situación puede tener interpretaciones diversas en función de los entornos culturales o del contexto en el que se toma la decisión.

Condicionamiento de la conducta de las personas usuarias

Hay que preguntarse si es ético que la IA pueda condicionar la toma de decisiones de las personas (de hecho, las buscadores de internet lo están haciendo de una manera evidente cuando nos ofrecen un orden *personalizado* de presentación de las respuestas). ¿Hasta qué punto es ético usar los datos que la persona ha ido entrando en su utilización de internet para condicionar sus preferencias a la hora de comprar cualquier producto o servicio? Las actuales leyes de protección oficial de datos prohíben divulgar a terceros los datos sensibles de los usuarios, pero no prohíben que se utilicen para condicionar (¿manipular?) las decisiones de compra de la propia persona usuaria.

---

[19] Véase Wallach y Allen (2009).

No podemos olvidar que, a menudo, los humanos tomamos decisiones con criterios de economía de esfuerzos y minimización de riesgos, especialmente en situaciones que exigen tomas de decisiones rápidas.

En consecuencia, el diseño afronta, en el marco de los *smart products*, la necesidad de incorporar principios y valores éticos en las interacciones producto-producto o producto-humano y, en especial, en situaciones inesperadas con exigencia de actuación inmediata.

Velar por la sostenibilidad y conservación medioambiental

El diseño final del producto/servicio deberá ser coherente con el conjunto de requisitos medioambientales y de sostenibilidad especificados en los ODS de la ONU.

Podemos dotar a los productos/servicios de capacidad para que ayuden a sus usuarios a tomar conciencia de lo que representa el uso o consumo de opciones no sostenibles. Basta con añadir al diseño ciertos grados de interactividad con las personas usuarias.

Se ha comprobado, sin embargo, que una información unidireccional, sin ninguna interactividad, tiene escasa capacidad de concienciación, tal como se evidencia con el uso de las imágenes dramáticas que, por ley, inundan las cajetillas de tabaco. Siendo imágenes y frases debidamente estudiadas para provocar un fuerte impacto cognitivo, lo cierto es que un porcentaje muy importante de la población sigue fumando a pesar de los avisos de terribles efectos del tabaco contra la salud.

Cualquier diseño que tenga por objetivo que un producto conciencie al consumidor/a de los daños o perjuicios que comporta su uso indebido, debe tener una interactividad directa con quien lo consuma.

Lo ideal es que productos cuyo uso pueda tener repercusión sobre el ecosistema planetario tengan capacidad autónoma de corregir o complementar las actuaciones humanas asociadas a su uso. Es decir, que los productos tengan capacidad de subsanar o minimizar la sobreexplotación del planeta que la generación de necesidades artificiales o excesivamente consumistas pueda estar comportando.

Diseñar productos que interactúen con las personas y con el medio ambiente para protegerlo, exige dotarlos de capacidades que pueden ser muy elementales –como simple acción/reacción– o más complejas, destinadas a la toma de decisión sobre la base de parámetros múltiples y visión anticipativa/predictiva implementada con algoritmos complejos o técnicas de IA. El objetivo no es otro que diseñar productos con los grados de inteligencia adecuados para complementar las actuaciones humanas con el fin de proteger el medio ambiente, reducir los consumos energéticos y adaptarse a las necesidades y circunstancias de cada persona.

Fase 7. Ajuste del diseño industrial, control de calidad y validación

A partir de los resultados de los prototipos dispondremos de los ajustes del diseño industrial para la solución definitiva y se podrá efectuar el control de calidad de la cadena productiva y la validación técnica en los aspectos de durabilidad, seguridad, usabilidad, aceptación por parte del mercado, calidad de la distribución y logística, eficacia del *marketing*, sostenibilidad, fiabilidad de la inteligencia autónoma, aceptación de las segundas vidas, etc.

La versión de lanzamiento se denomina «versión beta» porque ha pasado un *beta testing* o un test de usabilidad, que sirve para ajustar todas las insuficiencias o propuestas de mejora que se detecten en las primeras series comercializadas.

Seguridad de los productos/servicios inteligentes

Es muy frecuente que los productos/servicios inteligentes utilicen componentes electrónicos, tomen decisiones mediante procesos de información realizados por *software* ubicado en local o en la nube y requieran comunicaciones inalámbricas en el entorno de la IoT.

A causa de ello, la toma de decisiones autónomas corre el riesgo de ser impedida o alterada por múltiples causas que debemos conocer y aprender a evitar.

En primer lugar, debemos considerar las interferencias electromagnéticas. Las instalaciones de transmisión y distribución de electricidad, el cableado y los aparatos eléctricos del entorno laboral o doméstico generan campos eléctricos y magnéticos de frecuencia de red que pueden perturbar los datos y el correcto funcionamiento de los aparatos.

En segundo lugar, el entorno de internet está sometido a fuerte presión de ciberataques que hay que proteger con la adecuada ciberseguridad. Hay que evitar la intrusión malintencionada que puede producirse en cualquier momento y desde cualquier parte del mundo.

Pero hay otros riesgos previos del diseño y la fabricación que también vale la pena no olvidar. A continuación, se enumeran los diferentes riesgos y la manera adecuada de evitarlos.

- **Fallos del diseño**

  El *smart product* no hace correctamente alguna de las funciones planificadas. Antes de entrar en producción debe validarse adecuadamente el prototipo.

- **Fallos constructivos**

  Falta de calidad de alguno de los componentes o errores en el montaje. Deben usarse componentes de la máxima calidad posible dentro del coste previsto. Debe conducirse el montaje por personas expertas.

- **Falta de estabilidad en el funcionamiento**

  El funcionamiento debe ser estable y disponer del autocontrol de las averías. Ante un problema en el funcionamiento, el sistema debe detenerse preventivamente y avisar al usuario antes de cometer un error irreparable.

- **Seguridad del *software***

  El *software* debe estar bien depurado y libre de errores ocultos y de vulnerabilidades a los ciberataques.

- **Fallos en la alimentación de energía**

  La alimentación de energía debe ser confiable. Que se detenga con aviso al usuario si el nivel de la energía no es el adecuado (por sobrecarga o por defecto). Si son baterías, que indique el nivel de carga disponible.

- **Interferencias electromagnéticas**

  El incremento de la utilización de las tecnologías inalámbricas y el desarrollo exponencial de la IoT provoca un aumento de las emisiones electromagnéticas. Por este motivo, es creciente la necesidad de disminuir los riesgos de las interacciones adversas, así como su identificación y minimización de estas interacciones. Debemos garantizar la compatibilidad electromagnética (se indica con las siglas CEM o EMC). El sistema debe estar protegido frente a interferencias electromagnéticas provocadas por el entorno y no provocar perturbaciones en los sistemas circundantes.

- **Intrusiones de personas usuarias no autorizadas**

  Es conveniente recurrir a la autenticación encriptada de los accesos. Que solo puedan acceder las personas autorizadas.

- **Privacidad de la información**

  Las plataformas de IoT albergan datos fundamentales como pueden ser especificaciones de ubicaciones y clientes. Ante la obligación de preservar la privacidad de los datos más sensibles, las organizaciones deberán tener especial cuidado en la gestión y protección de estos. El desarrollo y la gestión de la plataforma de IoT se pueden externalizar, pero se deben analizar detenidamente las consecuencias de confiar a un tercero la gestión de este sistema tan esencial para la empresa.

Hay que tener muy presente que los datos que recopilen los productos/servicios se convertirán en uno de los activos más importantes, si no el que más, de la empresa. Debería, por tanto, tener control absoluto sobre dichos datos. Ni los procesos ni el intercambio de información han de ser visualizados por ningún intruso (ocasional o malintencionado) en el sistema. Todas las comunicaciones deberán ser cifradas y protegidas.

- **Pérdida de la trazabilidad**
  En cualquier momento ha de ser posible recuperar la trazabilidad de las últimas transacciones de información efectuadas por la persona usuaria.

- **Falta de integridad de los datos**
  Ni los datos almacenados ni los generados deben perderse o ser alterados por intrusiones o por interferencias electromagnéticas.

- **Pérdida de los datos almacenados**
  Es imprescindible disponer de copia de seguridad *(back-up).* Tanto los datos almacenados como el *software* deben disponer de copia de seguridad periódica y automática (con independencia de estén ubicados en local o en la nube) que garanticen una recuperación desde un punto razonable de las transacciones realizadas en caso de rotura del sistema.

- **Ciberataques**
  En todos los casos en que haya interacción en internet, hay que atender al necesario blindaje frente a intrusiones de *hackers* y la ciberseguridad del sistema. Se incorpora este blindaje y esta ciberseguridad en el prototipado físico y se obtienen las especificaciones para la fabricación industrial. El sistema tiene que estar protegido frente a la gran y creciente variedad de virus, gusanos, troyanos, piratas informáticos, etc.

- **Problemas en la seguridad fisiológica de las personas**
  Ningún *smart product* que pueda afectar la integridad física o la salud de quien lo usa puede estar desprotegido frente a interferencias electromagnéticas o ciberataques. Los marcapasos o los vehículos autónomos son ejemplos paradigmáticos de esta necesidad.

Fase 8. Asegurar el ciclo de vida extendido

Con el producto/servicio en plena producción, la empresa se centrará en asegurar la viabilidad de todas las etapas del ciclo de vida útil, a través de un servicio posventa, con mantenimientos preventivos y correctivos, con reparaciones y actualizaciones sucesivas de mejoras de nuevas versiones, así como con el impulso de segundas vidas útiles del producto obsoleto en el mismo mercado o en mercados alternativos; la garantía de reciclaje de los componentes al final de la vida útil, y el impulso y la gestión de la economía circular con los componentes reutilizables como materia prima de nuevos productos.

Las lecciones de la covid-19 sobre el diseño de productos inteligentes y sostenibles

La pandemia mundial causada por la covid-19 y sus sucesivas olas ha puesto a la humanidad frente a una situación de debilidad enorme y ha generado una crisis disruptiva de alcance universal que ha sobrepasado la vertiente sanitaria y económica y ha llegado al tuétano de las actividades humanas. Ha afectado al método de trabajo, a las relaciones interpersonales y a los usos de los dispositivos que facilitan la interacción de los humanos con el ecosistema.

Ha sido una crisis de dimensiones desconocidas hasta hoy y de estragos gigantescos superiores a todos lo que las últimas generaciones habían conocido. Las decisiones que en todos los niveles se han tomado y la que se tomen a partir de ahora configurarán el mundo de las próximas décadas.

La covid-19 ha motivado a la sociedad a recurrir a los avances espectaculares que han experimentado la tecnología y la ciencia a lo largo de los últimos 50 años y la manera como han transformado la vida cotidiana, la práctica científica, el concepto de interdisciplinariedad, los procesos industriales, la prestación de los servicios y las interrelaciones personales. Con el objetivo de controlar la pandemia, muchas empresas y entidades han dotado a sus productos de capacidad de decisiones autónomas con inteligencia artificial *(smart products* o productos inteligentes).

Se ha evidenciado que la ciencia y la tecnología incrementarán cada vez más su importancia y que incluir sus avances y potencialidades en los productos y servicios se está convirtiendo en una obligación insoslayable. La pandemia ha puesto de manifiesto que aquellos países que han logrado reducir de manera espectacular las tasas de contagios y los estragos del virus sobre la población y la economía son los que han recurrido con mayor eficacia a los *smart products.*

Algunos países asiáticos han sido pioneros en incorporar la inteligencia artificial para controlar la expansión de los contagios. Sirva como ejemplo el perro robot Spot que fue destinado a patrullar por los parques de Singapur con el fin de garantizar que las personas mantuvieran la distancia de seguridad. O los complementos a los sistemas de control de accesos instalados en varios edificios de oficinas que permiten detectar portadores potenciales del virus para reducir los contagios. A las capacidades habituales, añaden el reconocimiento facial y termográfico para el control de la temperatura corporal y verificar de forma rápida y precisa el uso correcto de la mascarilla. El rastreo de contactos por una app de los teléfonos móviles fue utilizado desde el primer momento en Singapur, Corea del Sur y Australia con un sistema llamado *Trace Together* basado en *bluetooth*. La versión occidental ha sido elaborada conjuntamente por Apple y Google y –con distintas variantes– adoptada por más de un gobierno europeo.

La pandemia ha evidenciado que la tecnología, más allá de dotar de inteligencia artificial a las fábricas y los productos, así como a las instalaciones y espacios públicos, llegará a la cotidianidad y, bien pronto, todos los productos del mercado tendrán su versión *smart*.

Uno de los retos de todo diseñador es asegurar la esencia humana de los productos/servicios inteligentes que crea. Este objetivo implica:

- Contribuir a la sostenibilidad del planeta garantizando que los productos sean sostenibles.
- Respetar las limitaciones de disponibilidad de materiales y fuentes energéticas del planeta.
- Mantener el máximo nivel de cohesión social, erradicando la marginación de grupos de población o etnias, y conseguir la satisfacción de las necesidades básicas del global de la humanidad, no solo de unos pocos.
- Atender a toda la diversidad de personas usuarias, a sus diferentes culturas y posibles discapacidades físicas *(design for all)*.
- Garantizar la privacidad de cada persona.
- Evitar los riesgos de convertir a las personas en cíborgs telecontrolados y sin libertad.
- Evitar que los ataques cibernéticos se conviertan en omnipresentes y de magnitud creciente.
- Asegurar la máxima fiabilidad de los productos y servicios.
- Garantizar la ética de las decisiones tomadas por los *smart products*.

La covid-19 nos ha enseñado a asumir la potencialidad de los cambios tecnológicos y ponerlos al servicio de los ciudadanos mediante procesos de diseño inteligentes y sostenibles. Consecuentemente, de forma adicional a lo que es usual en todo proceso de diseño en general y *smart* en particular, la pandemia de la covid-19 nos ha enseñado también que en el proceso de diseño habrá que considerar los siguientes diez aspectos:

1. Los productos/servicios de la vida cotidiana deben disponer de capacidad autónoma y ahorrarle a la persona usuaria tener que tomar decisiones rutinarias o peligrosas. Está creciendo de manera acelerada la demanda de *smart products*.

2. La **telepresencia** proporcionada por la videoconferencia y la rápida transmisión de información multimedia por internet ha **potenciado el teletrabajo** (tanto para empleados como para colaboradores autónomos) y ha **facilitado la asistencia telemática a la educación,** a las conferencias, a los mítines políticos y reuniones de todo tipo. Es importante que los diseñadores tengan en cuenta que la conectividad no es igual en las diversas áreas geográficas porque no está reconocido el derecho universal a la conectividad. En consecuencia, en aquellas interrelaciones entre usuario y el mundo, o del usuario con el producto/servicio, que requieran acceso a internet deberá **evaluarse la capacidad real de conectividad y ajustarse a ella** para evitar que el producto o servicio colapsen.

3. El crecimiento del teletrabajo con dispositivos del ámbito doméstico ha comportado la transmisión de informaciones esenciales de las empresas y entidades hacia entornos no seguros, potenciando los riesgos asociados a los ciberataques. Los diseños de productos/servicios tendrán que considerar los aspectos **de protección electromagnética, de protección de la privacidad, de salvaguarda de las informaciones y de las funciones asociadas.** Se debe asegurar el anonimato de los datos con el uso de nuevas tecnologías como las cadenas de bloques *(blockchain).*

4. El aumento espectacular de las compras por internet (comercio electrónico o *e-commerce*) generado por los confinamientos ha obligado a todos los diseñadores y expertos en *marketing* a mejorar al máximo posible la **utilización de la realidad mixta en la atención de las ventas.**

5. El gran incremento de las entregas a domicilio de todo tipo de productos (logística de la última milla) ha puesto en evidencia la urgente necesidad de

eliminar el empaquetado o *packaging* basado en plásticos contaminantes y **potenciar las soluciones de *packaging* sostenible.**

6. La covid-19 ha demostrado hasta qué punto la reducción de la movilidad permite mejorar la calidad del aire y del ecosistema en general. Consecuentemente, a los aspectos de diseño asociados a las ODS –de asegurar que los productos sean ecológicamente eficientes, reutilizables y tiendan al cero residuos y la menor huella de carbono– hay que añadir el criterio **de priorizar los bienes y productos de proximidad** y lograr que la atención posventa se realice por **teleasistencia de manera sistemática** para reducir al máximo la movilidad innecesaria.

7. El aislamiento social asociado a confinamientos y prevención de contagios ha dejado aisladas a millones de personas sin experiencia en el funcionamiento de equipamientos tecnológicos por ser muy mayores o por carecer de la formación necesaria. Este hecho nos recuerda que los productos/servicios deben ser diseñados con capacidad de funcionamiento autónomo y aislado de aquellas funcionalidades y finalidades críticas para la persona usuaria. Los productos inteligentes deben **integrar con plenitud los aspectos propios de la utilización intuitiva y la facilidad de uso** (UI/UX). Las interfaces humanos-máquinas cada vez son más naturales y lentamente se vislumbra que esta interacción podrá efectuarse directamente desde la parte cognitiva, sin intervención de los sentidos. En esta línea se encuadra el proyecto de investigación, anunciado en 2020 por la empresa Neuralink, que tiene la misión de desarrollar interfaces que permitan usar el móvil, los ordenadores y otros utensilios directamente con la mente. Sistemas basados en un implante cerebral que ya ha sido analizado en animales y que se empiezan a probar en personas en el segundo semestre de 2020. Como es lógico, el objetivo de la primera fase es aplicarlo a personas que han perdido el habla o el oído, pero el objetivo último permitirá al público general reducir el contacto físico con objetos, lo que mejorará la comodidad de uso de los dispositivos tecnológicos y, de pasada, minimizará la posibilidad de contagios por el contacto con objetos con carga vírica.

8. El diseño deberá considerar, obviamente, el aseguramiento del funcionamiento de los productos/servicios, pero también de su mantenimiento posterior, **huyendo de la dependencia exclusiva de proveedores concretos** y buscando, en la medida de lo posible, la independencia o autonomía tecnológica en la proximidad territorial.

9. La llegada de los fríos del invierno ha entrado en contradicción con la necesidad de tener bien ventilados los espacios cerrados de colegios, centros de trabajo, restaurantes y similares. La mayoría de los aires acondicionados no están diseñados para limpiar a fondo los recintos de aerosoles contaminados de virus y son muchas las personas que renuncian a usarlos y mantienen la ventilación natural. La diferencia de temperaturas entre el exterior y los interiores de los edificios se ha minimizado o incluso anulado. Para evitar los consecuentes catarros y resfriados, recurren a protegerse con camisetas térmicas normales (con problemas de transpiración) o camisetas térmicas deportivas (sin problemas de transpiración). Es **una oportunidad para los diseñadores de *wearables*** que, mediante mallas calefactoras en las prendas de vestir y sensores de la temperatura externa, protejan de manera inteligente contra el frío del ambiente.

10. La emergencia mundial de la pandemia y la necesidad de disponer con el mínimo tiempo posible de una vacuna y de instrumentación e instalaciones sanitarias suficientes, han puesto en evidencia que en la sociedad actual **las prisas son un factor inherente a la forma de vida que nos exige el actual mundo globalizado e interconectado.** Los tiempos de respuesta requeridos para cualquier proyecto industrial, cultural, sanitario o de cualquier tipo que sea están obligados a reducirse al máximo posible. Hay que compaginar la calidad con la velocidad de lanzamiento de las novedades. Ahora, más que nunca, es importante ser el primero en llegar.

Integración de sistemas

El impacto de la sociedad digital sobre muchos aspectos de la vida cotidiana –como pueden ser la movilidad, la sostenibilidad, el entretenimiento, la higiene, etc.– han obligado a diseñar productos inteligentes con nuevas y complejas combinaciones de sensores, circuitos electrónicos, *software,* conectividad y mecánica tradicional.

Mientras que, en la década de 1990, cambiar un requisito de un producto afectaba solo a este, hoy puede afectar a cinco o más productos interrelacionados, puesto que se han creado hilos de conectividad entre sistemas, requisitos, funciones y procedimientos de prueba. Controlar esta complejidad requiere una disciplina de diseño e ingeniería de *integración de sistemas* que puede obligarnos a emplear una metodología empresarial colaborativa que gestione todos los dominios multidisciplinarios del diseño, la ingeniería y el desarrollo de productos desde un punto de vista holístico.

La integración de sistemas, en su enfoque actual, ha experimentado un proceso de cambio reactivo para solucionar una trazabilidad a menudo ineficaz debido a los requisitos exigidos a las múltiples herramientas de *software* existentes, así como la poca o ninguna validación de los subsistemas que deben conectarse entre sí. Se ha hecho imprescindible disponer de una capacidad eficaz para visionar qué le sucede al conjunto cuando una sola parte funciona mal y poder hacer ajustes dentro del contexto de todos los sistemas involucrados.

Desarrollar e integrar *software,* sistemas eléctricos y electrónicos con productos mecánicos tradicionales no es tarea fácil. Los equipos de ingeniería y diseño de la empresa deben encontrar la manera de desarrollar nuevas competencias de diseño o buscar proveedores en los que puedan confiar como socios de desarrollo. Esto exige funciones, procesos y herramientas nuevos. Técnicamente, las empresas pueden subcontratar la integración de sistemas a terceros. De hecho, algunas empresas proveedoras tienen una amplia experiencia en este campo. No obstante, no es aconsejable. La ingeniería de sistemas es crucial para garantizar que los distintos elementos se han diseñado correctamente y se integran perfectamente antes de fabricar los prototipos y realizar las pruebas. Es una competencia básica del desarrollo de productos inteligentes y conectados que las organizaciones deberían procurar no ceder a terceros.

Metodología RFLP

Para lograrlo, se ha desarrollado una metodología llamado RFLP (iniciales de requisitos, funcional, lógico y físico) para ayudar a contrarrestar esta fragmentación y guiar a los diseñadores e ingenieros con el diseño general del producto. La metodología RFLP es un diseño e ingeniería colaborativos que pueden capturar, administrar y rastrear los requisitos del producto con total trazabilidad, gestionando todo el proceso desde una pantalla única de gestión holística.

Las plataformas RFLP proporcionan una infraestructura unificada, abierta y escalable para compartir datos completos en cada disciplina específica. Con este enfoque, cambiar el producto y/o sus requisitos es completamente rastreable y permite controlar cómo afecta a todos los sistemas o subsistemas vinculados (véase la figura 12.3).

Requerimientos del producto (R)

En la primera etapa se definen las *especificaciones* del producto a obtener mediante los requerimientos del producto (R). Deben inventariarse todos los requerimien-

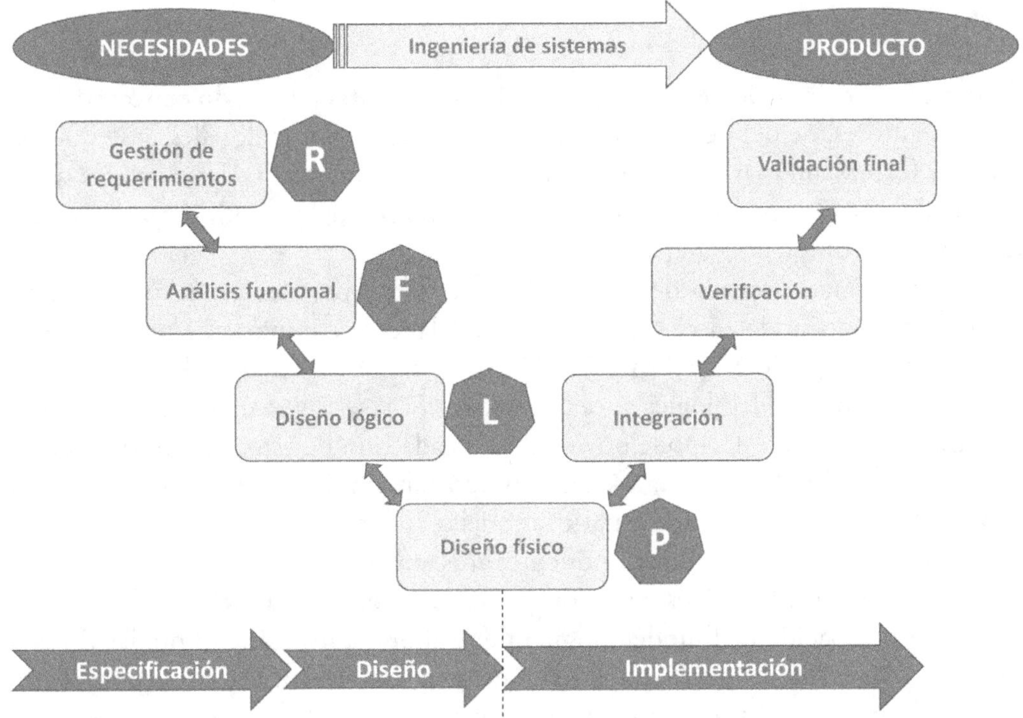

Figura 12.3. **Diagrama de la metodología RFLP.**

tos de cualquier tipo, de usuario, financieros, de mercado, de sostenibilidad, de imagen corporativa, éticos, etc. Estos requisitos serán la base para definir el diseño funcional y el diseño lógico y vincularlos a su definición física, asegurando la trazabilidad completa de las especificaciones del producto mediante una representación 3D real.

Diseño funcional (F)

En la segunda etapa, el equipo de diseño aplica los resultados del proceso creativo que nos ha generado la idea de fabricar un nuevo producto inteligente y realiza la descomposición funcional (F) del mismo mediante editores dedicados. Se describen las funciones de *qué* se debe realizar para satisfacer los requisitos mediante una plantilla reutilizable contra la cual se vinculan los requisitos especificados (R). Esto permite ver el impacto de cualquier cambio y constituye una gran ayuda en el proceso de toma de decisiones.

Diseño lógico (L)

En la tercera etapa se procede al diseño lógico (L), también llamado conceptual por muchos autores. Se define *cómo* se lograrán los requisitos funcionales, y se pueden plantear formas alternativas de cumplir con ellos. En esta etapa, las personas usuarias pueden usar un primer nivel de representación 3D del prototipo/maqueta para verificar si se cumplen los requisitos especificados.

La tecnología integrada de las plataformas RFLP proporcionan herramientas especializadas de modelado y simulación (modelado de comportamiento dinámico basado en el lenguaje Modelica y PLC[20] para sistemas reactivos). Por lo tanto, a medida que cada entidad lógica se define e identifica, se asigna un comportamiento dinámico adjuntando un modelo Modelica a cada uno de estos comportamientos permitiendo la simulación dinámica del comportamiento asociado con una entidad lógica. Modelica permite a los usuarios modelar convenientemente sistemas físicos complejos que contienen subcomponentes mecánicos, eléctricos, electrónicos, hidráulicos, térmicos, eléctricos o subcomponentes orientados a procesos.

Con esta capacidad, el modelo lógico tiene ahora la física incorporada. En esta coyuntura, los usuarios pueden definir su estrategia de control. Está disponible un modelo digital formal adecuado para administrar sistemas paralelos a través de un conjunto completo de editores. Tanto los comportamientos dinámicos como el PLC se pueden simular conjuntamente en una plataforma de ejecución virtual.

Diseño físico (P)

Una vez validado el diseño lógico, se pasa al diseño físico (P de *physical*). La mayoría de las funciones diseñadas en (F) deberán implementarse mediante la combinación de electrónica y cableado eléctrico. Es posible que se necesiten sensores, antenas, procesadores, placas de circuitos integrados y cableado. Se especifican los diferentes componentes físicos que ejecutarán el modelo lógico. En este punto, todos los dominios y soluciones de ingeniería están vinculados entre sí en una plantilla de ingeniería común y dinámica, que permite la simulación virtual y la validación en cualquier nivel del sistema. Es un trabajo colaborativo y multidisciplinario. Los componentes de múltiples disciplinas, que pueden incluir su representación en 3D, así como las numerosas interacciones entre ellos, se modelan en el entorno de crea-

---

[20] PLC significa «controlador lógico programable» por sus siglas en inglés.

ción para permitir la simulación dinámica del sistema completo a través de un *prototipo virtual.* Por lo tanto, aunque las funciones que se producen pueden llevarse a cabo a través de diferentes fuentes, todo se muestra en un solo modelo desde el que todos pueden teletrabajar colaborativamente.

Una alternativa para no tener que desarrollar el diseño físico internamente en la empresa (opción conveniente en especial para pymes) es tratarlo como un caja negra y subcontratarlo a una ingeniería. Pero esta opción solo puede funcionar si la empresa es capaz de definir y gestionar perfectamente los requisitos en cuanto a potencia, control, integridad de la señal y otras características propias de estos sistemas.

Con este enfoque, cambiar el producto y sus requisitos es completamente rastreable al poder seguir en cuánto y cómo afecta a los otros sistemas vinculados. Los requisitos están directamente relacionados con decisiones importantes del diseño: por ejemplo, el rendimiento, el ahorro de energía, la sostenibilidad o el costo influirán directamente en la elección del diseño.

Implementación de la producción

Una vez definido el diseño físico, se procede a la implementación de la producción.

El mayor reto del desarrollo de sistemas de productos inteligentes y conectados radica en *verificar* que el *software* integrado se ejecuta en el *hardware* electrónico que se ha dispuesto. Se debe gestionar este riesgo con mucho rigor, especialmente cuando se subcontrata a una empresa externa el desarrollo de los sistemas electrónicos y eléctricos. La organización que se decide por esta opción debe tener los conocimientos para integrar los componentes electrónicos en el sistema, no solo con *software* integrado.

Y el último paso de la implementación es la *validación del prototipo.* Se trata de fabricar prototipos de los sistemas y probarlos exhaustivamente en busca de puntos débiles. Es una etapa primordial para asegurar la calidad del producto final y conseguir el éxito en el mercado de la innovación diseñada.

Desarrollo de la conectividad de los productos

Los productos conectados deberán transmitir datos a una plataforma de IoT, independientemente de si esta reside en la nube o en un centro de datos de la organización o empresa. Por lo tanto, es necesario que dentro de las mismas se desarrollen habilidades de gestión de este tipo de plataformas.

El desarrollo y la gestión de plataformas de IoT presentan un reto interesante en términos de confluencia de la informática y la ingeniería. Estamos frente a un sistema de la empresa que albergará datos esenciales y que, por lo tanto, requiere un técnico/a con conocimientos especializados que garantice que un creciente número de productos inteligentes y conectados puedan conectarse a la plataforma. Ha surgido un nuevo puesto de trabajo, a caballo entre la informática y la ingeniería. Las empresas necesitan a alguien que evolucione hacia estas competencias, aunque hasta ahora esta definición de puesto de trabajo no existía de forma generalizada en el mercado.

Prototipo digital de la plataforma de IoT

Las empresas pueden fabricar productos con sensores y enviar datos a una plataforma de IoT. Pero ¿están transmitiendo la información adecuada? ¿Pueden sacar conclusiones acertadas de esos datos?

Responder a estas preguntas durante la fabricación de los prototipos, o peor aún, después de comercializar el producto, puede dar lugar a fracasos parciales o totales. En su lugar, las empresas pueden transmitir los datos de simulaciones digitales a la plataforma de IoT para probar los productos virtualmente con antelación, en vez de hacerlo más tarde con los prototipos físicos.

Flexibilidad y agilidad en las plataformas de IoT

En la actualidad, muchas empresas necesitan experimentar con productos inteligentes y conectarlos con antelación para perfeccionar sus esfuerzos y conseguir los resultados deseados. Esta necesidad de realizar modificaciones requiere una plataforma de IoT que permita aplicar cambios de forma rápida y sencilla. La flexibilidad y la agilidad son sin duda requisitos indispensables para esta componente del producto.

Capítulo 13
Superación de bloqueos mentales

Crear es casi siempre una carrera de obstáculos: contra el tiempo (hay que cumplir con plazos a veces draconianos); contra los recursos (casi siempre insuficientes); con imprevistos (nunca faltan), etc. Pero los obstáculos más difíciles de combatir pueden provenir de la propia mente de la persona creadora: los *bloqueos mentales*.

A veces tenemos los conocimientos necesarios para hallar la resolución del problema, pero estamos atascados debido a ciertos hábitos mentales adquiridos que nos impiden momentáneamente acceder al *concepto clave* de la resolución.

Únicamente podremos superar los bloqueos mentales si sabemos que existen y comprendemos cómo nos afectan. Conocer los eventuales impedimentos que pueden bloquear nuestro proceso creativo nos permite disponer de una política preventiva para evitarlos.

Es muy conveniente conocer todo lo que los psicólogos y los propios creadores han inventado para minimizar los efectos de estas barreras nefastas. Disponemos de estrategias básicas para estimular el ambiente creativo propicio, de técnicas diversas para estimular la generación de ideas y de métodos contrastados para ayudar a la sistematización, organización y eficacia de todo el proceso creativo. Nos falta evitar que nuestras mentes se bloqueen en mitad del esfuerzo.

Clasificación de los bloqueos mentales

En la tabla 13.1 se resumen los tipos de bloqueos mentales que debería identificar y poder superar una persona creadora.

Bloqueos geométricos	Son una serie de bloqueos estadísticamente muy comunes que dificultan el acceso al concepto clave, atribuibles en su mayoría al entorno arquitectónico e industrial que nos rodea
Bloqueos perceptivos	Son debidos a errores, desviaciones o limitaciones en la percepción de la situación o problema. Si no percibimos todos los atributos y propiedades de los elementos que intervienen en el problema o lo hacemos de manera incorrecta, difícilmente vamos a solucionarlo de manera útil e innovadora
Prejuicios socioculturales	Son resultado de prejuicios y estereotipos del entorno social y cultural que la persona creativa ha interiorizado y asumido como propios
Falta de visualización apropiada	Son dificultades para hallar las herramientas de representación adecuadas para visualizar el problema y poder conceptualizar las posibles soluciones
Bloqueos emocionales	Nos impiden ver el concepto clave de la solución (de manera normalmente inconsciente) por rechazo a experimentar emociones que consideramos desagradables

Tabla 13.1. Distintos tipos de bloqueos mentales.

Superar los bloqueos geométricos

En la cultura occidental tenemos tendencia a bloquear nuestra creatividad geométrica por encasillarnos en la geometría ortogonal y plana.

Ejemplo 1: El problema de los nueve puntos

El problema de los nueve puntos es un clásico que inventó John Adair en 1969 y que popularizó M. Scheerer (1972) en un artículo publicado en la revista *Scientific American*. Plantea el reto de conectar los nueve puntos que forman la matriz cuadrada de la figura 13.1 únicamente con cuatro segmentos rectos sin levantar el lápiz del papel (o el dedo de la pantalla, si es el caso).

La gran mayoría de personas intentan cumplir con el reto ciñéndose a seguir el cuadrado de la matriz y observando que necesitan cinco segmentos para poder cubrir todos los puntos.

Solo a base de superar la obsesión de quedarse encajonado dentro del cuadrado *(out of the box)* se puede conseguir la demanda. En la figura 13.2 se observa una de las posibles soluciones.

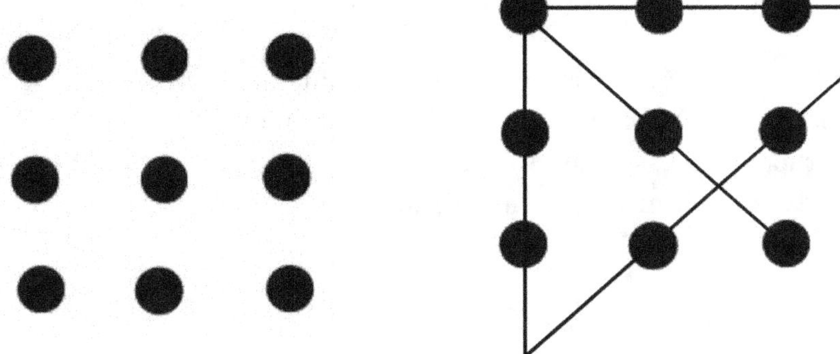

Figura 13.1. El problema de los nueve puntos.

Figura 13.2. Solución al problema de los nueve puntos.

¿Por qué la mayoría de las personas se encierran en el cuadrado? Por un lado, porque estamos inmersos en un mundo de arquitectura, mobiliario y electrodomésticos construido casi exclusivamente con ángulos rectos. Por otro, porque nuestra percepción tiende a cerrar figuras subjetivas familiares. Vemos un cuadrado subjetivo por la misma causa que vemos dos triángulos contrapuestos en la figura 13.3 ideada por Kanizsa a pesar de que no hay ni uno solo dibujado.

Ni los nueve puntos del problema de Scheerer forman realmente un cuadrado, ni los tres círculos de Kanizsa forman un triángulo. No lo forman en la realidad

Figura 13.3. Los falsos triángulos de Kanizsa.

objetiva independiente de nuestra conciencia; en ambos casos se trata de ilusiones perceptivas.

La Gestalt estableció en sus teorías una regla que llamó *ley de la pregnancia*, según la cual las personas tenemos tendencia a completar con la mente en las figuras complejas formas simples: cuadrados, círculos o triángulos. Una teoría que decenios más tarde ha sido confirmada por investigaciones de las neurociencias.

Ejemplo 2: La piscina entre árboles

Una familia tiene en su jardín una piscina cuadrada con un árbol plantado en cada vértice (véase la figura 13.4). Debido a un incremento de los miembros de la unidad familiar, quieren duplicar la superficie de la piscina, pero manteniendo su forma de cuadrado perfecto. Como aman a sus árboles, no quieren perjudicarlos en lo más mínimo. No se plantean trasplantarlos ni, mucho menos, cortarlos. ¿Cuál será la solución que cumpla con esos deseos?

Es bastante frecuente que el alumnado dé la respuesta de duplicar la profundidad de la piscina. Evidentemente es un fallo de atención o de comprensión del enunciado (véase apartado de errores perceptivos) porque nos han pedido el doble de superficie, no de volumen de agua.

También es bastante frecuente la respuesta de duplicar el área dejando los cuatro árboles dentro de la piscina (véase la figura 13.5). Una solución inadmisible porque se pudrirían las raíces de los árboles y, además, ocasionaría problemas de seguridad física a los nadadores.

Figura 13.4. **La piscina entre árboles.**

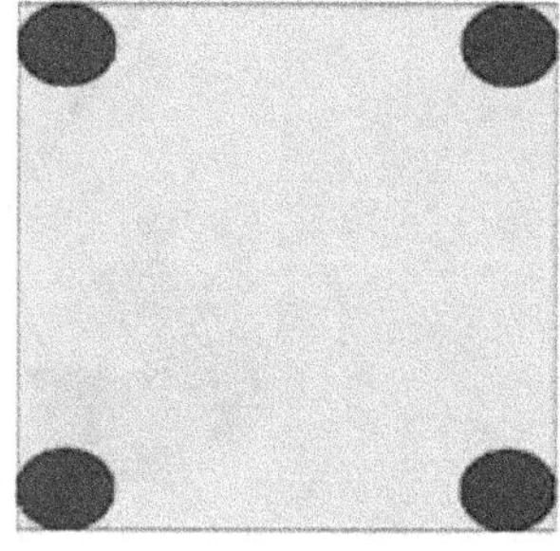

Figura 13.5. **Solución errónea.**

Figura 13.6. Solución correcta al problema de la piscina.

La solución pasa por girar el cuadrado 45°, por hacer que los árboles se sitúen en la mitad de los nuevos lados en vez de los antiguos vértices (figura 13.6).

Es sorprendente la gran cantidad de personas que se quedan bloqueadas con este simple problema y necesitan más de cinco minutos para comprender que pueden girar la figura, que no están obligados a mantener los lados de la nueva piscina paralelos a los viejos. Es una fijación a la ortogonalidad y al paralelismo tan frecuentes en nuestro entorno.

Ejemplo 3: Las cuatro copas

El problema consiste en situar cuatro copas idénticas de manera que los cuatro pies queden todos ellos equidistantes entre sí (figura 13.7).

Una respuesta errónea muy frecuente es que la persona caiga en la fijación ortogonal y ponga las cuatro copas de forma que sus pies ocupen los vértices de un cuadrado; sin reparar, en primera instancia, que la diagonal del cuadrado es siempre mayor que el lado.

Al cabo de un rato de reflexionar, es bastante frecuente que el sujeto voltee las cuatro copas y las ponga horizontales sobre la mesa (véase la figura 13.8), sin darse cuenta de que está repitiendo de nuevo la figura del cuadrado (nueva fijación ortogonal).

La solución no se le ocurrirá hasta que no se dé cuenta de que es imposible resolver el problema situando los cuatro puntos en el mismo plano. Necesitará traspasar el

Figura 13.7. **Problema de las cuatro copas.**

pensamiento al espacio tridimensional. Se trata de romper otro bloqueo geométrico: la fijación bidimensional. La solución pasa por montar un triángulo equilátero en el plano con tres de las copas y con la cuarta copa buscar el punto del espacio, por encima del plano, en el que el pie de la copa quede a la misma distancia de los otros tres.

Nos daremos cuenta de que los cuatro pies forman la figura de un tetraedro, la figura en el espacio que la geometría euclidiana elemental nos indica que cumple con la regla de tener equidistancia entre sus cuatro vértices.

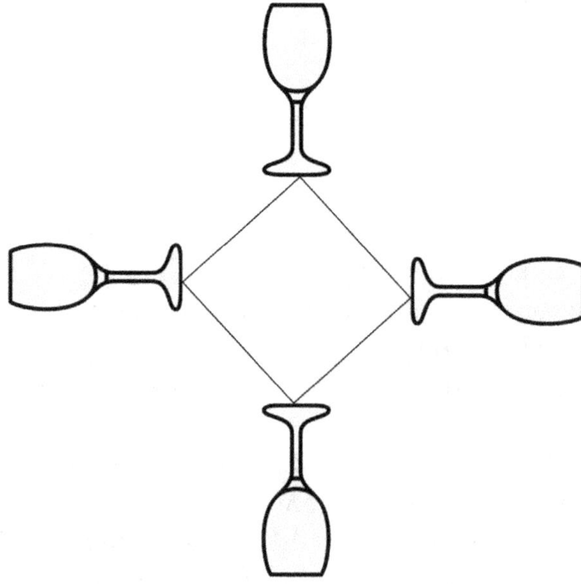

Figura 13.8. **Frecuente solución errónea al problema de las cuatro copas.**

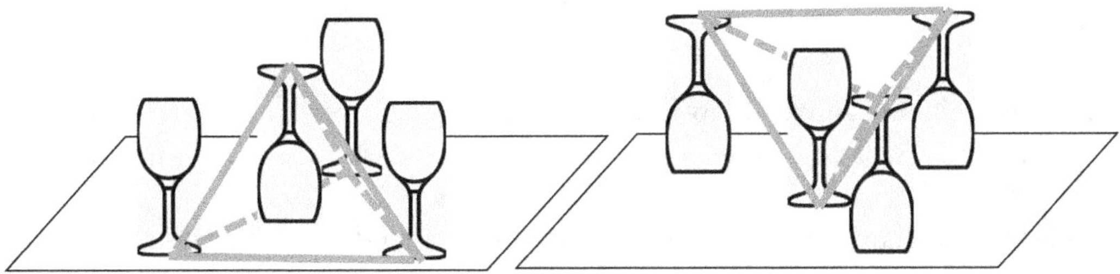

Figura 13.9. **Dos posibles soluciones.**

De hecho, veremos al explicar la estrategia de «cambio de visualización de un problema», que el enunciado de este problema sería posible visualizarlo de una manera más abstracta como la petición de colocar equidistantes cuatro puntos (los pies de las copas). Y la estrategia de las *analogías estructurales* nos permitirá resolver por afinidad el problema análogo de «construir cuatro triángulos equiláteros iguales con seis bastones/lápices/palillos de idéntica longitud». Son tres problemas de estructura conceptual idéntica. En la primera versión se cambian pies de copa físicos por los vértices de la pirámide. En la segunda versión, nos centramos en los lados en vez de los vértices (figura 13.9).

El bloqueo mental geométrico de fijación ortogonal lo podemos hallar en infinidad de ejemplos porque nuestra cultura tiene el hábito de recurrir muchísimo a las líneas rectas y a la ortogonalidad.

El bloqueo mental geométrico de fijación al plano también es muy común. A veces olvidamos que la realidad es tridimensional y nos empeñamos en encerrarnos en 2D.

Superar los bloqueos perceptivos

En ocasiones, no hallamos la solución al problema por una falta de percepción de todos los atributos o propiedades que pueden tener los objetos involucrados.

Ejemplo 1: El agujero en la tarjeta

Hemos visto, al ejemplificar la estrategia de «eliminación de alternativas», que para tener éxito en el reto de hacer un agujero en una tarjeta de visita que nos permita pasar por él una cabeza humana, era necesario tener conciencia clara de la propiedad flexible de la cartulina. La solución no sería válida si la tarjeta fuera de metal rígido.

Ejemplo 2: La piedra en el lago

Alguien arroja un canto rodado al centro de un lago y la piedra tarda tres meses en llegar al fondo, a pesar de que el lago solo tiene dos metros de profundidad. ¿Cuál es la explicación?

Cuando se plantea este enigma en clase, en una ciudad de clima mediterráneo benigno como Barcelona el alumnado aporta siempre propuestas muy fantasiosas surgidas de cambiar el atributo «peso de la piedra» (es una piedra muy porosa, tipo piedra pómez, que flota sobre el agua y, poco a poco, se va impregnando de agua, gana peso y se hunde); cambiar el atributo «fuerza de la persona lanzadora» (como un Superman lanza la piedra hacia el cielo con tanta fuerza que la piedra tarda tres meses en regresar); también se pueden fijar en el atributo «obstáculos que frenan la caída de la piedra» (algas en el lago o islas de fango que desaparecen a los tres meses; botes que a los tres meses se agujerean; etc.); pueden incluso imaginar que ha habido «un objeto volador providencial» (un pato migratorio que se traga la piedra y a los tres meses regresa y muere en el lago y se hunde en su fondo); etc.

A los pocos minutos, alguien repara en el atributo «estado del agua» y anuncia con alegría su descubrimiento al resto de la clase: la superficie del lago está helada porque estamos en invierno en un país frío, a tres meses del deshielo primaveral.

Cuando nos bloqueamos por falta de ideas sobre posibles alternativas de solución, la imaginación intenta cubrir la carencia fantaseando sobre atributos o propiedades imposibles o poco verosímiles. Es la imaginación al servicio del horror al vacío. Pero las fantasías raramente generan *pensamiento productivo* en el sentido que preconizaba Max Wertheimer (1945).

Ejemplo 3: El ahorcado

Aparece un ahorcado con un pequeño charco de agua debajo suyo en el centro de una nave industrial complemente vacía. Como no aparece en la habitación ningún objeto que explique cómo se subió a la cuerda el fallecido, la policía se inclina por la hipótesis de hallarse ante un asesinato. Pero el hecho de que todos los accesos a la nave estuvieran cerrados con llave desde su interior dificulta mucho la verosimilitud de esta hipótesis.

Después de analizar el escenario del crimen, un o una perspicaz detective concluye que ha sido un suicidio. El difunto se ha encaramado a su horca mediante una barra industrial de hielo a la que le ha dado una patada y que ahora aparece a sus pies en forma de charco de agua líquida.

Ejemplo 4: El concurso de llenado de cubos

El concurso consiste en que todos los participantes deben llenar un cubo a su disposición en la línea de meta con el máximo de agua que puedan transportar a su interior exclusivamente con sus respectivos coladores reglamentarios.

No se limita dónde se puede acudir para suministrarnos agua, las bases del concurso no lo estipulan. Parece que puedo traerme mi tanque de agua particular. La única condición explícita es que debo introducir el agua al interior de mi cubo mediante el colador reglamentario.

Todos los concursantes se esfuerzan en acercar a la meta un tanque grande de agua y en tapar los agujeros del colador con las manos y apresurarse como locos para minimizar la pérdida de agua. Pero, si reflexionamos un poco, veremos que la manera de ganar este concurso es acudir a él provisto de un tanque lleno de cubitos de hielo. El hielo es agua. En estado sólido mucho más fácil de transportar con el colador, pero agua al fin al cabo. Y el reglamento del concurso no lo prohíbe explícitamente.

A pesar de resolver previamente los ejemplos 2 y 3, al plantear el ejemplo 4, muchos alumnos y alumnas siguen bloqueados y no se dan cuenta de la posibilidad de acarrear cubitos de hielo.

Si antes de plantear estos ejemplos, el profesor arroja cubitos de hielo al azar entre los asistentes, es altamente probable que el primer alumno que se desbloquee sea uno de los que ha cogido uno de los cubitos lanzados. Se confirma así la efectividad superior de los *estímulos sensoriales* ante el simple conocimiento racional.

Ejemplo 5: Cambio de estado del arma del crimen

En muchas novelas y películas, el arma homicida no aparece a los ojos de los investigadores porque el homicida se ha ocupado de cambiar sus atributos iniciales.

En la película *¿Qué he hecho yo para merecer esto?* de Pedro Almodóvar, una ama de casa maltratada se defiende de su marido y lo mata involuntariamente al golpearlo con la pata de cerdo que estaba cocinando. Cuando vienen los inspectores de la policía ella atribuye el homicidio a unos ladrones asaltantes y les invita a comer el jamón que ha cocido con la pata de cerdo.

De manera similar, Jon Avnet en la película *Tomates verdes fritos* elimina el cuerpo del delito (otro marido maltratador muerto por su esposa en defensa propia) cocinado deliciosas albóndigas que se sirven con gran éxito del público en el mesón que una buena amiga de la homicida involuntaria regenta.

Superar las fijaciones funcionales

Los objetos y herramientas que nos rodean han sido creados, cada uno de ellos, para una finalidad específica: un martillo para clavar clavos, un destornillador para manejar tornillos, un revólver para disparar balas, un libro para leer, una silla para sentarse, etc.

Cuando no disponemos del objeto idóneo para realizar una determinada función, una mente creativa sabe aplicar la flexibilidad mental y encontrar un objeto alternativo.

Un martillo puede ser un arma asesina; un revólver, en cambio, puede servir para clavar clavos; un cuchillo puede hacer las veces de destornillador; una silla para hacer de escalera; etc. Se llama *fijación funcional* al bloqueo mental que nos impide ver el posible uso alternativo de un objeto, y limitarse a utilizar cada cosa para lo que fue inventada. Una mente creativa sabe sacar recursos de donde no existen, componérselas con los objetos y las herramientas que tiene a mano, aunque sea improvisando para ellos nuevas funciones originalmente no previstas.

Ejemplo 1: Un juguete de mil posibilidades

Una simple caja de cartón de gran tamaño puede ser el juguete más preciado para un niño o una niña. Pueden utilizarlo como mesa, silla, cueva, casa para muñecos, túnel para su tren, garaje para sus cochecitos, carretilla o camión de transporte, cajero automático que entrega billetes del Monopoly, cámara de grabación de televisión, etc.

Ejemplo 2: Los mil y un usos de un libro

Dicen que el mejor amigo del hombre no es el perro sino el libro. A un libro le damos en nuestra vida cotidiana docenas de usos alternativos: contrapeso, bandeja para cacahuetes, sujetapuertas, escondite de fotos o documentos, plancha para los pantalones, matamoscas, abanico (si es ligero), corrector de la altura de la pata de un mueble, repisa para la pantalla del computador, bloc de emergencia, papel para encender la chimenea, etc.

Superar estereotipos y prejuicios

Los estereotipos y los prejuicios son mecanismos de asociaciones rígidas y automáticas adquiridas por la educación del entorno que (a veces de manera inconsciente) nos alejan de percibir detalles importantes de la realidad.

Los *prejuicios* son la acción de juzgar por la pertenencia a una categoría antes de conocer el individuo u objeto. Suelen tener una base instintiva y afectar a cuestiones importantes como son: género, identidad sexual, etnia, religión, edad, profesión, nivel económico, formación cultural, etc. (Por ejemplo: «las personas de raza árabe son peligrosas»; «las personas obesas son plácidas de carácter»; «las serpientes son todas muy peligrosas; los insectos pequeños, no»).

Los *estereotipos,* en cambio, se basan en observaciones estadísticas de cierto rigor y provienen del deseo de simplificar la comunicación mediante etiquetas o categorías y, en consecuencia, el reconocimiento de patrones. Son muy utilizados por la literatura, el cine y el teatro porque ahorran tiempo en descripciones. Los camioneros son corpulentos y cerveceros. Los poetas son flacos y con gafas. Los catalanes son ahorrativos y trabajadores. Los andaluces son graciosos y juerguistas. Los usureros son viejos, feos y encorvados. Los malvados miran de soslayo; etc.

Si nos movemos por los conceptos previos que tenemos de las personas y las cosas, difícilmente podremos apreciar nuevas maneras de afrontarlas.

Una persona creadora debe poner en duda constantemente todo lo que le rodea y estar abiertos a explorar tanto lo desconocido como todo aquello que cree que ya conoce. Una mente creadora debe vaciarse de las ideas superfluas, caducas, superadas o inservibles, para disponer de un hueco mental adecuado para la recepción de nuevas ideas. Hay que desaprender todo lo que nos estorba y abrir la mente a nuevas posibilidades.

Las creencias religiosas o morales y la buena educación nos hacen interiorizar una serie de prohibiciones implícitas de las que raramente tomamos conciencia y que, en consecuencia, pueden actuar como fuertes frenos a nuestra creatividad. «Queda muy feo hacer eso», «queda fatal decir aquello». El creador debe analizar qué prejuicios y estereotipos le limitan por la educación recibida y, por supuesto, darse el placer de quebrantarlos.

Ejemplo 1: Restricciones por género

En los últimos decenios las mujeres de la cultura occidental han roto muchos de los tabúes establecidos en contra de ellas: ahora llevan pantalones, fuman y toman alcohol en público, montan motos de gran cilindrada, participan en deportes de riesgo, trabajan en igualdad con los hombres, se visten con libertad, manifiestan libremente sus gustos y apetencias sexuales, ocupan cargos directivos, etc.

Aunque hay evidencias del uso de pantalones por parte de las mujeres de hace 2.600 años y se dice que es una vestimenta de origen celta, en los años sesenta del siglo xx, en la cultura occidental, una mujer que vistiera pantalones era etiquetada como marimacho o denostada como mujer de moral desviada.

Las mujeres empezaron a usar pantalón a raíz de la Segunda Guerra Mundial, porque la ausencia de hombres las obligó a realizar labores reservadas hasta entonces a ellos y, por lo tanto, tuvieron que ponerse sus uniformes y trajes de trabajo. Ante la comodidad que sintieron las mujeres con los pantalones, empezaron a usarlos de manera cada vez más cotidiana y extendida.

La primera mujer en introducir los pantalones como uso femenino fue la feminista Amelia Bloomer a finales del siglo xix. Propugnó una falda que se ajustaba en la cintura y terminaba en las rodillas y por debajo tenía un pantalón ancho. Amelia se inspiró en la tradición turca. En homenaje a ella, los pantalones de este estilo se llaman *bloomers*.

Coco Chanel (1883-1971) fue la primera que diseñó pantalones adaptados a la anatomía femenina y logró que se popularizaran en todas las clases sociales.

Aunque en la cultura occidental se ha superado el prejuicio de que los pantalones son una prenda de uso exclusivo masculino, no todas las culturas existentes lo tienen admitido. Por otro lado, sigue vivo el prejuicio casi universal de que la falda es una prenda de uso exclusivo del género femenino.

Ejemplo 2: La tercera edad

Otro grupo que ha ganado libertad en las últimas décadas son los ancianos, la llamada tercera edad. Han dejado de esconderse en el cuarto oscuro de la familia y viven con naturalidad amores otoñales, viajes de placer, cultivo del cuerpo y la salud, etc.

Ejemplo 3: La mayoría de edad

Aunque se supone que la mayoría de edad legal debería estar de acuerdo con la estadística de la evolución cognitiva de los adolescentes, las edades establecidas para reconocer derechos y deberes legales están condicionadas por prejuicios socioculturales en muchos lugares. Desde los 16 años para algunos temas y países, y hasta los

25 en otros. Con la desgraciada realidad de que en muchos países a la mujer nunca se le otorga la auténtica mayoría de edad legal.

Ejemplo 4: Las tres bombillas

En el problema de las tres bombillas descrito en el apartado de *Estímulos sensoriales*, del capítulo 8, algunas de las personas que fracasaron en hallar la solución en ocho minutos, aducían después de conocer la solución que no habían podido imaginarse que las bombillas estuvieran al alcance de la mano porque la altura de los techos de sus viviendas antiguas exigía el uso de escaleras.

A veces bloqueamos nuestra mente con restricciones de tipo sociocultural que son totalmente ajenas al planteamiento del problema.

Ejemplo 5: La unión de partes de un avión

Existe el estereotipo de que para juntar con la debida consistencia dos piezas de acero, hay que recurrir a remaches o soldadura y en ningún caso se nos ocurriría usar pegamentos.

La realidad es que existen pegamentos que unen de manera más fuerte y duradera que la soldadura o los remaches y que son utilizados de manera preferente en la industria aeronáutica actual.

Ejemplo 6: La pelota de ping-pong[21]

En una habitación completamente vacía (sin ningún objeto ni herramienta a mano) tenemos un tubo cilíndrico de acero vertical de 50 cm de alto empotrado de manera inamovible en el suelo y que tiene el diámetro solo ligeramente superior a una pelota de ping-pong, ¿cómo nos las compondremos para lograr sacar de su fondo una pelota de ping-pong? Nos dicen, explícitamente, que la habitación no dispone ni de agua ni de ningún otro líquido.

La gran mayoría de personas dirá que es imposible. Un porcentaje realmente bajo de personas dará con la solución: se trata de orinar en el interior del tubo para que

---

[21] Tomado prestado (y abreviado) del libro de James L. Adams (1993).

la pelota ascienda y podamos tomarla. Pero en nuestra sociedad tenemos asumido que orinar no debe hacerse nunca fuera del WC y que no debemos tocar una pelota manchada de orines.

Superar la falta de una visualización adecuada

Para proponer soluciones alternativas hace falta haber visualizado previamente los elementos, factores y propiedades que componen el problema y tener una representación conceptual de todos ellos fácil de manejar.

Una buena y profunda observación puede proporcionarnos una visualización de manejo fácil y eficiente. Una visualización pobre será un fuerte impedimento para hallar soluciones innovadoras.

El lenguaje que usamos para expresar nuestra comprensión del enunciado de un problema puede ayudar al pensamiento o, por el contrario, entorpecerlo. Las frases, notaciones, símbolos, diagramas, esquemas, bocetos, tablas, figuras o cualquier otra ayuda de visualización que usemos condicionarán la flexibilidad y fluidez de nuestra mente. Los sentidos operan directamente sobre los objetos y sus propiedades físicas. La mente, en cambio, opera sobre las representaciones abstractas que de estos objetos nos hacemos; representaciones que efectuamos combinando las vías mentales de la intuición, el razonamiento y la capacidad de planificación.

Un mismo enunciado de problema puede tener representaciones muy distintas. Es algo que depende mucho de cada sujeto pensante, y se ha comprobado que no todas las representaciones abstractas son igual de útiles para su manejo en la resolución de problemas. Cada representación que escogemos condiciona enormemente los procesos mentales que puede convocar a nuestra mente. No es lo mismo manejar simples palabras que imágenes visuales, diagramas, esquemas mentales, notaciones algebraicas, tablas, etc.

El objetivo de una visualización es comunicar una visión a los demás, si trabajamos en equipo, pero el primer objetivo real es ayudar al propio creador a formarse una imagen mental adecuada y precisa del problema.

El pensamiento discursivo o verbal tiene un gran prestigio, pero su eficacia es baja a la hora de buscar la inspiración. La inspiración se consigue mucho mejor con lenguajes vinculados más directamente con los sentidos, especialmente los gráficos y visuales, aunque no debemos descartar los sonidos, los olores, los sabores, la temperatura y el tacto. Además, ni tan siquiera hará falta que seamos buenos dibujantes a escala manual porque gracias a la informática tenemos poderosas herramientas para representar, gestionar y controlar imágenes.

La intuición no trabaja de forma lineal y discursiva, trabaja de forma paralela, con reconocimiento de patrones y mediante asociaciones espontáneas. La representación visual de los objetos y sus relaciones ayuda mucho más a la intuición que las mejores frases que podamos redactar. Está ampliamente demostrada la utilidad de buscar representaciones visuales para estimular el flujo del pensamiento creativo. Nos conviene basarnos en lenguajes gráficos y visuales para complementar con el pensamiento visual al pensamiento basado en las palabras y su semántica.

Pensar es, a la postre, manejar abstracciones. Si nuestras herramientas de representación de los conceptos abstractos son pobres, nuestra capacidad de razonamiento también lo será. La mejor ayuda que podemos encontrar para acercarnos con mayor eficacia a la solución de un problema es una manera afortunada de visualizar y representar las entidades que lo configuran.

A continuación, se exponen ejemplos de problemas que se resuelven con grandes dificultades cuando se representan de manera verbal o algebraica y que, en cambio, son rápidamente resueltos cuando se acierta a representarlos con una herramienta visual adecuada.

Ejemplo 1: Los apretones de manos

Una antropóloga acude a una reunión social y observa que, en el momento de saludarse, hay personas que se dan un apretón de manos y personas que se limitan a un saludo verbal. Preguntando a los otros nueve presentes cuántos apretones de manos ha dado cada uno de ellos, resulta que nadie ha dado el mismo número. Todos han dado un número distinto de apretones entre 0 (el que menos) y 8 (el que más). Sabiendo esto, ¿podemos deducir cuántos apretones de manos ha dado la antropóloga?

Se puede representar cada persona con un simple punto (o pequeño círculo) y cada apretón de manos como una línea que une dos puntos. Para ayudarnos a visualizar la situación podemos colocar las personas (sus representaciones abstractas) en un ruedo ordenado por el número de apretones (véase la figura 13.10). No es imprescindible que sea un ruedo ni que los pongamos en orden, pero nos ayudará a visualizarlo mejor. En el interior de cada círculo se indica el número de veces que ha dado la mano cada persona.

A continuación, veremos la manera en que se puede cumplir lo que nos han afirmado en el enunciado. Cada apretón de manos será una línea que une dos círculos y de cada círculo solo podrán salir el número de líneas que indica su número. Lo lógico será empezar por asignar los apretones del que tiene más (8) porque es el más difícil de poder completar. Nos daremos cuenta de que estará obligado a juntarse

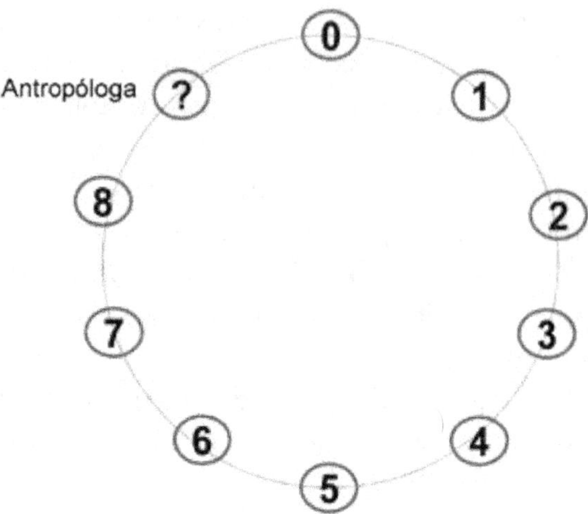

Figura 13.10. Distribución de los apretones de mano.

con todos los demás presentes excepto el (0). Con lo cual deducimos que se tuvieron que darse la mano con la antropóloga. Cuando, a continuación, dibujemos los apretones del (7), veremos que ya no puede relacionarse con el (1) porque ya está cubierto. Ello obligará a que también el (7) tenga que darle la mano a la antropóloga. Siguiendo la misma lógica con el (6) y el (5) vemos que la antropóloga recibe un total de cuatro apretones y que, a partir del (5) ya todo el resto de los presentes

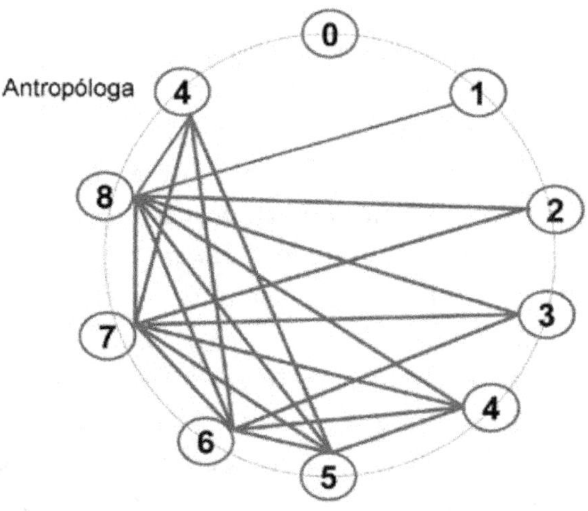

Figura 13.11. Solución del problema de los apretones de mano.

han llegado a su punto de saturación y que todo ha encajado perfectamente con el enunciado (véase la figura 13.11).

Ejemplo 2: La merienda a escote

Tres buenas vecinas deciden preparar una merienda pagada a escote para sus respectivos hijos únicos. Aída aporta 5 pastelitos, Beatriz aporta 3 y Carla (que no ha tenido tiempo de ir a la compra) debe aportar 8 €. ¿Cómo deben repartirse Aída y Beatriz los 8 € de Carla?

Es muy frecuente que contestar de manera precipitada que Aída deberá recibir 5 € y Beatriz 3 €. Es una respuesta intuitiva, totalmente errónea, que parte de una falta de buena representación visual del problema.

Los conceptos para considerar deben ser: 1) el coste global de la merienda y 2) la aportación previa efectuada por cada madre antes de pasar las cuentas finales.

Saber que a Carla (que no ha podido comprar nada por sus ocupaciones laborales) le han pedido pagar 8 € nos permite deducir que el coste global de la merienda ha sido de 8 x 3 = 24 €.

Como son 8 pastelitos, el coste unitario por pastelito es de 24 / 8 = 3 €. La aportación previa de Aída (véase la tabla 13.2) ha sido de 5 × 3 = 15 € y la de Beatriz 3 × 3 = 9 €. En consecuencia, los 8 € aportados por Carla deberán distribuirse equitativamente: 7 € para Aída (15 – 8 = 7) y tan solo 1 € para Beatriz (9 – 8 = 1).

Para resolver problemas que exigen aplicar la inteligencia analítica no es buena política precipitarse con la intuición. Es preciso tomarse el tiempo y la reflexión necesarios para visualizar correctamente los conceptos involucrados.

	Aída	Beatriz	Carla	Total
Pastelitos	5	3	0	8
Aportación previa individual	15 €	9 €	0 €	24 €
Diferencia sobre cuota a escote	+ 7€	+ 1 €	0 €	8 €

Tabla 13.2. Ajuste de las cuentas en los costes de la merienda.

A veces bloqueamos nuestra mente racional por un rechazo inconsciente a experimentar emociones que nos desagradan.

Ejemplo 1: Objeto enigmático

Se trata de una adivinanza compuesta de tres frases:

> – *Quien lo construye no lo usa.*
> – *Quien lo compra no es para él.*
> – *Quien lo usa no lo ve.*
> – *Dime tú ¿qué cosa es?...*

El alumnado se da cuenta con bastante facilidad de que la primera frase hace referencia a un conjunto de posibles objetos tan inmenso que, en realidad, no nos sirve para discriminar nada. La segunda frase resulta más discriminante. ¿Será un regalo? ¿Será que la persona destinataria tiene algún impedimento para hacer la compra ella misma? Pero sigue el bloqueo general de la clase.

El profesorado debe proponer en este punto centrarse en la tercera frase. Resulta mucho más selectiva. ¿Qué situaciones se nos ocurren en las cuales la persona usuaria no está viendo lo que usa? Salen una larga lista de posibilidades: es una persona invidente, el objeto se usa en la espalda, es un objeto intangible, está dormida, está inconsciente, no está mirando lo que hace... Suelen pasar de quince a veinte minutos antes de que alguien irrumpa con la solución evidente al enigma: estamos hablando de un ataúd.

Solo el rechazo emocional ante el tema de la muerte –que, en el entorno cultural occidental, todos los presentes experimentan– justifica que hayan tardado tanto tiempo en resolver la adivinanza.

Ejemplo 2: Perdido/a en el desierto

Estás solo/a y te has perdido en el desierto. Tienes hambre y no dispones de alimentos.

Aunque te den un asco tremendo, los lagartos y los saltamontes son un alimento muy conveniente en esta situación.

Ejemplo 3: Accidente de avión uruguayo

En el 13 de octubre de 1972 un avión uruguayo tuvo un accidente y se precipitó en los Andes chilenos con 47 personas a bordo. La búsqueda del aparato fue infructuosa durante quince días y acabó suspendiéndose. Setenta días después del accidente, un superviviente logró descender desde los 6.000 metros de altitud al valle poblado para pedir auxilio para los 16 supervivientes de la catástrofe y las condiciones térmicas posteriores.

Los supervivientes salvaron sus vidas durante tantos días y a pesar de las condiciones climáticas tan adversas gracias a superar su rechazo emocional y cultural a alimentarse con la carne de los compañeros muertos.

Ejemplo 4: Malas relaciones interpersonales

Juan está diseñando un proyecto para el que le convendría el soporte tecnológico de Ana, mucho más experta que él en el tema. Debido a una relación interpersonal conflictiva, Juan rechaza pedirle la ayuda que necesita y toma decisiones propias en el ámbito tecnológico que no domina.

A causa de las malas decisiones, Juan fracasa en su proyecto, pierde a su cliente y recibe un importante menoscabo en su prestigio profesional.

A la hora de establecer relaciones de colaboración profesional para trabajar en equipo, debemos evitar al cien por cien las emociones vinculadas a las relaciones interpersonales. Es el control que se ha llamado *inteligencia emocional*. El mejor colaborador es siempre el que más sabe, no el que nos cae mejor.

Conflictos entre la percepción y la lógica

A veces hay contradicciones entre lo que nos aportan nuestros sentidos y lo que nos dicta la lógica; la percepción nos dice una cosa y la razón otra distinta o incluso contraria. En estos casos hay que resolver convenientemente el conflicto: o nos engañan los sentidos o nos engaña nuestro razonamiento.

¿Cómo podemos arbitrar el conflicto? Recurriendo a la capacidad más evolucionada del cerebro que, según la neurociencia, está ubicada en los lóbulos prefrontales y gobierna la coordinación entre las distintas capacidades mentales. Habrá que planificar un análisis correcto y contrastado del mensaje aportado por los sentidos (mente instintiva) frente al mensaje aportado por la mente racional. Los lóbulos prefrontales nos ayudarán a dilucidar si estaba en lo cierto nuestra mente racional o nuestra mente instintiva (véase la figura 13.12).

Ejemplo 1: La falacia del cuadrito volátil

Un mismo conjunto de polígonos organizados según la figura A ocupan un triángulo rectángulo de 5 × 13 cuadritos. Organizados según la figura B ocupan el mismo triángulo de 5 × 13 pero aparece un cuadrito más en blanco.

La razón nos dice que esto no es posible. No es conforme con las leyes de la geometría euclidiana que el cuadradito aparezca o desaparezca según como se coloquen las piezas. Es lógico deducir que en este caso nos engañan los sentidos.

Para aclarar que nos está pasando, recurrimos a la mente analítica. Los dos triángulos tienen la misma área de 5 × 13 / 2 = 32,5. Si sumamos las piezas vemos que la suma es de 32. Hay una diferencia de 0,5.

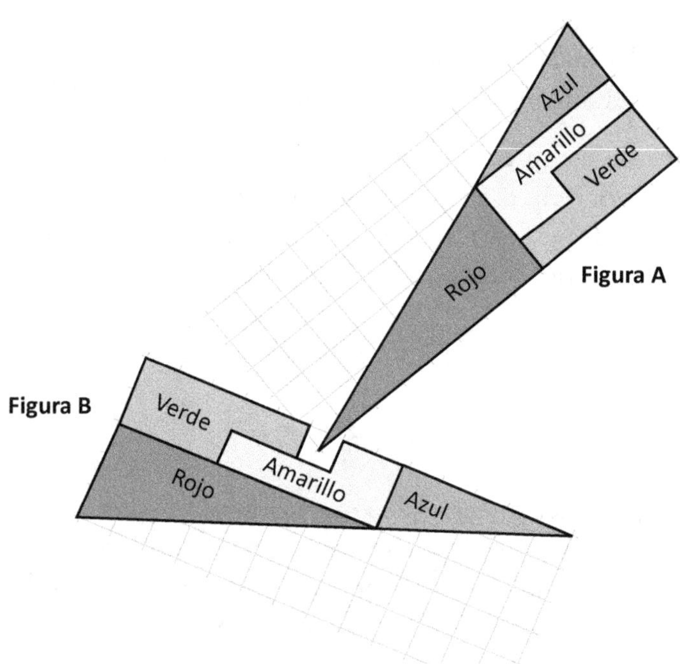

Figura 13.12. **Falacia del cuadrito desaparecido.**

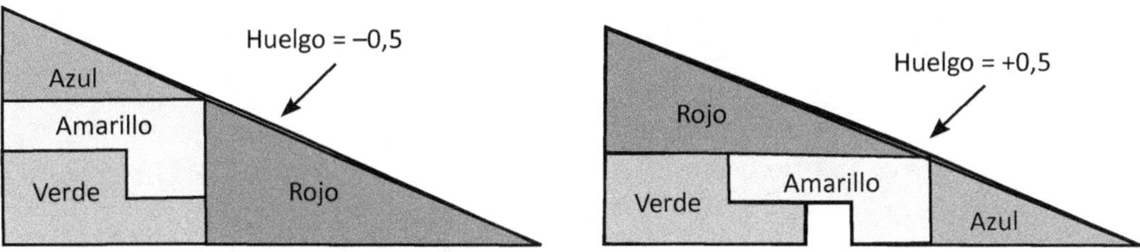

Figura 13.13. Solución a la falacia del cuadradito desaparecido.

Rojo: 3 × 8 / 2 = 12
Azul: 2 × 5 / 2 = 5
Verde: 8
Amarillo: 7
Suma de las figuras: 32 la A y 33 la B
Contornos de las figuras: 5 × 13 / 2 = 32,5
Holgura: –0,5 en A y +0,5 en B

Esta diferencia de medio cuadrito, si está repartida en la hipotenusa del rectángulo no se aprecia con la vista. En la figura A nos sobra medio cuadrito y en la figura B nos falta (figura 13.13).

El mago neoyorquino Paul Curry inventó en 1953 esta trampa para nuestros ojos que acabamos de desmontar con la mente racional.

PARTE II

Capítulo 14
Técnicas de ayuda a la creatividad

Combinando dos a más estrategias mentales, los estudiosos de la creatividad han estructurado diversas técnicas creativas para aplicar en la búsqueda de soluciones originales a los problemas de una manera ordenada y con fases o etapas bien definidas. El objetivo de dichas técnicas es siempre el mismo: la ideación, la generación de propuestas de soluciones originales al problema planteado.

Técnica del arte de preguntar

Creada por: Alex F. Osborn (1953).
Participantes: De 1 a 5.
Estrategias principales que usa: Asociaciones de ideas, cambio de perspectiva, análisis de componentes.
Objetivo: Ayudar a mejorar todas las etapas del proceso creativo (delimitación del problema, generación de ideas, evaluación de las propuestas...).
Requiere: Intuición, lógica y planificación.

Descripción

Alex F. Osborn (1953) afirmaba que «la pregunta es la más creativa de las conductas humanas», una consecuencia lógica de la importancia que la psicología de la creatividad le otorga a la curiosidad.

La calidad de nuestras preguntas determina la calidad de nuestro pensamiento, ya que las preguntas son la maquinaria que impulsa nuestro proceso mental. Es muy difícil tener ideas geniales si hacemos preguntas mediocres. Preguntas superficiales solo proporcionan conocimientos superficiales, preguntas poco claras no suelen aportar nada. Cada invento rupturista ha nacido del hecho de que una mente privilegiada se ha formulado preguntas esenciales que nadie (o solo unos pocos) se había formulado antes.

Las estructuras del pensamiento racional contienen siempre preguntas implícitas, tal como muestra la figura 14.1.

Figura 14.1. El arte de formular preguntas esenciales.
(Publicada por L. Elder y R. Paul, en *El arte de formular preguntas esenciales.*
Disponible en: https://www.criticalthinking.org/resources/PDF/SP-AskingQuestions.pdf.)

Observaciones

Las preguntas pueden servir a seis distintos tipos de *objetivos:*

1. Delimitación clara y precisa del problema a resolver.
2. Ayuda a la generación de ideas para soluciones alternativas.
3. Ayuda a navegar para buscar datos y soluciones análogas existentes.
4. Evaluación de las alternativas halladas.
5. Construcción de un prototipo.
6. Evaluación de la viabilidad de la solución escogida.

Una mente creativa *se cuestiona todo (negar la mayor):*

— Las perspectivas actuales y puntos de vista establecidos sobre los problemas.
— Las hipótesis comúnmente aceptadas.
— Los objetivos y propósitos.
— Las preguntas formuladas por otras mentes.
— Las respuestas actuales de la ciencia y la tecnología.
— La bondad o exactitud de las informaciones proporcionadas.
— Los posibles errores en la aplicación de la lógica.

Ejemplo 1: Sistema de recogida selectiva de basuras domésticas

Una de las propuestas que tenemos sobre la mesa es disponer de un solo cubo con diferentes compartimentos. Se plantea una serie de preguntas:

— ¿Cuántos compartimentos?
— ¿Serán todos del mismo tamaño? ¿Cuánto ocupará el nuevo sistema? (Las cocinas modernas son muy pequeñas).
— ¿Estarán en horizontal o en vertical?
— ¿Utilizaremos bolsas o directamente cubos fáciles de limpiar?
— ¿De qué material serán los compartimentos?
— ¿Cómo accionaremos el sistema de apertura/cierre?
— ¿Será conveniente identificarlos con los mismos colores que los contenedores municipales?
— ¿No sería posible otro tipo de solución?

Ejemplo 2: Llamadas internacionales

En los inicios del *software* de comunicación, en el año 2003, la empresa Skype se planteó la siguiente pregunta: ¿Y si las llamadas internacionales fueran completamente gratuitas?

En aquel momento las llamadas internacionales eran de pago y a precios elevados. La mayoría de las personas pensó que la pregunta no tenía ningún sentido y no podían imaginar que pudiera llegar a ser en la actualidad una realidad rupturista con el sistema del pasado.

Técnica de SCAMPER

Creada por: Alex F. Osborn (1953).

Participantes: De 1 a 5.

Estrategias principales que usa: Asociaciones de ideas, cambio de perspectiva, análisis de componentes.

Objetivo: Ayudar a mejorar todas las etapas del proceso creativo (delimitación del problema, generación de ideas, evaluación de las propuestas...).

Requiere: Intuición, lógica y planificación.

Descripción

La técnica de generación de ideas SCAMPER consiste en aplicar siete verbos de acción (uno para cada letra de la palabra) que nos sugieran ideas originales para la creación de nuevos productos o servicios.

SCAMPER es una palabra mnemotécnica (en inglés significa «corretear, deambular») creada por Bob Eberle reordenando las letras iniciales de siete estrategias enunciadas por Alex F. Osborn de generación de ideas para aplicar sobre el problema (véase tabla 14.1).

El procedimiento es simple:

1. Identificar el elemento, el producto, servicio, o proceso que se quiere mejorar.
2. Aplicar uno a uno los siete verbos de la lista y ver qué nuevas ideas emergen.

Letra	Verbo inglés	Verbo español
S	*Substitute*	Sustituir
C	*Combine*	Combinar
A	*Adapt*	Adaptar
M	*Magnify (or modify)*	Magnificar (o aumentar)
P	*Put to oher uses*	Potenciar otros usos
E	*Eliminate (or minify)*	Eliminar (o reducir)
R	*Rearrange (or reverse)*	Reorganizar (o invertir)

Tabla 14.1. **Significado de las letras de SCAMPER.**

Ejemplo 1: Tornillos y tuercas

Apliquemos el SCAMPER a una fábrica de tornillos y tuercas que quiere innovar sus productos:

- **S** (sustituir): Usar materiales de alta tecnología para nichos de mercado. ¿Acero para altas velocidades? ¿Fibra de carbón? ¿Plásticos especiales? ¿Vidrio? ¿Materiales no reactivos?
- **C** (combinar): ¿Integrar el tornillo y la tuerca? ¿Integrar el tornillo con su arandela? ¿Integrar el tornillo con su llave? ¿Añadir un sensor que nos indique si la presión del tornillo es la adecuada?
- **A** (adaptar): ¿Poner la cabeza del tornillo con otro sistema? ¿En estrella? ¿Para llave Allen? ¿Cabeza de seguridad?
- **M** (modificar): ¿Fabricar tornillos para relojes? ¿Para puentes de hierro? ¿Para estructuras de aluminio? ¿Tornillos de colores?
- **P** (potenciar otros usos): ¿Ejes de bisagras? ¿Ejes de ruedas?
- **E** (eliminar): Eliminar las tuercas. O las arandelas. Tornillos sin cabeza. Cambiar por pernos.
- **R** (reorganizar): Tornillos que produzcan los hilos en el material. Tornillos con cabeza eliminable una vez atornillado.

Ejemplo 2: Reducir el tamaño de un PC

Si aplicamos E (Eliminar o reducir) a un PC portátil, se obtiene un *notebook* o un iPAD.

Ejemplo 3: Añadir otros usos a un sofá

Si aplicamos C (combinar) a un sofá, se obtiene un sofá/guardajuguetes.

Técnica de grupo nominal

> *Creada por:* Anónimo.
> *Participantes:* De 7 a 10 y un dinamizador/a.
> *Estrategias principales que usa:* Análisis, suspensión de la crítica, asociación de ideas.
> *Campo de aplicación:* Proyectos con varias soluciones posibles.
> *Requiere:* Intuición, lógica y planificación.

Descripción

Es una técnica de creatividad que sirve para generar ideas y evaluarlas. Se trata de una combinación entre la fase de generación de ideas (y por lo tanto sin críticas) y la parte de evaluación de las propuestas.

Es una mezcla entre *brainwriting* y *brainstorming*. Dirigidos por la persona que va a dinamizar, los participantes realizan las siguientes etapas del proceso:

1. **Definición y delimitación del problema.** Va a cargo del cliente (interno o externo) que no participará en el resto del proceso. Se recomienda que se dé por escrito a todos los componentes del grupo y que vaya seguido de un turno de preguntas para aclarar posibles dudas.
2. **Generación de ideas.** Aunque todas las personas están en la misma sala, trabajan por escrito, individualmente y en silencio (sin intercambiar sus opiniones sobre el tema) durante un período de tiempo de reflexión de entre cinco y quince minutos.
3. **Presentación de las ideas.** Por riguroso turno, cada persona presenta su mejor idea. El dinamizador toma nota escrita de las ideas que se exponen y las relaciona con una frase de resumen a la vista de todos en la pizarra, rotafolio

o pantalla de proyección del ordenador. Se puede ayudar con las notas de los pensadores y asistirse con una grabadora. En esta fase se aplica rigurosamente la suspensión de la crítica. La presentación por turnos continúa con las segundas mejores ideas y así sucesivamente hasta que ya no quedan más ideas para compartir. Como resultado de esta fase se obtiene una lista nominal de entre dieciocho y veinticinco propuestas.

4. **Evaluación crítica de las propuestas.** Se establece un coloquio/debate sobre la lista nominal de propuestas, de tal manera que se discute cada una de las ideas antes de la votación independiente. Se atienden todas las aclaraciones que puedan necesitarse y se promueve la relación y posible combinación de propuestas con el propósito de depurar la lista. Se recomienda reducir la lista a votar entre cinco y nueve alternativas.

5. **Priorización de las ideas propuestas.** Se procede a la votación individual secreta y por escrito sobre la prioridad de las ideas relacionadas en la escala de Likert y el dinamizador obtiene las respectivas valoraciones promedio de todas las propuestas.

6. **Se dialoga sobre el resultado.**

Observaciones

Los beneficios de la técnica de grupo nominal pueden presentarse como sigue:

- Se equilibra la participación entre los miembros del grupo y se anulan los excesos de personalismo habituales en otros métodos.
- La evaluación crítica es grupal y la decisión final se basa en la votación democrática de todos los miembros del equipo.
- Al mantenerse el secreto de las votaciones, cada persona puede renunciar a sus propias propuestas sin problemas de orgullo mal entendido tan habitual en otros métodos.
- Es una técnica muy recomendable para personas muy introvertidas, poco acostumbradas a expresarse sin tapujos frente a los demás (investigadores, técnicos, expertos financieros, etc.); personas que acostumbran a funcionar bastante mal con un *brainstorming* tradicional porque no se atreven a emitir en público propuestas disparatadas o absurdas, con lo cual se empobrece mucho esa lluvia de ideas.

Técnica de combinación de atributos

> *Creada por:* Anónimo.
> *Participantes:* De 1 a 5.
> *Estrategias principales que usa:* Síntesis, asociaciones libres, suspensión de la crítica.
> *Objetivo:* Generación de ideas para nuevos productos.
> *Requiere:* Intuición, lógica y planificación.

Descripción

Consiste en asociar dos atributos distintos de dos objetos (cuanto más diferentes, mejor) e inventar un nuevo objeto que reúna las dos utilidades asociadas a ambos atributos.

Observaciones

No está especificado en qué basarse para asociar dos objetos primero y dos atributos particulares de estos objetos después. Aquí caben estrategias de emparejamientos al azar (véase el apartado *Asociaciones al azar*) o, si pretendemos mejorar un producto, usar la estrategia de escoger uno de sus atributos y pensar qué otros objetos lo tienen también por más alejados que estén del nuestro. Veremos, a continuación, qué otros atributos tienen estos objetos e intentaremos hacer casar parejas de atributos en un mismo producto.

Hay infinidad de casos en la historia de los inventos que vienen de este método. Nos limitaremos a dar unos pocos ejemplos.

Ejemplo 1: Radio y teléfono

El italiano Marconi implementó la radio (mandar ondas sonoras a través del espacio). El americano Graham Bell implementó el teléfono (comunicación de voz persona a persona). Martin Cooper combinó ambos atributos en 1973 y creó el primer teléfono celular (móvil).

Ejemplo 2: Biología y estadística

Mendel combinó la biología de la reproducción con la estadística y dio los primeros pasos de la genética.

Ejemplo 3: Sed e higiene

El bostoniano Hugh Moore combinó en 1908 la idea de vaso para beber un trago de agua con la de preservar la higiene en reuniones de varias personas y creó el vaso desechable de un solo uso (que inicialmente era un cono de papel encerado).

Ejemplo 4: Ver de lejos y ver de cerca

Benjamin Franklin combinó la necesidad de ver bien de cerca (presbicia) y ver de lejos (miopía) con la idea de no tener que cambiar de gafas y creó las gafas bifocales.

Técnica del regreso al futuro *(future pretend year)*[22]

Creada por: **Anónimo.**
Participantes: **De 1 a 5.**
Estrategias principales que usa: **Imaginación, visión de futuro, marcha atrás, suspensión de la crítica.**
Objetivo: **Generación de ideas para nuevos productos.**
Requiere: **Intuición, lógica y planificación.**

---

[22] La expresión *future pretend year* significa «año futuro deseado».

Descripción

Es una técnica consistente en imaginar que hemos llegado al futuro en positivo, estableciendo una situación hipotéticamente exitosa en el tema que queremos resolver. Utiliza la estrategia de pensamiento de «supongamos el problema resuelto», también llamada estrategia de «marcha atrás» porque persigue la solución desde el final deseado y caminando en sentido reverso.

Se lleva a cabo a través de los siguientes pasos:

1. Establecer el marco de actuación, es decir, definir y delimitar claramente el problema.
2. Imaginar que estamos en el futuro y que el problema está resuelto con éxito.
3. Enumerar a las personas y agentes que, a consecuencia de esta situación imaginada, se ven beneficiadas, ya sean tu empresa o empresas de la competencia.
4. Enumerar a las personas y agentes que, a consecuencia de esta situación imaginada, se ven perjudicadas, ya sean de la propia empresa o de la competencia.
5. Enumerar a las personas y agentes que, en esta situación imaginada, están ayudando al éxito del proyecto.
6. Usar la imaginación e incluir expertos del presente o del pasado que puedan ayudar, sin importar a dónde pertenecen hoy.
7. Enumerar otros expertos o héroes, vivos, históricos o mitológicos, que nos gustaría que estuvieran ayudándonos.
8. A continuación, por cada una de las personas listadas, escribir específicamente, pero sin evaluarlo, cuál creemos que sería su aportación exclusiva para ayudar a implementar una solución de éxito para nuestro problema. Empezar cada frase con el nombre de la persona/agente.
9. Por último, utilizar las actividades listadas para generar nuevas ideas de cómo resolver el problema. Se recomienda forzar la generación de ideas a través de combinaciones entre la situación deseada y la actual.

Observaciones

Este método suele dar mejores resultados con un equipo multidisciplinario. Si en el grupo participa alguna persona tecnóloga experta en el tema, las visiones de futuro pueden ganar mayor realismo, pero corremos el riesgo de inhibir en exceso la imaginación del resto del equipo.

Técnica del *sleep writing*

Creada por: André Breton (1924).
Para uso: Individual.
Participantes: 1.
Estrategias principales que usa: Incubación, acceso al inconsciente cognitivo
a través de los sueños.
Objetivo: Superar los bloqueos creativos.
Requiere: Instinto, emociones e intuición.

Descripción

Esta técnica es una variante particular de la estrategia de incubación y busca la superación de bloqueos creativos mediante el acceso a soluciones implícitas que el inconsciente cognitivo ya tiene medio elaboradas y que se supone que el sueño permitirá desplegar en todo su potencial.

Para aprovecharse de esta técnica, se recomienda organizar las sesiones de creatividad por la tarde y trabajar a fondo en la búsqueda de posibles soluciones del problema antes de irse a dormir. Como elementos auxiliares, conviene dejar papel y lápiz en la mesita de noche para anotar tan pronto como se pueda los sueños, imágenes, sensaciones o asociaciones de ideas que nos lleguen a la mente antes de entrar en el sueño o en el instante de despertar.

Está demostrado que los momentos de semivigilia (medio dormido o medio despierto) y los de las primeras fases del sueño son los que tienen mayor probabilidad de que el inconsciente cognitivo se manifieste. Numerosos científicos y artistas dan cuenta de que las imágenes y sensaciones surgidas en los sueños se han convertido luego en ideas originales que los han llevado a resolver creaciones que tenían en marcha.

Observaciones

Está demostrado que esta técnica funciona mejor si se ha estado trabajando muy duramente en el tema antes de dormirse. La inspiración en sueños solo se produce si ha habido una transpiración previa. No es la iluminación sobrenatural a un escogido de los dioses como creían los antiguos griegos; es el desarrollo liberado de trabas de un proceso mental que ya estaba iniciado en el estado de vigilia. Las situaciones de máxima distensión de la mente racional (explícita y verbal) facilitan la llegada a la conciencia de la mente inconsciente (implícita y sensorial) que, a menudo, tiene alternativas claras de solución basadas en las vivencias y los conocimientos implícitos.

¿Qué duda cabe de que el sueño puede ser una situación de gran relajamiento y distensión? El problema práctico radica en evitar perder el recuerdo de lo soñado. Es bastante frecuente que las últimas fases del sueño (las más reparadoras) eliminen todo vestigio de las imágenes y emociones de las primeras fases (las más creadoras). Para optimizar la memoria sobre lo soñado, algunos creativos que acuden a esta técnica programan la interrupción del sueño en el punto idóneo.

Ejemplo 1: El arte de Dalí

Salvador Dalí utilizaba una variante de esta técnica: se adormecía en una mecedora con una cucharilla en las manos y una mesilla con cristal al lado, de forma que, cuando quedaba adormecido, la cucharilla se le caía sobre el cristal y el ruido lo despertaba. Así lograba interrumpir su sueño en la fase imaginativa y podía recordar (y dibujar) las imágenes oníricas antes de que la siguiente fase del sueño las borrara.

Ejemplo 2: La aguja de las máquinas de coser

Elias Howe, inventor de la primera máquina de coser americana y pionero de la confección textil (y al que nos hemos referido ya en el cap. 9), estaba disgustado porque todas las agujas de las máquinas de coser existentes (todas ellas de fabricación europea en aquel entonces) rompían el hilo cuando las costureras aceleraban su ritmo de trabajo.

Obsesionado por el tema, una noche soñó que unos caníbales le perseguían (era época de descubrimientos de tribus primitivas) y le lanzaban una lanza que tenía un agujero en la punta. Se despertó de golpe porque identificó que era la solución que él buscaba para sus agujas.

Ejemplo 3: Yesterday

Paul McCartney se despertó una mañana de mayo de 1965 con una melodía en su cabeza que había estado soñando durante toda la noche. Se sentó al piano y compuso *Yesterday*, la canción más versionada de la historia de la música.

Capítulo 15
Métodos de ayuda a la creatividad

«Los modelos son muy útiles, pero solo un loco los seguiría ciegamente al pie de la letra». *Paul E. Plsek, consultor de creatividad e innovación*

«El buen creativo no es el que tiene muchas ideas, sino el que sabe sacar provecho de las pocas que tiene». *Anónimo*

Se han creado diversos métodos de ayuda a la creatividad para estructurar y organizar la aplicación de diversas estrategias y técnicas creativas de forma que se garantice la culminación del proceso creativo. Los métodos, inventados en su mayoría por empresas consultoras, pretenden estructurar y guiar la globalidad del proceso creativo para facilitar la fluidez mental y aumentar la eficacia en la selección y elaboración de las mejores propuestas generadas. Algunos de los métodos son muy completos y bien reglados y disponen de manuales de instrucciones extensos y bien documentados, otros son de formato mucho más libre y se limitan a dar directrices para canalizar el proceso creativo. Muchos de ellos proceden de adaptaciones o transformaciones de otros más genuinos. El *brainstorming* original, por ejemplo, ha propiciado multitud de variantes (ya hemos dicho que copiar e imitar puede ser un recurso para la creatividad).

Método del *brainstorming* (lluvia de ideas)

> *Creado por:* Alex F. Osborn (1953).
> *Participantes:* De 4 a 10.
> *Estrategias principales que usa:* Suspensión de la crítica, estrategias y/o técnicas de generación de ideas.
> *Campo de aplicación:* Problemas específicos mejor que generalistas.
> *Requiere:* Instinto, intuición, lógica y planificación.

Descripción

El *brainstorming* es probablemente el método más antiguo y conocido. Su creador, Alex F. Osborn, lo describió en su libro *Applied imagination*, publicado el 1953, aunque él ya lo venía utilizando desde el 1939.

Se estructura en dos sesiones que tienen que estar separadas por un mínimo de 24 horas.

- **Primera sesión (generación de ideas).** Se basa en la estrategia de «carta libre a la imaginación» que hemos llamado «suspensión de la crítica». Se debe cancelar absolutamente toda actitud crítica en esta etapa porque inhibiría ideas «puente» o ideas «trampolín». Se prohíbe absolutamente evaluar o criticar las ideas propuestas. Ni tan siquiera comentarlas. Ni, por supuesto, con lenguaje no verbal.

  Se trata de generar la máxima cantidad posible de propuestas por la experiencia de que una mayor cantidad suele aportarnos la calidad deseada. Puede utilizarse cualquiera de las estrategias de generación de ideas existentes o, si es el caso, una combinación de varias.

  A partir de las propuestas presentadas, se piden al grupo modificaciones, adaptaciones y combinaciones de ellas o que afloren ideas nuevas. En ciertos casos, es conveniente que quien modere establezca *a priori* el número mínimo de propuestas que se desea generar.

- **Segunda sesión (evaluación de las propuestas).** No debe realizarse en el mismo día. Hay que dejar un mínimo de 24 horas para dejar que se digieran las propuestas y actúe el proceso inconsciente de la incubación.

El primer paso consiste en ver si han aparecido ideas nuevas como resultado del repaso de la lista y de la incubación de esta. Si las hay, se añaden a la relación.

A continuación, el grupo tiene que evaluar todas y cada una de las ideas surgidas y debatir sobre las más prometedoras para ver si tienen o no las tres viabilidades exigibles (tecnológica, económica y social).

Se procura que las ideas disparatadas se conviertan en ideas prácticas o que se puedan utilizar para sugerir soluciones realistas. Puede ayudar el hecho de clasificar las propuestas más útiles en tres grupos:

1. Ideas de utilidad inmediata, con las formas que ya hemos pensado.
2. Ideas para explorar más ampliamente. Habrá que investigarlas, seguirlas, pensar, discutirlas con mayor profundidad, etc.
3. Ideas que sugieren nuevas maneras de mirar el problema. Como dijo Osborn, «la creatividad es la producción de un nuevo significado mediante la síntesis».

Procedimiento

- Escoger un secretario/a. Es imprescindible que alguien asuma la tarea de registrar todas las propuestas surgidas. Se recomienda escribir las ideas en una pizarra o en *post-its* en una pared de manera que todo el grupo las pueda ver. En una organización ideal, el secretario tendría que ser una persona que solo hiciera esto, puesto que es difícil estar reflexionando con profundidad y anotando al mismo tiempo. En grupos pequeños, el secretario acostumbra a ser uno de los participantes.
- Escoger un moderador/a. Su función es administrar el turno de palabras y evitar que todo el mundo hable a la vez. En grupos muy reducidos no se descarta que los roles de secretario y moderador recaigan sobre la misma persona. El moderador vigilará que durante la sesión del primer día se cumpla al pie de la letra la regla de «suspensión de la crítica» y procurará mantener en todo momento el ambiente de trabajo relajado y alegre. Las neuronas interconectan mejor cuando los participantes no tienen tensiones y se sienten libres para hacer el tonto o ser juguetones. Incluso en el supuesto de que se esté trabajando sobre un tema delicado como puedan ser el cáncer o el abuso a menores, no es conveniente recordar al grupo que «este es un problema serio» o afirmar que cierta idea «es una broma de mal gusto». La creatividad

comporta siempre una actitud lúdica y alegre que hay que preservar en beneficio del resultado.

- Calentamiento previo. Para crear el clima necesario y poner en funcionamiento las mentes, puede ser una buena táctica empezar con una sesión de calentamiento de 10 minutos, en la que se aborde un problema imaginario. Pensar sobre un problema imaginario libera a la gente y la sitúa en actitud lúdica. Después abordará el problema real con mayor fluidez y flexibilidad.
- Limitar las sesiones. La duración recomendada de una sesión de *brainstorming* es de 15 a 30 minutos. Sesiones más cortas son poco productivas. Sesiones más largas tienden a que se pierda la motivación.
- Distribuir la lista de propuestas. Tras la sesión de generación de ideas hace falta pasar a limpio la lista recogida y hacer llegar una copia a todos los participantes. No hay que intentar poner la lista en ningún orden concreto, sino que se recomienda respetar el orden en que se produjeron las ideas.

Observaciones

A pesar de tener más de 70 años, aún continúa siendo uno de los métodos más eficaces, especialmente para atacar problemas específicos (más que los generalistas). Entre las ventajas del método destacan:

- La fluidez de ideas aportadas en la etapa 1 demuestra que es un mito pensar que la fluidez mental es muy difícil y está solo al alcance de unos pocos genios.
- El entusiasmo y la motivación se contagian al ver las ideas aportadas.
- Se estimula el espíritu competitivo, cada persona tiene el deseo de mejorar o superar alguna de las propuestas anteriores. Y a menudo lo logra.

Variantes del *brainstorming*

Desde su creación se han derivado un considerable número de variantes del método más o menos afortunadas. Algunas han añadido adjetivos calificativos para diferenciarlas y otras han sido bautizadas con distintos nombres por sus creadores. En algunas de ellas, el intercambio de ideas se realiza por escrito en vez de por vía oral.

Las más utilizados son:[23]

- *Stop-and-go brainstorming.*
- *Brainstorming* secuencial.
- *Brainstorming* constructivo-destructivo.
- *Brainstorming* individual.
- *Sandwich-brainstorming.*
- *Brainstorming* con *post-it.*
- Método Phillips 66.
- *Brainstorming* anónimo.
- *Brainstorming* didáctico.
- *Brainstorming* imaginario.
- SIL (del alemán *Sukzessive Integration von Lösungen-Methode*, integración sucesiva de soluciones).
- Método 635.
- Bloc de Notas colectivo (*Collective Notebook*).
- *Brainwriting Pool.*
- Técnica de las tarjetas (*Kärtchentechnik*).

Método del 635 (variante del *brainstorming*)

Creado por: John N. Warfield (1975).
Participantes: 6.
Técnicas principales que usa: Intuición, asociaciones al azar, suspensión de la crítica.
Campo de aplicación: Problemas específicos mejor que generalistas.
Requiere: Intuición, lógica y planificación.

Descripción

Es una variante escrita del método del *brainstorming* enfocada igualmente al trabajo creativo colaborativo. El nombre proviene de las cifras que identifican las claves de su funcionamiento en la etapa de generación de ideas:

---

[23] Se puede consultar información detallada de todas estas variantes en: http://www.innovaforum.com/index2_e.htm.

- **Seis personas** se reúnen alrededor de una mesa con una hoja en blanco enfrente para generar ideas relativas al tema que quieren resolver.
- **Tres ideas** tendrán que escribir cada participante en su hoja, de manera concisa y breve ya que solo dispone de:
- **Cinco minutos** para escribirlas. Se establece un tiempo tan breve para fomentar la espontaneidad, la improvisación, la carencia de autocensura y, en definitiva, la fluidez.

Una vez transcurridos los cinco minutos, cada participante pasará su hoja a la persona situada a su lado y se repetirá el proceso de escribir tres nuevas ideas durante otros cinco minutos, después de haber leído las ideas de los participantes anteriores y haberse inspirado en ellas.

Los participantes procurarán no reiterar ideas ya plasmadas y tienen instrucciones de no desechar en esta etapa ninguna idea, por aburrida, absurda o disparatada que parezca, puesto que pueden ser ideas «puente» para estimular ideas creativas de sus compañeros.

Al completar la rueda completa de las seis intervenciones de cinco minutos cada una, en la que se habrán hecho circular todas las hojas, ordenadamente, se dispondrá de un máximo de 18 ideas en cada hoja, lo que puede suponer haber generado 108 propuestas de soluciones en solo media hora. Habrá algunas repetidas, sobre todo al principio de cada hoja, y unas cuantas totalmente absurdas.

En la siguiente etapa, el coordinador (o líder del equipo) sintetizará las ideas producidas en grupos afines, establecerá las principales líneas de propuestas generadas y convocará a una nueva sesión de evaluación que tendrá que realizarse después de un intervalo de incubación de como mínimo 24 horas.

Si el número de ideas propuestas es excesivo, una primera medida prudente puede ser solicitar a los seis miembros que las filtren y desechen las ideas que les parezcan menos atractivas, de forma que nos quede un conjunto más abordable de ideas para analizar.

En cuanto a la sesión de evaluación de la viabilidad de las ideas, no se han establecido reglas fijas. Dependerá en buena medida del número de ideas de propuestas resultantes para debatir, de la preparación técnica de los participantes y del tipo de tema de que se trate.

Observaciones

Esta variante del *brainstorming* es fácil de ejecutar y de controlar. Aunque tiene menor interactividad espontánea, puede ser igualmente eficaz. Tiene la ventaja de que se evitan protagonismos y el consiguiente riesgo de imposición de las ideas de ciertas personas por razón de una supuesta mayor especialización en el tema o una superioridad real en jerarquía, prestigio profesional, o elocuencia.

Variantes

- ***Brain writing.*** Método similar que tiene la característica de que no requiere reuniones presenciales y puede, por lo tanto, realizarse vía internet y abarcar participantes de varias sedes geográficas, sin limitar ni el número de participantes, ni el número de ideas aportadas, ni el tiempo para cada turno de escritura.

  Fue desarrollado en el Batelle Institute y, si se desea, permite mantener el anonimato de quien hace las aportaciones.
- **Phillips 66.** Se aplica para un conjunto de participantes numeroso. Se dividen los miembros en grupos de seis personas y se les da seis minutos para generar ideas (sin número prefijado) que después se comparten en el grupo mayor con metodología análoga al método del 635.

Método del análisis morfológico

Creado por: Fritz Zwicky y Myron S. Allen (de 1940 a 1969).
Participantes: De 1 a 5.
Técnicas principales que usa: Lista de atributos, análisis y combinatoria.
Campo de aplicación: Nuevos productos o servicios basados en la evolución de los que ya existen.
Requiere: Lógica y planificación.

Descripción

El análisis morfológico se desarrolló en los trabajos tecnológicos de la astrofísica y las investigaciones espaciales llevadas a cabo en los años cuarenta del siglo xx por el astrónomo Fritz Zwicky y su equipo. Es un método eficaz para generar gran cantidad de ideas en un breve período.

Cualquier objeto tiene un conjunto de características o atributos que lo condicionan y definen. Cualquier proceso puede ser analizado por las condiciones (variables o parámetros) que intervienen en él. Cualquier servicio, obra o montaje viene caracterizado por condiciones del servicio (elementos que pueden tener distintos valores). En resumen, en cualquier problema que se plantee se podrá encontrar siempre condiciones que pueden asumir distintos valores cuantitativos o cualitativos. Para simplificar el lenguaje, a las distintas clases de características las llamaremos atributos.

El método del análisis morfológico se basa en determinar cuáles son los atributos del problema sobre los que podemos actuar y ver qué tipos de valores pueden asumir cada uno de ellos. El método tiene cinco etapas diferenciadas:

1. Delimitar claramente el problema u objetivo que se persigue.
2. Inventariar la lista de atributos que lo componen. Los atributos pueden referirse a partes físicas, procesos, funciones, aspectos estéticos, etc. Para no olvidarnos de ningún atributo relevante, se puede recurrir a listas prefabricadas. Dos ejemplos de listas a considerar son la de *Axon idea processor*[24] y la que expone en su libro Michael Michalko (1999).
3. Es conveniente seleccionar únicamente los atributos relevantes para no caer en volúmenes de información inmanejables. Para determinar si es relevante o no, Michalko propone la siguiente pregunta: «¿Si quitamos este atributo, el producto seguiría existiendo?».
4. Combinar de todas las maneras posibles las variaciones de los atributos. Si n_1, n_2, $...n_p$ son los distintos números de valores que pueden tomar los p atributos presentes en el problema, el número total de combinaciones (que recibe el nombre de cantidad morfológica) será $Q = n_1 \times n_2 ... \times n_p$.
5. Analizar las distintas combinaciones y evaluar sus distintas viabilidades como soluciones creativas. Se puede hacer de dos maneras:

    a. Al azar: se escoge aleatoriamente la combinación de valores de los atributos.
    b. Por enumeración ordenada: se exploran las combinaciones en el orden en que aparecen en el análisis morfológico de los productos.

---

[24] Se encuentra disponible en la web: http://axon-research.com/download.htm.

Observaciones

Si la cantidad de atributos es muy elevada, el número de combinaciones puede volverse inmanejable. Una simplificación que suele hacerse es eliminar aquellas combinaciones parciales de dos o más variantes que se intuyen inviables. A riesgo de equivocarse y dejar escapar las ideas más creativas.

Ejemplo 1: Innovación en lamparillas de noche

Supongamos que los atributos que se manejan en el diseño de las lamparillas son los siguientes: tres tipos de medida, dos tipos de soporte, cuatro tipos de pantalla, cuatro alternativas de bombilla y cinco estilos en el diseño estético (tabla 15.1). Es decir:

$$Q = 3 \times 2 \times 4 \times 4 \times 5 = 480 \text{ combinaciones.}$$

Escogiendo al azar la combinación 3-1-4-3 nos sugiere el siguiente producto: lámpara de forma alargada, de sobremesa, con pantalla de papel, bombilla de alto ahorro energético con tecnología de leds y estilo rústico.

Matriz de ideas				
Medida	**Soporte**	**Pantalla**	**Bombilla**	**Estilo**
Pequeña	Sobremesa	Pergamino	Incandescente de rosca pequeña	Bauhaus
Grande	Aplique	Plástico	Incandescente de rosca grande	Funcional
Alargada		Vidrio	Halógena	Rústico
		Papel	Leds	Clásico
				Artesanal

Tabla 15.1. **Matriz de ideas a combinar.**

Ejemplo 2: Búsqueda de nuevo producto editorial

Un editor barcelonés está buscando nuevos productos y decide trabajar con los cinco parámetros siguientes: temática de los libros, propiedades de los libros, mercados geográficos y formas de encuadernación (tabla 15.2).

Matriz de ideas para el nuevo producto				
Temática	Propiedades	Mercados	Formas	Encuadernación
Novela	Portada artística/ sobria	Cataluña	Gran formato	Lujo
Humor	Con/sin ilustraciones	Países de habla española	De bolsillo	Cartón
Clásicos	Con/sin CD	Países de habla inglesa	Minilibro	Rústica
Libros de autoayuda	Con/sin solapas		Fascículos	
Economía	Con/sin punto de lectura		Revista	
Libros de texto				
Infantiles				
Religión				
Misterio				
Deportes				

Tabla 15.2. **Matriz de ideas para editar.**

Obsérvese en este ejemplo que en la columna de propiedades están identificadas cinco variables binarias, cosa que habrá que tener en cuenta a la hora de calcular la cantidad morfológica, que será:

$$Q = 10 \times (5 \times 2) \times 3 \times 5 \times 3 = 4.500 \text{ combinaciones.}$$

Cifra absolutamente inabordable. Deberemos usar la intuición para seleccionar combinaciones preferentes antes de pasar al análisis detallados de las propuestas.

Método de los mapas mentales *(mind map)*

Creado por: Tony Buzan (1993).
Participantes: De 1 a 6.
Estrategias principales que usa: Pensamiento lateral y división de problemas.
Campo de aplicación: Creatividad basada en análisis de conceptos.
Requiere: Intuición, lógica y planificación.

Descripción

El mapa mental *(mind map)* es un diagrama arborescente que se construye para relacionar de manera totalmente libre, alentando el pensamiento lateral, conceptos, ideas o tareas derivados del objetivo central que se buscan utilizando a discreción palabras clave, colores, lógica, ritmo visual, números e imágenes.

Los mapas mentales se utilizan para *generar, visualizar, estructurar y clasificar ideas,* y como una ayuda para estudiar y organizar la información, resolver problemas, tomar decisiones o escribir un texto complejo. Sirven para reunir un buen análisis conceptual de los puntos que se desea destacar alrededor de un tema e indican de forma sencilla la manera en que estos se relacionan entre sí.

No tienen una estructura o un orden preestablecido. Constarán siempre de una palabra o imagen central o concepto, en torno al cual se dibujarán de cinco a 10 ideas principales que han sido sugeridos por el concepto central. A partir de cada una de las palabras derivadas, se extenderán las ramas de ideas que nos vayan aportando, sin predeterminar cuántas divisiones ni qué longitud debe tener cada rama.

El mapa mental busca y exige imágenes para su construcción. Las imágenes y dibujos tienen varias funciones:

1. Proporcionar ayudas nemotécnicas.
2. Expresar con dibujos conceptos e ideas complejas, lo que ahorra muchas palabras.
3. Facilitar nuevas conexiones mentales. Está demostrado que las imágenes conectan más rápidamente que las palabras las ideas afines, por lo que buena parte de la eficacia de un mapa mental está en su capacidad visual para generar nuevas conexiones y retener las ideas con el hemisferio derecho del cerebro.
4. Equilibrar las ideas verbales con representaciones visuales.

Observaciones

Ramon Llull (1235-1315) fue un auténtico precursor de los mapas mentales con los esquemas circulares que utilizaba para exponer sus filosofías.

Aunque presenta similitudes, no hay que confundir este método con la técnica de los mapas conceptuales. Un mapa conceptual se centra únicamente en conceptos y se estructura de manera jerárquica, descendiendo de los conceptos básicos a los particulares, con conectores específicos (proposiciones).

En la figura 15.1 se expone un ejemplo de mapa mental sobre el tema del «futuro ideal» que puede desear jóvenes adolescentes.

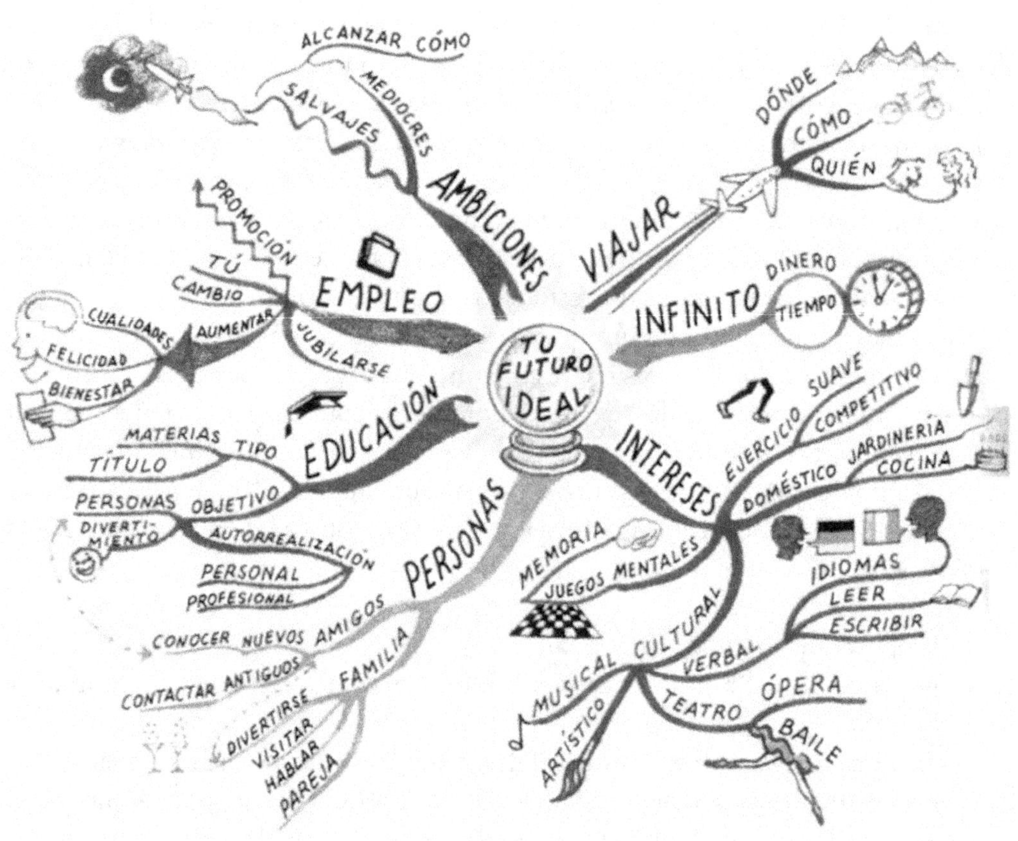

Figura 15.1. **Mapa mental sobre «Tu futuro ideal».**

Método de la flor de loto

Creado por: Yasuo Matsumura.
Participantes: De 1 a 5.
Técnicas principales que usa: Análisis morfológico, descomposición del problema en subproblemas y cambio de perspectiva.
Campo de aplicación: Encontrar soluciones innovadoras evolutivas.
Requiere: Lógica y planificación.

Descripción

Es una herramienta que se basa en el pensamiento analítico y busca la estimulación de nuevas ideas mediante un diagrama visual para registrar la relación entre un concepto central y los subconceptos asociados.

Fue desarrollado por Yasuo Matsumura, presidente de Clover Management Research (Chiba City, Japón), basándose en el método de pensamiento creativo que usó Charles Darwin para desarrollar la teoría central de la evolución de las especies. La herramienta central del método es el *diagrama de la flor de loto.*

Se parte de una flor de loto central y se rellenan los ocho pétalos que la circundan con ocho ideas o propuestas relacionadas con el tema central que nos ocupa (el problema a resolver u objetivo a conseguir). Cada uno de los ocho pétalos pasa a continuación a ser el centro de una nueva flor de loto y se procura que tenga ocho pétalos más (figura 14.2). Los temas centrales llevan a ideas que pasan a ser otros temas centrales, y así sucesivamente: los temas que se despliegan provocan nuevas ideas y temas resultantes.

Este proceso puede reiterarse mientras veamos que van surgiendo ideas estimulantes. Una vez completado al máximo posible el diagrama, se pasa a evaluar las diferentes propuestas surgidas y vamos seleccionando las que nos parecen más viables para ir elaborándolas.

La principal ventaja de la flor de loto es que suele propiciar un cambio en la perspectiva del problema y, al hacernos explorar todas las posibilidades e implicaciones, se adquieren diversos puntos de vista sobre el mismo problema, lo que permite establecer conexiones de ideas y, eventualmente, identificar alternativas, que de otra forma hubieran permanecido ocultas.

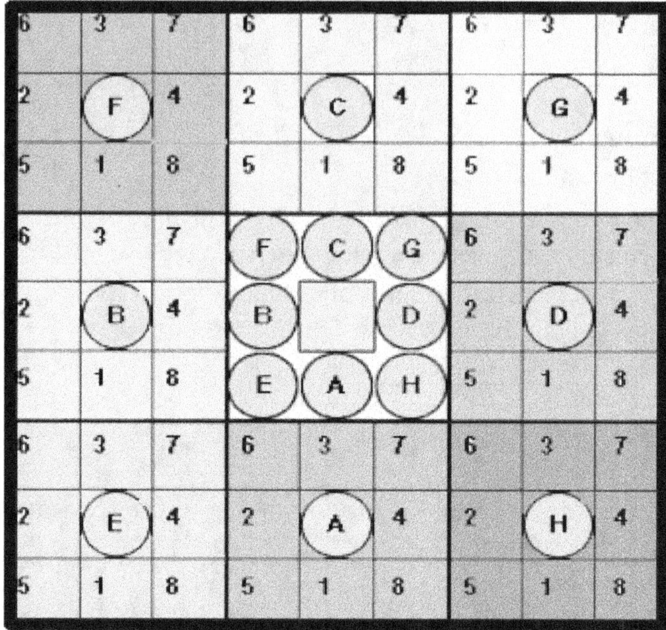

Figura 15.2. **Expansión de la flor de loto.**

Observaciones

Este método se asemeja a los mapas conceptuales en que ambos buscan la forma de visualizar toda la información relativa a un concepto principal mediante los subconceptos que lo forman para comprenderlo mejor en el momento de estudiarla.

Difiere de ellos en que, mientras los mapas mentales tienen estructura arbórea totalmente libre y están pensados para alentar el pensamiento divergente y la inclusión de todos los componentes de cada unidad de pensamiento, los diagramas de flor de loto, por el contrario, tiene estructura arbórea totalmente rígida e iterativa y piden que se focalice el pensamiento de manera convergente en ocho resultados claves de una situación dada en cada nivel de análisis que abrimos.

También se pueden encontrar ciertas afinidades con el método del análisis morfológico porque ambos parten de la búsqueda de las ideas felices a partir de descomponer el problema en sus partes constitutivas. Pero el diagrama de la flor de loto no busca el análisis de los elementos que constituyen el objeto o servicio, busca y plasma en los «pétalos» los conceptos o propuestas derivadas que asociamos al concepto principal.

Existen programas especializados para ayudarnos a construir los diagramas. Los más simples construyen el diagrama en una hoja de cálculo Excel y las descripciones y anotaciones asociadas a cada «pétalo» se escriben en documentos pdf vinculados.

Ejemplo 1: Establecer un clima creativo en nuestra empresa

Preparamos un diagrama de flor de loto. Escribimos el objetivo *(tema central en el centro del loto)* mediante la frase «establecer un clima creativo», que sintetiza nuestro objetivo.

Pensamos en ideas o aplicaciones relacionadas y las situamos en los ocho círculos que están alrededor (etiquetados de la A a la H). Las ideas que hemos hallado son: «ofrecer concursos de ideas», «crear un ambiente estimulante», «tener encuentros de pensamiento creativo», «generar formas de romper los propios moldes», «crear una actitud positiva», «establecer un comité de ideas creativas», «hacer que el trabajo sea divertido» y «expandir el significado de trabajo».

Ponemos las ideas escritas en los círculos de la A a la H como *nuevos temas centrales para las cajas de círculos que están alrededor.* Por ejemplo, la frase «crear un ambiente estimulante» en el círculo A se convertiría en el tema central para una nueva flor de loto, y así sucesivamente (figura 15.3).

Intentamos pensar en ocho nuevas ideas que deriven del nuevo tema central y las situamos en los cuadrados que lo rodean. Podemos acudir a cualquiera de las técnicas de estimulación de ideas para completar tantas «flores» como nos sea posible. Proseguimos con el proceso hasta que se agote la capacidad de nuevas ideas.

En la etapa siguiente, pasamos a *evaluar las ideas* y ponemos en marcha las que pasen el umbral de viabilidad técnica, económica y social.

Una de las ideas que una empresa real adoptó después de aplicar este método fue disponer una sala especial para pensamiento creativo. La dotaron de libros sobre creatividad, vídeos, juguetes y juegos educativos, pufs, plastilina para modelar, etc. La decoraron con fotos de los miembros de la plantilla cuando eran bebés, como un recordatorio que todos nacemos inocentes y creativos.

Ejemplo 2: Búsqueda de empleo

Un ejecutivo de *marketing* en paro utilizó el método del diagrama de la flor de loto para generar ideas que le ayudaran a conseguir un empleo.

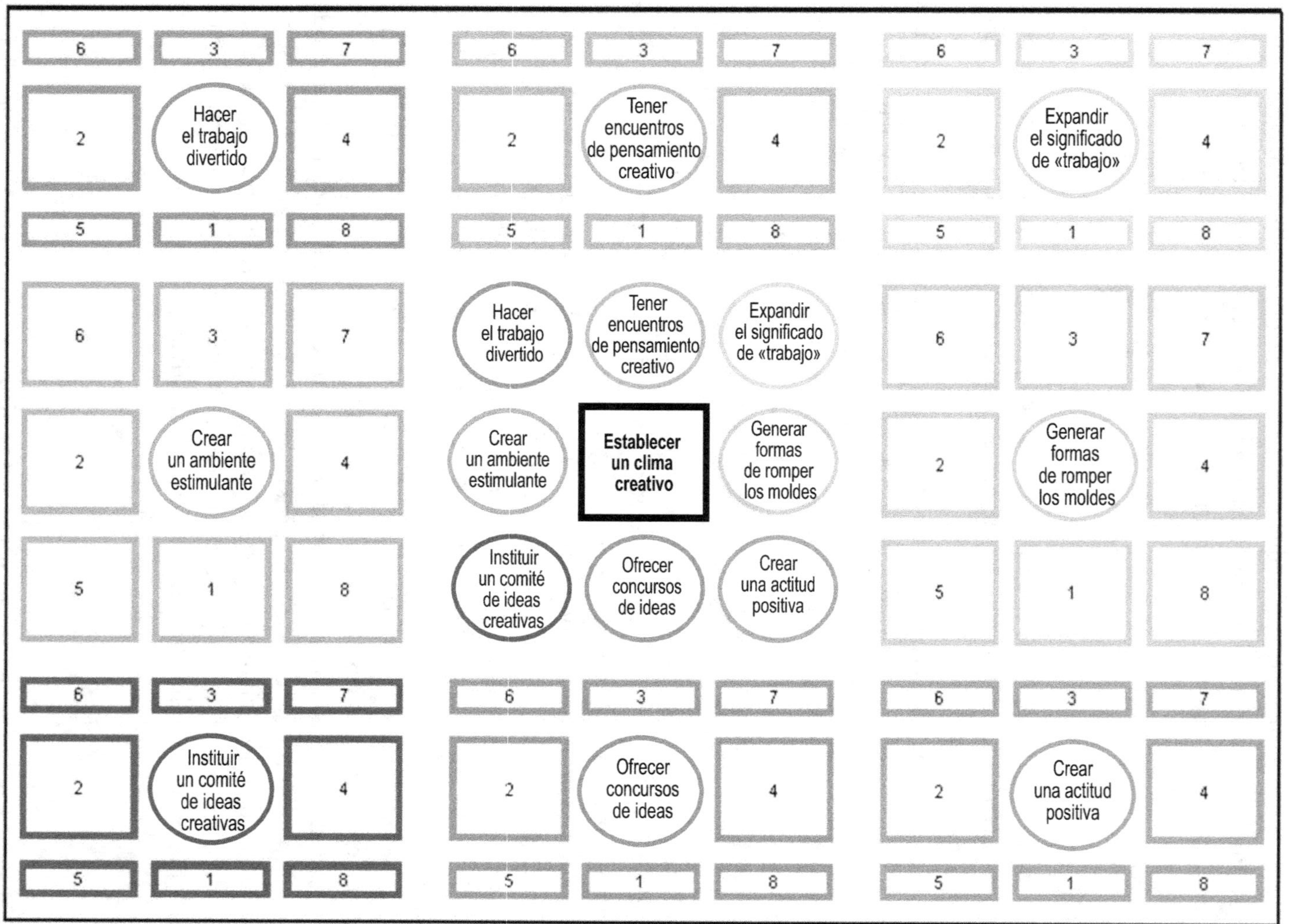

Figura 15.3. Ejemplo de una empresa creativa.

Su tema central fue «trabajo». Una de las ideas que rodeaban la caja central era «crear un resumen explicativo». La idea «resumen» se convirtió entonces en nuevo tema central y, utilizando estimuladores de ideas, le surgieron una serie de variaciones. Una de las ideas consistía en poner anuncios en los periódicos con el titular «Recompensa de 50.000 dólares». La letra menuda de debajo explicaba que un empresario podía ahorrarse 50.000 dólares por el hecho de no pagar a un cazatalentos y contratar directamente una persona con talento contrastado para el *marketing*. Cuando las empresas interesadas llamaban al teléfono que había en el anuncio, escuchaban una grabación de su *curriculum vitae*.

Recibió 45 ofertas de trabajo y pudo escoger la que más le apetecía.

Método de sinéctica

Creado por: William J.J. Gordon (1961).
Participantes: De 4 a 10.
Estrategias principales que usa: Analogías (reales o imaginarias).
Campo de aplicación: Problemas específicos mejor que generalistas.
Requiere: Intuición, lógica y planificación.

Descripción

En este método el equipo de creadores trabaja de forma interactiva con el cliente (la persona u organización que plantea el problema). Se basa en un ciclo de propuestas aproximativas que se contrastan de forma interactiva con el cliente hasta conseguir la plena aceptación de las soluciones creadas.

Se designa un *facilitador* cuyo rol es actuar de interfaz entre el cliente y el equipo creativo. El facilitador deberá abstenerse en todo momento de proponer ideas propias o comentar las sugeridas. Deberá limitarse a hacer de puente de comunicación entre las dos partes.

El método consta de los siguientes pasos:

1. **Presentación del problema:** El cliente presenta el problema a los creativos con el máximo grado de detalle posible.

2. **Delimitación del problema:** El facilitador efectúa preguntas al cliente sobre el problema (extracción de información) para intentar que el equipo disponga de toda la información necesaria.

3. **Enunciados alternativos:** El equipo de creativos reformula el enunciado del problema de dos o más maneras distintas para asegurarse de haberlo comprendido en su totalidad.

4. **Selección del enunciado de trabajo:** El cliente escoge la formulación del enunciado del problema que, según su criterio, se ajusta más a sus deseos.

5. **Generación de propuestas:** El equipo de creativos analiza el enunciado, aplica estrategias de generación de ideas y propone dos o tres esbozos de soluciones alternativas.

6. **Primera selección y evaluación:** El cliente selecciona la propuesta que estima más apropiada y la acompaña con un comentario sobre los aspectos que valora como más positivos y los que le causan motivos de reserva.

7. **Generación de nuevas propuestas:** En función de los comentarios del cliente, el equipo creativo propone dos o tres soluciones nuevas intentando vencer las reservas del cliente.

8. **Nueva selección y evaluación:** El cliente selecciona una de las alternativas presentadas y a partir de aquí se repiten los pasos 6 y 7 hasta que el cliente queda satisfecho o se agota el tiempo límite de la sesión (máximo una hora).

9. **Ciclo interactivo:** Se realizarán tantas reiteraciones del mismo ciclo como sea necesario, separándolas con un tiempo prudencial para dar lugar a la digestión de las propuestas por parte del cliente y la incubación por parte de los creativos.

Observaciones

Para la producción de propuestas se trabajará con cualquiera de las estrategias de generación de ideas. En sinéctica, lo más frecuente es trabajar con analogías, tanto si son reales como imaginarias.

Método de sinapsis

> *Creado por:* Guy Aznar (1974).
> *Participantes:* Tres grupos con funciones diferenciadas.
> *Estrategias principales que usa:* Generación de ideas y división del problema.
> *Campo de aplicación:* Problemas empresariales de cierta complejidad.
> *Requiere:* Intuición, lógica y planificación.

Descripción

El método estructura cuatro niveles de funciones complementarias (crear, realizar, evaluar y decidir) y asigna equipos técnicos diferentes a cada función (tabla 15.4).

Funciones	Grupo	Número de técnicos
Decisión	Grupo de estado mayor (GEM)	Entre 3 y 6. El Comité de Dirección con algunas personas más de elevado poder decisorio
Realización	Grupo de realización (GR)	Dos técnicos. El responsable del departamento afectado por el problema y otro directivo de apoyo. Son el cliente para quien trabaja el GC, sus interlocutores. Se encargan de transformar las propuestas del GC en ideas prácticas
Creación	Grupo creativo (GC)	Seis técnicos. El animador y cinco participantes. Responsables de la generación de ideas y de la primera fase de intersección. Se aconseja que no se incluyan expertos, puesto que podrían inhibir al grupo
Intersección	Grupo de intersección (GI)	Cuatro expertos. El GR reforzado con el animador del GC y un experto externo tratan de encontrar la intersección de las ideas propuestas con la realidad de la empresa y formular soluciones reales

Tabla 15.4. Tabla de funciones complementarias.

La secuencia en la que intervienen los grupos y las actuaciones que hacen en cada momento de su intervención son las siguientes:

1. Grupo de estado mayor (GEM): **Selecciona el problema** a resolver en función de la política y la estrategia de la empresa.
2. Grupo de realización (GR): **Delimita el problema**, eliminando indefiniciones y ambigüedades. Si el problema es demasiado complejo, define qué parcelas se abordarán. Recopila la información disponible, dentro y fuera de la empresa, para facilitarla al GC. Si es preciso, formula el problema de manera que el GC lo pueda comprender. Cuando recibe las sugerencias del GC, reformula el problema.
3. Grupo de creatividad (GC): Efectúa un **proceso cíclico,** formado por distanciamiento-estímulos-ideas-intersección.

    3.1. *Distanciamiento:* El GC se distancia del campo de la realidad actual buscando ideas originales mediante el pensamiento lateral.
    3.2. *Estímulos:* Busca la generación de ideas basándose en estrategias evocadoras como, por ejemplo, *sleep-writing,* palabras al azar, fragmentación, analogías, empatía, estímulos visuales (manchas, formas abstractas), etc.
    3.3. *Ideas:* Recopila con suspensión temporal de la crítica todas las ideas surgidas a partir de las estrategias creativas empleadas.
    3.4. *Intersección:* Realiza la primera fase de conectar las ideas generadas con la realidad, evitando el pensamiento negativo.
    3.5. El GC realizará este ciclo en tantas aproximaciones sucesivas como sea necesario para acercar las ideas a la solución. Cuando crea que ya dispone de resultados válidos, los pasará al GI.

4. Grupo de intersección (GI): Recibe las ideas del GC y hace la segunda fase de la intersección. La presencia del experto externo ayudará a **acercar más las ideas al problema.** Produce soluciones como consecuencia de las intersecciones.
5. Grupo de realización: Fija los criterios para discriminar entre las soluciones presentadas y evaluarlas. **Selecciona, evalúa y prioriza las propuestas de soluciones** que se presentarán al GEM.
6. Grupo de estado mayor: **Decide cuáles son las propuestas aprobadas** y las comunica al GR para su desarrollo.
7. Grupo de realización: Lleva a cabo un primer desarrollo de prototipos de las soluciones acordadas.

Observaciones

Las características principales de este método son:

- **Polarización:** Orientación de todos los participantes a conseguir los objetivos que tiene asignados.
- **Estratificación:** Miembros de diferentes niveles jerárquicos para diversificar las visiones sobre las soluciones propuestas.
- **Multidisciplinariedad:** Miembros con diferente formación, plan profesional, personalidad, sexo, etc. enriquecen los puntos de vista y los enfoques.
- **Autonomía:** Aunque los objetivos le vienen asignados por el GEM, el GC tiene plena autonomía de funcionamiento y decide la existencia sobre los procedimientos internos que regulen su actividad. A poder ser, es recomendable que se reúnan en local externo a la empresa.
- **Comunicación:** Es esencial que la comunicación interna sea buena, con el uso de expresiones positivas, escuchando activamente a todos los participantes y fijándose incluso en la comunicación no verbal.
- **Permanencia y estabilidad:** Se procura que todos los grupos mantengan los mismos miembros durante toda su existencia. Es recomendable que la estabilidad de los grupos sea de unos dos años.
- **Participación:** Se recomienda al GC actuar en sesiones semanales de menos de tres horas o mensuales en seminarios cerrados de dos o tres días. Se procura que las reuniones se hagan siempre plenarias.
- **Clima de confianza:** El método se basa en tres niveles de confianza, que cada miembro del GC tiene fuertes capacidades creativas; que los grupos tendrán éxito en su función y que las ideas no son individuales porque pertenecen al colectivo.

Método de la biomimética

Referencia histórica: **Leonardo da Vinci (1452-519).**
Participantes: **De 1 a 10.**
Estrategias principales que usa: **Analogías con los seres vivos y estimulación de los sentidos.**
Campo de aplicación: **Productos, servicios y sistemas de tecnologías emergentes.**
Requiere: **Instinto, intuición, lógica y planificación.**

Descripción

La biomimética consiste en obtener soluciones a cualquier problema técnico siguiendo las soluciones probadas y optimizadas por la naturaleza, a lo largo de miles de millones de años de evolución. La naturaleza cuenta con un sinfín de estrategias sostenibles, como la utilización eficiente de recursos disponibles localmente, el seguimiento de procesos cíclicos en los que nada se desperdicia, la capacidad de adaptarse a un entorno cambiante, etc. ¿Por qué no aprender de ella?

Una rama de la biomimética es la biónica, la aplicación de tecnologías electrónicas a soluciones inspiradas en la biología. Se trata de utilizar la observación de los seres vivos para estimular nuestras ideas sobre funciones a realizar o la manera de construir los mecanismos y aparatos necesarios. La botánica y la zoología son las dos principales fuentes de inspiración para el método biónico. Los seres vivos aportan buenas fuentes de inspiración porque son máquinas complejas, dotadas de una gran variedad de instrumentos de medición, de análisis, de recepción de estímulos y de respuesta a los mismos.

Dentro de la biónica se inscriben la robótica y la IA, que pretenden crear máquinas que se comporten como seres vivos, capacitadas para observar un comportamiento inteligente y aprender de las experiencias.

A la hora de querer completar el proceso creativo, en las fases de elaboración final el método biomimético requiere la intervención de especialistas en varias disciplinas —tanto biológicas como tecnológicas— con objeto de descubrir las estructuras internas de las soluciones del mundo vivo y ser capaz de trasladarlas a aparatos construidos con las tecnologías y materiales más apropiados. Una vez centrada la solución que se pretende desarrollar, hacen falta grandes cantidades de investigación y rigor científico para elaborar el producto. En estas etapas posteriores las estrategias fundamentales a aplicar son la observación y la analogía.

Ejemplo 1: Las aletas de submarinismo

Están inspiradas en las aletas de los ánades.

Ejemplo 2: El radar

El radar se inspiró en el sistema de ecolocalización que tienen los murciélagos para no chocar con los objetos en la oscuridad (son casi ciegos).

Ejemplo 3: El velcro

En 1941, el ingeniero suizo George de Mestral se inspiró en la forma en que la planta *Xanthium spinosum* se adhería a la ropa y a los pelos de su perro.

Ejemplo 4: Bañadores que optimizan la natación

Se confeccionan con tejidos, polímeros y recubrimientos inspirados en la capacidad para repeler el agua de la piel de tiburón. Los bañadores Fatskin FSII de Speedo emulan el gramaje variable de la piel hidrofóbica del tiburón y fueron usados en competición por primera vez en los Juegos Olímpicos de Pekín por el nadador Michael Phelps quien obtuvo ocho medallas de oro.

Obviamente, el mismo concepto de recubrimientos podría aplicarse para reducir la fricción del casco de barcos y submarinos, o el fuselaje de los aviones.

Método del *storyboarding*

> *Creado por:* Walt Disney (década de 1930).
> *Participantes:* De 4 a 10.
> *Técnicas principales que usa:* Estimulación por imágenes.
> *Campo de aplicación:* Productos audiovisuales, proyectos de comunicación y publicidad.
> *Requiere:* Instinto, intuición, lógica y planificación.

Descripción

El *storyboarding* –literalmente «guionizar la historia»– es un método creativo ideado en la década de 1930 por los estudios Walt Disney para ayudar a gestionar la creación de sus películas de dibujos animados. Originalmente era un *guion gráfico,* es decir, un conjunto de ilustraciones mostradas en secuencia con el objetivo de servir de guía para previsualizar una idea, crear una historia y definir la estructura de una película antes de realizarla. Se podría decir que era un «prototipo de baja fiabilidad y bajo coste» del proyecto audiovisual.

Walt Disney creó este método para motivar a los animadores y a la gente de producción a trabajar juntos en el desarrollo de un concepto. Unas ilustraciones hechas rápidamente mostraban el tema central de la historia y, por tanto, una idea embrionaria del argumento y las principales secuencias inicialmente previstas.

El objetivo del *storyboarding* es que cualquiera pueda echar un vistazo a la pizarra y ver de manera casi inmediata de qué va el tema para que se pueda incorporar a proporcionar sus ideas. Es de gran ayuda para la producción final de un proyecto audiovisual porque los detalles más técnicos y complicados sobre la realización de la película pueden ser descritos de manera eficiente en cada viñeta (la imagen), o en una anotación al pie de ella.

El nivel de detalle usado en un *storyboarding* está en función del destino final del proyecto audiovisual. En publicidad se suele dejar en forma mucho más general para que la dirección y la producción aporten su talento y enriquezcan la filmación, mientras que en cine es mucho más técnico y detallado para que sirva de guía a cada miembro del equipo de trabajo.

Modernamente se ha extendido con cierto éxito el método a otros tipos de proyectos creativos, especialmente los que tienen una fuerte carga en aspectos de comunicación y/o publicidad. Es un método efectivo para que los diseñadores ilustren y organicen sus ideas y obtengan el *feedback* del resto del equipo que interviene en el proceso creativo.

La aplicación del método a temas no audiovisuales puede realizarse mediante el siguiente esquema de procedimiento:

- Disponer de unos cuantos paquetes de tarjetas de 3 × 5 cm y rotuladores brillantes.
- Reunir a los participantes en una sala de trabajo que disponga de un tablero de corcho u otro tipo de mural donde pegar tarjetas.
- Escribir el tema a debatir en una tarjeta y situarla en el centro superior del tablero.
- En el tablero, se ordenan jerárquicamente las tarjetas que el equipo va elaborando en tres categorías: *tarjetas del tema* (definen el tema principal), *tarjetas de cabecera* (para aspectos generales, categorías) y *tarjetas de detalle* (para ideas, propuestas o consideraciones técnicas que caen en el ámbito de una cabecera).
- Cada miembro del equipo se inspira en las ideas del resto para buscar interconexiones entre ellas y encontrar nuevas ideas. Se trabaja con suspensión de la crítica: todas las ideas son bien recibidas sin la más mínima crítica (ni siquiera positiva).
- En una segunda sesión, separada de la primera por un mínimo de 24 horas, se realiza la evaluación crítica de las propuestas surgidas.

Herramientas de visualización

Los *storyboards* son más ágiles y flexibles hechos a mano, pero ganan realismo, animación e interacción cuando se usan programas de ordenador al efecto. El más elemental y popular de los programas disponibles es el PowerPoint. Programas más adecuados para proyectos audiovisuales son, entre otros, TVP Animation de TVPaint, Toonboom Storyboard de Toonboom o Story Planner de Toonz.

Beneficios del método

- Proporciona una visión general del proyecto.
- Ayuda a fijar la funcionalidad de cada elemento del proyecto.
- Muestra la secuencia de la futura producción (o de navegación si se trata de una web).
- Ayuda a comprobar que el proyecto esté completo y sea coherente.
- Es fácil de interpretar y permite que las personas usuarias finales intervengan en la evaluación crítica.

Método Delphi

Creado por: **Proyecto RAND (1950-1959).**
Participantes: **De 15 a 20.**
Técnicas principales que usa: **Opinión de expertos y predicción tecnológica.**
Campo de aplicación: **Previsión de futuro de la evolución de las tecnologías, los productos y los servicios.**
Requiere: **Intuición, lógica y planificación.**

Descripción

Se basa en el supuesto de que la previsión de futuro que podemos extraer de un grupo estructurado de expertos va a ser mucho más precisa que la que podamos obtener de un grupo no estructurado de individuos cualquiera.

El método Delphi es la utilización sistemática del juicio intuitivo de un grupo de expertos para obtener un consenso de opiniones bien informadas.

Fue desarrollado en la corporación RAND *(Research ANd Development)* en la década de 1950, al inicio de la llamada Guerra Fría, con el fin de recoger la opinión de un grupo de expertos para poder hacer predicciones sobre el daño potencial de un ataque con bombas atómicas. Es muy útil para la predicción tecnológica y para aflorar y juzgar componentes de temas confusos.

Su nombre se inspira en el oráculo de Delfos (en inglés, *Delphi)* de la Antigua Grecia y quiere destacar la función de «oráculo» predictivo que persigue el método.

El procedimiento consiste en aplicar una serie de cuestionarios sucesivos (entre dos y cinco) al grupo de expertos, entre 15 y 25 personas que entrecruzan sus respectivas predicciones hasta lograr un grado deseado de consenso entre todas ellas.

Observaciones

Es una regla fundamental del método Delphi *que todos los participantes mantengan su anonimato.* Su identidad no se revela ni tan siquiera en el informe final. Esto se hace para impedir que nadie imponga a los demás sus criterios a causa de una supuesta mayor autoridad. Se trata de obtener opiniones expertas sin prejuicios personales, sin efecto de contagio o efecto halo. La preservación del anonimato favorece que cada experto exprese libremente sus opiniones y no tenga reparos en efectuar autocrítica y admitir sus errores o cambios de opinión cuando las confronta con las de otros colegas.

Las etapas del procedimiento son:

1. **Se delimita el tema** sobre el cual se quiere hacer una previsión de futuro con la máxima precisión posible.
2. **Se selecciona el grupo de expertos** deseado y se les convence para que colabore preservando su **anonimato** frente al resto del grupo. (Puesto que el grupo requerido suele ser gente muy ocupada, deberá establecerse algún incentivo para lograr que acepten el compromiso de participar.)
3. Se somete a todos los expertos del grupo el **cuestionario inicial,** formado por pocas preguntas de cuestiones amplias y abiertas, buscando las grandes intuiciones o pronósticos que cada persona tiene sobre la evolución y las tendencias futuras del tema en estudio. Se les pide explícitamente que –para facilitar el contraste de opiniones posterior– las respuestas estén redactadas con frases breves o párrafos cortos y valorando su importancia relativa con una escala de Likert. Pueden pasarse los cuestionarios de forma presencial (el sistema preferible) o a

través de correo electrónico. Si se opta por el correo electrónico, será imprescindible montar un sistema de recordatorios a los rezagados.

4. A la luz del análisis de las respuestas recibidas del primer cuestionario, se desarrolla el **segundo cuestionario,** que deberá enviarse junto a todas las respuestas obtenidas en el primero en una única lista anónima ordenada por los distintos conceptos surgidos (usando los textos originales para que cada participante pueda reconocer sus propias contribuciones) y con la indicación de las valoraciones promedio obtenidas.

5. A partir de la cosecha del segundo cuestionario se elaborará el **tercer cuestionario** y se les pide: (a) que añadan cualquier elemento que crean que falta en la lista agregada, y (b) que puntúen en la escala de Likert la **prioridad, factibilidad, relevancia y validez** que otorgan a cada uno de los elementos de la lista. Para elaborarlo, tenemos dos opciones diferentes:

   a. *Forma clásica:* La lista de elementos aparece en el orden de sus puntuaciones medias y se pide al grupo que haga los cambios que crean que debería haber en dicha valoración.
   b. *Técnica alternativa:* Se adoptan tan solo los elementos puntuados por encima de un determinado nivel y se eliminan los restantes. Se envían en capítulos individuales (un capítulo por elemento) y se pide a los expertos que los valoren.

6. Se detienen las rondas de cuestionarios cuando se observa que emerge un **patrón estable de convergencia de opiniones.** Hay que tener en cuenta que muy pocos grupos de expertos van a tener paciencia para tantas rondas, a no ser que el tema también sea de gran importancia para ellos.

7. El **resultado final de un Delphi** puede ser bastante extenso, especialmente cuando se usa para aflorar y priorizar los distintos pronósticos de tendencias futuras. Un grupo de 20 miembros puede generar fácilmente de 15 a 20 conceptos cada uno (lo cual nos da entre 300 y 400 conceptos diferentes), por lo que, como en cualquier forma de *brainwriting*, será necesario algún tipo de filtro sobre las respuestas obtenidas. Se aplica una técnica de análisis convergente al resultado final de los cuestionarios y se genera la síntesis buscada.

8. **Difusión del informe resumen.** Ya que los miembros del grupo han sido escogidos por sus conocimientos y/o su implicación directa en el tema, seguramente tendrán bastante interés en recibir el resultado por lo que, normalmente, al final del proyecto, a cada participante se le envía el informe resumen y una carta de agradecimiento.

Observaciones

El método Delphi está considerado como uno de los métodos subjetivos de pronosticación más confiable.

No deja de ser una variante más del *brainwriting (brainstorming* por escrito).

Ante la elevada carga administrativa que requiere, nos puede facilitar la vida el uso de los programas informatizados existentes que incorporan con éxito la gestión del método Delphi.

Método de seis sombreros para pensar

Creado por: **Edward de Bono (1985).**
Participantes: **De 1 a 10.**
Estrategias principales que usa: **Abierto al uso de todas las estrategias creativas.**
Campo de aplicación: **Innovación de productos, servicios, procesos o cualquier tema de debate.**
Requiere: **Instintos, emociones, intuición, lógica y planificación.**

Descripción

Es un método de juego de roles que busca coordinar el empleo de las cinco dimensiones de la mente al completo con un elevado grado de libertad. Permite adaptarse a las personas que forman el equipo, al problema concreto y al entorno particular. Utiliza un código visual para facilitar que cada miembro del equipo creativo sepa en todo momento a qué atenerse.

Las reglas del método son muy simples. Seis sombreros (imaginarios o reales) de seis colores distintos nos indican en cada momento el tipo de pensamiento que la persona va a formular. Los sombreros involucran a los participantes en un juego de rol mental. En cualquier momento un pensador puede escoger el color de su sombrero (su manera de aproximarse al tema) o puede ser instado por el resto del equipo a cambiar de color. Una persona puede mantener el mismo color de sombrero durante toda la reunión o cambiarlo tan a menudo como le convenga. Cuando alguien se pone el sombreo azul indica que quiere planificar el transcurso de la reunión, ocasión que puede aprovechar para proponer secuencias de utilización organizada de los distintos sombreros (maneras de enfocar el tema).

Los colores de los seis sombreros se resumen en la tabla 15.5.

El método alterna los clásicos argumentos en pro (sombrero amarillo) y en contra (sombrero negro) acompañados de una exploración creativa que busca nuevas alternativas (sombrero verde).

Cuando es necesario explorar un tema a fondo y de manera efectiva, se puede crear una secuencia determinada de sombreros: «Sugiero que empecemos con el blanco y después cambiemos al verde y...». El sombrero azul se utiliza para componer las distintas secuencias de actuación de los otros colores; para comentar sobre el tipo de pensamiento que se está produciendo; para resumir lo que se ha pensado y llegar a conclusiones.

Observaciones

El método se basa en aprovechar las cinco dimensiones de la mente: instintos, emociones, intuiciones, razonamientos y capacidad de planificación (véase Guilera, 2006), pero advirtiendo previamente de una manera rápida y visual cuál es

Color	Tipo de pensamiento	Significado
Blanco	Pensamiento racional	Una mirada objetiva a los datos y a la información. «Los hechos son los hechos»
Rojo	Pensamiento emocional	Se expresan las emociones, los sentimientos y los posibles presentimientos, sin necesidad de justificarse
Negro	Pensamiento analítico negativo	Significa la crítica, la lógica negativa, el juicio y la prudencia. Los motivos por lo que algo pueda ir mal
Amarillo	Pensamiento analítico positivo	Simboliza el optimismo, la lógica positiva, la factibilidad y los beneficios
Verde	Pensamiento creativo	Indica que se va a usar el instinto y la intuición para expresar nuevas percepciones, nuevos conceptos, ideas originales, posibilidades alternativas
Azul	Pensamiento planificador	Se proponen secuencias y actuaciones concretas para el control y gestión del proceso de pensamientos

Tabla 15.5. Seis sombreros, seis enfoques.

la dimensión mental que se está aplicando. Ello obliga a cada participante a clasificar claramente el sentido de cada una de sus aportaciones y evita, por ejemplo, las típicas confusiones de tomar simples intuiciones por hechos demostrados o viceversa.

El método puede parecer extremadamente simple e incluso infantil, pero, si se aplica correctamente, proporciona buenos resultados. He aquí algunos de los beneficios que reporta:

- Es fácil de aprender y de utilizar.
- La visualización de los sombreros y de los colores lo hace atractivo a las personas poco habituadas a sesiones de trabajo colaborativo.
- Garantiza que se dedicará tiempo al esfuerzo creativo deliberado. Cualquiera puede pedir «cinco minutos de pensamiento con sombrero verde».
- Permite la expresión legítima de sentimientos y prevenciones sin que haga falta acompañarlas de justificaciones ni disculpas. Cuando alguien dice «esto es lo que siento», se entiende que se ha puesto el sombrero rojo.
- Proporciona una manera simple y directa de conmutar el pensamiento que se acaba de expresar sin ofender a nadie ni entrar en diatribas. Diremos: «¿Qué tal un poco de pensamiento de sombrero amarillo sobre este punto?».
- Facilita que todos los pensadores se esfuercen en utilizar cada uno de los sombreros en vez de quedarse encerrados en solo un tipo de pensamiento como suele pasar a veces en sesiones de generación de ideas.
- Separa el ego del rendimiento productivo de los pensamientos. Libera las mentes capaces para poder examinar el tema más completamente.
- Proporciona un método flexible y adaptable de pensar para utilizar diferentes aspectos del pensamiento en la mejor secuencia posible.

Método TRIZ (teoría para la resolución de problemas de invención)

Creado por: Genrich S. Altschuller (entre 1946 y 1984).
Participantes: No especificado.
Técnicas principales que usa: Principios inventivos universales, analogías estructurales, cambio de perspectiva y capacidad de adaptación.
Campo de aplicación: Problemas de tipo técnico y tecnológico.
Requiere: Analítica y planificación.

Descripción

TRIZ son las siglas del ruso *Teoriya Resheniya Izobreatatelskikh Zadatch*, esto es, teoría de la resolución inventiva de problemas.

Se basa en la afirmación del ingeniero soviético Genrich S. Altshuller de que la creatividad puede ser tratada como una ciencia exacta[25] y que, en consecuencia, se puede resolver con el uso exclusivo de la mente racional. Parte de la idea de que toda la intuición necesaria ya ha sido utilizada en las invenciones existentes y que en todos los problemas podemos hallar uno de similar que ya ha sido resuelto.

La investigación de TRIZ comenzó en 1946 cuando Altshuller se encargó de estudiar las patentes existentes. Construyó una metodología integral de innovación sistemática, adecuada para todo tipo de problemas de innovación y gestión de la innovación, que fue inicialmente ideada y desarrollada en la antigua Unión Soviética, y que prácticamente nadie fuera del Bloque del Este había oído hablar de él antes de la caída del Muro de Berlín.

Se basa en el estudio sistemático de más de dos millones de las patentes más exitosas del mundo y la construcción de un método de resolución de problemas que combina las analogías conceptuales de esas soluciones procurando eliminar los límites entre las diferentes industrias.

Los principales hallazgos de la innovación sistemática son:

- Que los mismos problemas y soluciones aparecen una y otra vez en diferentes industrias, a pesar de que la mayoría de las organizaciones tienden a reinventar la rueda en lugar de mirar más allá de sus propias experiencias o las experiencias de sus competidores directos.
- Que las soluciones más poderosas son las que eliminan exitosamente los compromisos y compensaciones que convencionalmente se consideran inherentes a la viabilidad de los sistemas.
- Que hay un número limitado de posibles estrategias para superar tales contradicciones.
- Que las soluciones más potentes también aprovechan al máximo los recursos. La mayoría de las organizaciones están muy inclinadas a resolver problemas agregando cosas en lugar de hacer que las cosas actuales funcionen de manera más efectiva, o transformando las cosas vistas como dañinas en algo útil.

---

[25] Véase la traducción al inglés de su obra en Altshuller (1984).

- Que las tendencias de evolución tecnológica siguen caminos altamente predecibles.

TRIZ se estructura en los cuatro niveles progresivos mostrados en la figura 15.4. En primer lugar, una colección de herramientas; en segundo, un procedimiento que vincula diferentes herramientas con cualquier situación de innovación y, en tercer lugar, una serie de ideas filosóficas que conducen al cuarto nivel: la excelencia de las soluciones (el objetivo perseguido).

Los cinco pilares de la filosofía de TRIZ

La excelencia se consigue aplicando las mejores prácticas existentes en todas las áreas de esfuerzo. Uno de los axiomas de Altshuller es que es muy posible que alguien en algún lugar ya haya resuelto el problema con la debida excelencia en el mismo

Figura 15.4. Los cuatro niveles del método TRIZ.
IFR: resultado final ideal.

dominio de conocimiento o en otro. Pocos expertos en un campo de conocimiento concreto tienen tiempo para familiarizarse con otros campos y aquí es donde el TRIZ se convierte en una oportunidad. El método parte del hecho de que industrias muy diferentes están resolviendo problemas de analogía estructural muy similar, y que construir un marco apropiado para el conocimiento hace posible cerrar sistemáticamente las brechas que tradicionalmente existen entre las diferentes industrias y ciencias. Al experto, por lo tanto, se le ofrece la oportunidad de ver cómo los expertos en otros campos han resuelto problemas similares, aunque a primera vista esos problemas no parezcan ser los mismos.

TRIZ nos proporciona medios para acceder a las buenas soluciones obtenidas por las mejores mentes inventivas del mundo y nos permitirá identificar quién y cómo se resolvió ese problema similar al nuestro en otros sectores. En caso contrario, nos permitirá conectarnos con industrias que aún no han resuelto problemas similares y, por lo tanto, proporcionar una oportunidad de colaborar con ellas en la búsqueda de la solución.

Hay que asociar la definición de nuestro problema específico a un el problema genérico de TRIZ que lo abarque (véase la figura 15.5). Analizando la solución genérica contenida en TRIZ, la adaptaremos a la solución específica que requiere nuestro problema.

Los cinco pilares de la filosofía que sustenta el método se detallan a continuación.

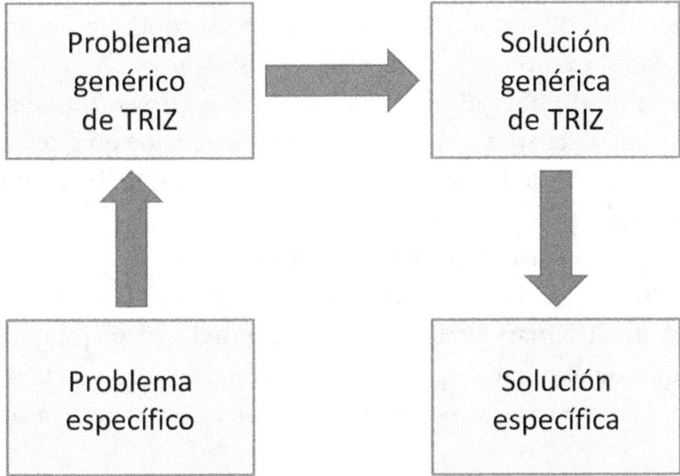

Figura 15.5. El proceso básico de resolución de problemas de TRIZ.

Pilar 1: Funcionalidad

Cada sistema persigue una función útil principal (que llamamos MUF, por las siglas en inglés de *main useful function)* y cualquier componente del sistema que no contribuya al logro máximo de esta función es en última instancia perjudicial. En un intercambiador de calor, por ejemplo, la MUF consiste en transferir calor al medio que calentamos; todos los componentes auxiliares que reciben calor sin que sepamos cómo evitarlo perjudican la MUF.

La funcionalidad es el hilo común por el cual resulta posible compartir el conocimiento entre industrias muy diferentes. Un automóvil es una solución específica para la función genérica «mover personas», del mismo modo que un detergente en polvo es una solución específica para la función genérica «eliminar objetos sólidos». Al clasificar y organizar el conocimiento por funcionalidades, es posible que los fabricantes de detergente en polvo examinen cómo otras industrias han logrado la misma función básica de «eliminar objetos sólidos». «Las soluciones cambian, las funciones permanecen igual... la gente quiere un agujero, no un taladro.»

Una serie de bases de datos de conocimiento clasificados funcionalmente están ahora disponibles comercialmente. Una versión gratuita está disponible en internet.[26]

Pilar 2: Idealidad

El concepto de idealidad es, en muchos aspectos, similar al concepto de «valor». Se define como la suma de los beneficios que un sistema aporta a su usuario dividido por la suma del costo de soportar cualquier efecto secundario negativo que pueda ocurrir (desperdicio, tiempo de espera, daño ambiental, etc.).

Se busca el resultado final ideal (IFR, por *ideal final result)* que se define como ese punto en el que el cliente obtiene todos los beneficios que desea, sin ninguno de los costos o daños asociados. Es un concepto teórico que sirve para establecer un objetivo de evolución a largo plazo.

La realidad es que los sistemas evolucionan a través de una serie de saltos discontinuos o curvas S. La figura 15.6 ilustra una dinámica fundamental que rige la evolución de todos los sistemas: cualquier sistema individual mejorará hasta el punto en que sea incapaz de mejorar aún más, entonces, siempre que el cliente exija nuevas mejoras, la única forma de avanzar es hacer un salto discontinuo a otro sistema.

---

[26] Véase http://www.triz40.com/.

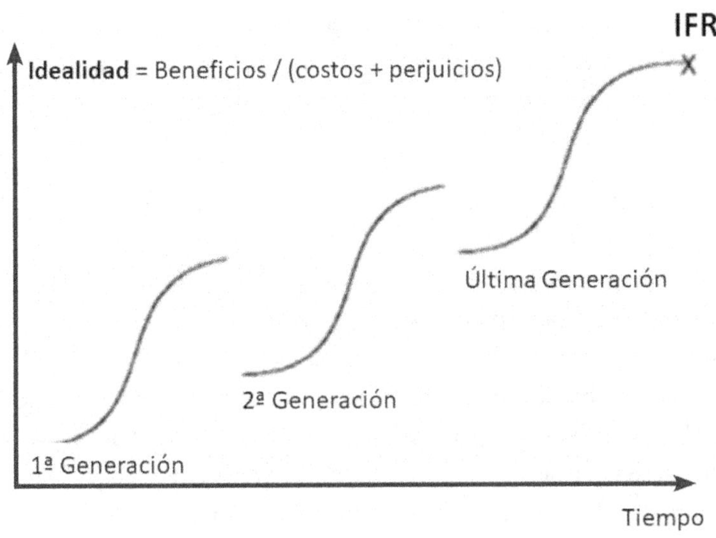

Figura 15.6. **La dinámica fundamental de la innovación.**
IFR: resultado final ideal.

La innovación sistemática parte de la base que los pasos que indican un cambio de una curva en S a la siguiente son altamente predecibles.

Pilar 3: Contradicciones

Este pilar es probablemente la herramienta de TRIZ que cuesta más de comprender. Parte de la razón de ello es que el objetivo de identificar y eliminar las contradicciones es muy diferente del empleado en las estrategias tradicionales de resolución de problemas. En casi todas las metodologías de resolución de problemas, el énfasis se pone en la importancia de lograr compromisos «equilibrados» con los parámetros conflictivos del problema. El cambio importante de paradigma que propugna la filosofía de contradicciones de TRIZ es que la solución de problemas pasa por buscar activamente los conflictos y contradicciones inherentes del sistema para tratar de «eliminarlas». Para este fin dispone de una serie de herramientas de «eliminación de contradicciones», principalmente la *matriz de contradicciones* que encapsulan en una lista de *40 principios inventivos* cómo otros las han resuelto con éxito en problemas similares. La consulta a la matriz de contradicciones permite a quien deba solucionar los problemas reducir esa lista de 40 a cinco o seis principios más manejables que podrán aplicarse a intentar eliminar su contradicción individual.

La eliminación de contradicciones es una de las herramientas más poderosas de la resolución de problemas que proporciona TRIZ, porque la eliminación de las contradicciones suele extender los beneficios más allá de los objetivos iniciales.

Pilar 4: Uso de recursos

Un recurso es cualquier componente del sistema que no se está utilizando a su máximo potencial. El descubrimiento de tales recursos revela *oportunidades para mejorar el diseño del sistema.*

TRIZ exige que la búsqueda de recursos también tenga debidamente en cuenta los negativos. En términos de innovación sistemática, incluso las cosas malas podrían transformarse en buenas: simplemente no hemos pensado lo suficiente sobre cómo hacer la transformación de limones a limonada.

Pilar 5: Perspectiva del problema

Nuestra perspectiva sobre el problema ejerce un papel muy importante en la búsqueda de soluciones. Por lo tanto, es muy importante poder ver las cosas desde muchos puntos de vista diferentes, no solo física y temporalmente, sino también las relaciones e interfaces. Una definición incorrecta de la situación nos apartará de la solución. El pilar de la interfaz espacio-tiempo del método consiste en permitir a las personas usuarias reestructurar sistemáticamente su perspectiva del problema para evitar una definición incompleta o incorrecta del mismo.

El único límite para el número de soluciones que se pueden encontrar *con distintas perspectivas* depende tan solo de la capacidad de la persona solucionadora de problemas a la hora de interpretar los *principios inventivos*. Con la práctica, es posible que pueda seguir generando soluciones viables sin compromiso durante varias horas.

Observaciones

Actualmente disponemos de mucha información sobre el método en internet.[27]

A pesar de que TRIZ nos dice que los sectores de energía nuclear, aeroespacial, biociencias, microelectrónica, procesos químicos, automotriz, alimentos, educación,

---

[27] Aconsejamos consultar *The TRIZ Journal:* https://triz-journal.com/.

política, recursos humanos, logística, etc., están resolviendo problemas similares, resulta muy difícil confiar en que alguien ya haya resuelto nuestro problema específico. Pero el contraste con más de dos millones de análisis podrá ratificarlo o negarlo. A medida que las empresas y las personas estén cada vez más dispuestas a exponer en TRIZ lo que están haciendo, será cada vez más probable que encontremos algo relacionado con nuestra situación específica.

Se estima que aprender el método TRIZ requiere una inversión de tres a seis meses de esfuerzo. Ninguna organización va a asumir este nivel de compromiso sin cierta fe en que los beneficios a obtener superarán los costos.

Capítulo 16
Cómo se puede medir la creatividad

«La creatividad y la innovación son muy a menudo explicadas con misteriosas terminologías y teorías, usando términos difusos, intangibles, subterráneos, acientíficos, cuentos de hadas. Para poder manejarlas, necesitamos que se hable de ellas de una manera real, tangible, útil. Necesitamos conceptos medibles para explorar los principales dominios que son comunes en el reino de la creatividad».
Raffaello Network, tienda de ropa de marca online

La capacidad creativa de un individuo no es estable y varía según sus circunstancias personales. Lo que está claro es que, por ley natural de las diferencias individuales, dos personas distintas difícilmente tendrán la misma capacidad creativa. Es lógico, pues, que se pretenda cuantificar mediante un coeficiente numérico.

Puesto que hay distintas maneras de entender la creatividad, también hay diferentes técnicas, métodos e instrumentos para evaluarla. Consultando los textos de Alonso Monreal (2000), Sternberg y Lubart (1999), Mayer (1999), Gardner (1995) y distintos analistas, vemos que las investigaciones sobre la evaluación de la creatividad se clasifican en seis enfoques distintos: psicométrico, experimental-cognitivo, computacional, psicobiológico, biográfico y contextual. Este presente capítulo se limita a exponer los intentos que nos parecen más destacables de la vía psicométrica.

Los test de creatividad

De la misma manera que la psicometría intenta medir la inteligencia racional o la inteligencia emocional mediante respectivos test, también se han desarrollado test para cuantificar la creatividad a partir de algunos de sus indicadores más destacados.

Son múltiples y diversos los que se han construido para esta finalidad. La mayoría de ellos se basan en la introspección subjetiva (cosa que automáticamente disminuye de forma dramática su rigor).

Solo los de mayor rigor científico se basan en mediciones indirectas de factores que configuran la creatividad y, por ende, aportan más objetividad.

Test basados en medición indirecta de factores

Los antecedentes primigenios son el *Test de estructura de la inteligencia* de Joy Paul Guilford y el *Test de pensamiento creativo* (TTCT, por *Torrance thinking creative Test)* de E. Paul Torrance. Se fundamentan en discriminar los conceptos de pensamiento divergente y convergente y en la medición de los factores de fluidez, flexibilidad, originalidad y elaboración. Algunos teóricos posteriores han hecho notar que estos test tienen dos inconvenientes graves:

1. No contemplan de manera adecuada el factor tiempo (se necesita una inversión de tiempo distinta para cada persona y cada momento).
2. Su medición no se adapta al dominio específico de actividad ni al entorno social y cultural concreto.

Uno de los test más usados, sobre todo en los ámbitos de la enseñanza, ha sido el *Test de abreacción para la evaluación creativa* (TAEC), creado por Saturnino de la Torre (1996), que evalúa la creatividad a través de la producción gráfica.

Otra de las propuestas más aceptadas es el *Test CREA,* desarrollado por Corbalán *et al.* (2003). Mide la inteligencia creativa evaluando la capacidad de generar cuestiones en un contexto teórico de búsqueda y solución de problemas. El test consta de tres láminas de estímulo (A, B y C) a partir de las cuales los entrevistados deben formular preguntas. Cada interrogante supone un nuevo esquema cognitivo nacido de la interacción del estímulo con la capacidad del sujeto de abrir esa nueva información a toda la que él ya dispone.

El Test CREA, a diferencia de los test de Guilford y de Torrance, proporciona un único coeficiente indicativo de la capacidad creativa de los sujetos. Sin embargo, sabemos que esta capacidad está estrechamente relacionada con los factores tradicionalmente utilizados para definir la creatividad: originalidad, fluidez, flexibilidad y producción divergente entre ellos. Ofrece una medida indirecta de la creatividad, en tanto que fuerza a activar los mecanismos que participan en el acto creativo, pero no implica estrictamente una ejecución productiva creativa. Debemos considerarlo como una medida de capacidades potenciales. No nos informa acerca de los mecanismos de creatividad que el sujeto pone en uso habitualmente, sino de cuántos sería capaz de poner en práctica si tuviera la actitud necesaria.

El Departamento de Psicología del Centro de Enseñanza Superior Villanueva, adscrito a la Universidad Complutense de Madrid, ha desarrollado el *Test PIC (prueba de imaginación creativa)* que permite evaluar tanto la creatividad narrativa o verbal como la figurativa o gráfica a través de la medida de algunas de las variables más relevantes en el estudio del pensamiento divergente o creativo. Esta prueba consta de tres versiones: la PIC-N, que ha sido diseñada para niños de tercero a sexto de primaria y ha demostrado unas buenas propiedades psicométricas, es decir, para valorar el talento creativo de los escolares españoles; la PIC-J: destinada a alumnos de secundaria y bachillerato; y la PIC-A destinada a adultos.

M. Romo, V. Alfonso y M. J. Sánchez-Ruiz idearon el *Test de creatividad infantil (TCI)*, para aplicar a los alumnos de educación primaria entre 6 y 12 años.

Existe un *Test de visualización creativa* basado en los estudios de Roland A. Finke sobre imágenes mentales e originalidad. Es un tipo de prueba que pretende medir la capacidad de invención imaginativa. Se le presentan al participante figuras geométricas sencillas, letras o números que deben combinarse mentalmente para formar una figura reconocible y asociable con un número o término. Se mide el tiempo que necesita, como mínimo un minuto, para cada combinación de formas. También se les pide a los participantes su valoración, de mayor o menor, de las figuras que han generado.

Carlos Cobarrubias, de la Universidad Autónoma de San Luis Potosí (México), ha puesto en marcha otro *Test psicotécnico de creatividad*. Es una prueba que intenta medir la capacidad de pensamiento divergente. Consta de 24 tarjetas, 10 de ellas con imágenes, seis con colores y ocho con palabras. Se intenta medir la fluidez verbal, la fluidez de ideas, la flexibilidad espontánea, la capacidad de asociación, la fluidez de expresión, la originalidad y la sensibilidad a los problemas. La puntuación para cada indicador se basa en la escala de tiempo requerida para cada prueba específica de combinación entre las tarjetas.

Robert Epstein, el creador de la teoría de la generatividad, desarrolló el *Inventario de competencias de creatividad para individuos* (ECCI-i) para medir cuatro tipos de aptitudes básicas.

Test basados en la introspección

En libros sobre creatividad se pueden encontrar muchos test de creatividad que se basan en la *introspección subjetiva*. A modo ilustrativo se referencian unos pocos.

En el capítulo final de bibliografía se especifican las direcciones de las webs correspondientes. Hay que tener cierta cautela porque en internet se encuentran muchos test de este tipo que suelen ser, la mayoría de ellos, de escaso rigor y de dudosa efectividad.

- El autotest de creatividad que incluyen los autores Ponti y Ferràs (2008) en su libro *Pasión por innovar*.
- Conjunto variado de test para medir distintos aspectos de la creatividad publicados en la web del Instituto Avanzado de Creatividad Total, del Dr. David de Prado.
- Encuesta del Instituto Universitario de Creatividad e Innovaciones Educativas de la Universidad de Valencia.
- Test de la web peruana Info Art.
- Test del portal de psicología y medicina del Centro de Psicología Virtual (CEPVI).

Ninguno de los cuestionarios o test de creatividad existentes se ha ganado el prestigio de rigor psicológico o científico necesario para convertirse en un estándar universalmente aceptado, sino que solo sirven para un aspecto concreto. No existe, pues, un instrumento consensuado para evaluar la creatividad de cualquier tipo de estudiante, en cualquiera especialidad. Ni tampoco disponemos de un instrumento que pueda ser utilizado para evaluar todos los aspectos significativos de la creatividad profesional. Y otro detalle importante a considerar: hoy en día es muy frecuente que las personas creadoras trabajen en equipo. Comprobamos todos los días, empíricamente, que el trabajo colaborativo en grupo potencia la creatividad, pero no disponemos de ninguna herramienta que permita medir la creatividad de un colectivo.

Pasa con la creatividad lo mismo que con la inteligencia. Una cosa es tener la capacidad (el potencial) y otra es la manifestación de esta capacidad en un momento dado (resultados concretos y particulares). Como en la fábula de la liebre y la tortuga, ante un problema o una situación particular, puede ganar la carrera el que dispone de menor potencial, pero aplica mayor dedicación y tenacidad en su trabajo.

Quien decida utilizar uno de los test de creatividad existentes deberá informarse de qué factores está midiendo y ser consciente de relativizar las mediciones que obtenga.

Capítulo 17

Apuntes sobre psicología de la creatividad

«Las mentes analíticas estudian el mundo tal como es, las mentes creadoras fabrican mundos que nunca habían existido». *Llorenç Guilera, coautor de este libro*

Perspectiva multidisciplinaria de la creatividad

La creatividad se ha identificado tradicionalmente como una parte constitutiva de las artes y las humanidades. Más recientemente, se ha visto la importancia de la creatividad en las ciencias, las ingenierías, el diseño y la economía y se ha ampliado a estos ámbitos el espectro de su estudio.

La sociología estudia la creatividad como *producto social,* como fruto de la actividad que el ser humano, en su calidad de miembro de un grupo, es capaz de llevar a cabo en su relación con los demás grupos que conforman la sociedad. La psicología analiza la creatividad como *capacidad humana,* como algo que ocurre dentro del sujeto y se manifiesta en su comportamiento externo. Intenta describir el proceso a través del cual se llega al producto creativo. La psicología cognitiva lo intenta a través de la investigación de los *procesos cognitivos* que intervienen en el acto creativo. La psicología evolutiva lo intenta a través de investigar cómo se comportan por separado en el acto creativo las *distintas capacidades mentales* que la evolución ha configurado en el cerebro humano (instintos, emociones, intuiciones, razonamientos y capacidad de planificación). Las neurociencias intentan comprender los *circuitos neuronales* que intervienen en el proceso creativo y aplicarlos a la IA. La psicología social estudia la influencia que el *contexto social* ejerce sobre el comportamiento humano y en qué medida los comportamientos creativos se deben a la presión o influencia que ciertas circunstancias o situaciones sociales ejercen sobre la conducta humana. En administración de empresas se estudia cómo aplicar la creatividad a la *innovación empresarial* para ganar competitividad. En las ingenierías y carreras técnicas se estudia cómo aplicar la creatividad para hallar mejores *tecnologías y soluciones técnicas* a problemas reales. En diseño se estudia cómo aplicar la creatividad a la obtención de *mejores productos y servicios en cualquier ámbito* de actividad.

La creatividad es el principio básico de aplicación de la inteligencia al mejoramiento de la calidad de vida de las personas y, en consecuencia, al progreso de la sociedad. La creatividad es una de las estrategias fundamentales de la evolución natural de las sociedades. Sin creatividad, no hay ni evolución ni progreso posible.

Capacidad creativa

Galia Sefchovich y Gilda Waisburd (1987) y otros muchos autores afirman que la personalidad creativa es natural en las personas, pero se puede malograr en los años de la infancia, bien por los efectos del entorno social o por la inhibición que la educación escolar convencional provoca con sus modelos y estereotipos. La mayoría de los autores cree, sin embargo, que la capacidad creativa se puede recuperar a prácticamente cualquier edad con una reestructuración educativa apropiada.

Esto equivaldría a afirmar que la sociedad y la educación suelen inhibir y perjudicar la actitud creativa infantil pero no consiguen inhabilitar del todo las aptitudes creativas, que permanecen sin daños irreparables y pueden recuperarse con el tratamiento adecuado.

Todos podemos ser creativos. No todos podremos entrar en la historia a causa de nuestra creatividad, pero todos podemos gozar de vidas personales llenas de creatividad. Sentirse creativo aporta placer, ayuda a mejorar la calidad de vida y es un camino muy válido para buscar la felicidad personal. Como advierte David Perkins (1990), hay que evitar el síndrome de Salieri; no bloquear el potencial creativo disponible mediante la comparación desfavorable con los grandes genios del momento.

Los autores que se han centrado en el estudio del proceso creativo nos han hecho ver que ser creativo está al alcance de cualquier persona. Con mayor o menor esfuerzo, con mayor o menor entrenamiento previo, con distintos grados de fortuna, todos podemos ser creativos. Se trata de tener claros los pasos del proceso y seguirlos con la actitud positiva necesaria.

Howard Gardner (1995), ahondando en las ideas de Csíkszentmihályi, afirma que la creatividad requiere cuatro niveles de análisis: a) el subpersonal (sustrato biológico);

b) el personal (sustrato psicológico); c) el impersonal (el campo); y d) el multipersonal o social. Gardner (1994, 1995) aplica a la creatividad el enfoque de su teoría de las inteligencias múltiples e infiere, como era de esperar, que existen tantos tipos de creatividad como tipos diferentes de inteligencia había definido él en sus obras anteriores.

Por eso es bastante frecuente calificar la creatividad con un adjetivo que especifica el dominio en el que se produce. Así, veremos que se habla de creatividad artística, literaria, técnica, científica, etc. De hecho, en cualquier dominio de actividad humana podemos hablar de aplicación de la creatividad. Y, como ya hemos advertido antes, cada ámbito tiene características algo diferentes. Como se puede suponer, hay diferencias entre los tipos de creatividad. Por ejemplo, hay grandes diferencias entre la creatividad artística y la creatividad científica. Mientras que la científica es de vocación esencialmente rupturista, puesto que las nuevas concepciones convierten automáticamente en obsoletas a las anteriores y las anulan; en cambio, las novedades artísticas nunca invalidan las propuestas anteriores. Esta diferencia proviene del hecho que la sociedad considera (erróneamente, por supuesto) que solo hay una verdad científica y, en cambio, considera que hay tantas verdades artísticas como conceptos distintos de belleza puedan coexistir. En un museo de la ciencia, los inventos y descubrimientos de épocas pasadas son simples curiosidades, andróminas que incluso pueden provocar nuestra sonrisa condescendiente; en cambio, en un museo de las artes, las obras de épocas pasadas despiertan nuestro interés y admiración, e incluso podemos preferirlas a las más actuales.

En diseño confluyen arte, ciencia y tecnología, con la cual tenemos conjunción de los tres aspectos mencionados. Un objeto bien diseñado se volverá obsoleto si está basado en funciones tecnológicas ya superadas, pero su belleza puede ser imperecedera. Bastará con hacer memoria de la calculadora de Pascal, de las farolas de gas de Gaudí o de algunas de las máquinas de escribir de Underwood u Olivetti.

La personalidad de los creadores

«La creatividad es un privilegio que todos merecemos, es encontrar la libertad dentro de las limitaciones que nos presenta la vida». *Diego Parra Duque, consultor en creatividad*

Frank Barron (1968) observa en las personas creadoras una personalidad *psicodinámica* más compleja de la normal, una preferencia por abordar la complejidad y una tendencia a la dominancia y el liderazgo. Otros autores destacan la capacidad de jugar con las ideas y los elementos y la *tolerancia a la ambigüedad*.

Gardner (1999) asume que en la configuración de una personalidad creativa influyen tanto la genética como el entorno y el aprendizaje, que potencian la creatividad. Declara que *no cree que las características de la personalidad de los creadores sean innatas,* aunque se pueden correlacionar con ciertos temperamentos innatos, como por ejemplo la energía o la tolerancia al estrés. Gardner señala, en su obra, un conjunto de siete factores (propios del ambiente y de la educación) que según él predisponen a algunas personas a ser creadoras:

- contacto temprano con personas que se sienten cómodas corriendo riesgos,
- oportunidad de destacar en una actividad determinada cuando se es joven,
- disciplina para dominar su campo de trabajo,
- un entorno que pone a prueba a la persona cuando es joven,
- compañeros también dispuestos a experimentar,
- ser hermano menor o crecer en un ambiente familiar poco común,
- alguna anomalía física, psíquica o social.

Para Abraham Maslow las personas creativas son un dechado de virtudes: espontáneas, expresivas, naturales, desinhibidas en la conducta, sin sujeción a las reglas establecidas, con facilidad para superar todo tipo de bloqueos, con alta autoestima, sin miedo al ridículo y sin temor (a veces incluso con atracción) hacia lo desconocido, lo misterioso, lo enigmático.

Componentes de la capacidad creativa

La creatividad de una persona radica en la conjunción de una *actitud,* un *conjunto de aptitudes* y una manera de trabajar siguiendo un *conjunto de reglas, técnicas y métodos.* En cualquier caso, es siempre la sociedad a través de sus expertos en la materia particular de que se trate, y no el autor, quien evalúa y determina el *valor social* que se le otorga a sus obras.

Una definición completa y precisa del concepto creatividad (véase la figura 17.1) debería contemplar, pues, estas cuatro facetas del acto creativo: en primer lugar, las aptitudes y actitudes necesarias en el autor/a; en segundo, el proceso a seguir; en tercero, las características a obtener en la obra y, en cuarto y último lugar, la evaluación que del conjunto efectúa la sociedad en la que se insiere.

«Creatividad es el estado de conciencia que permite generar una red de relaciones y conexiones mentales para *identificar, plantear y resolver problemas de manera relevante y divergente». Mihály Csíkszentmihályi (1995)*

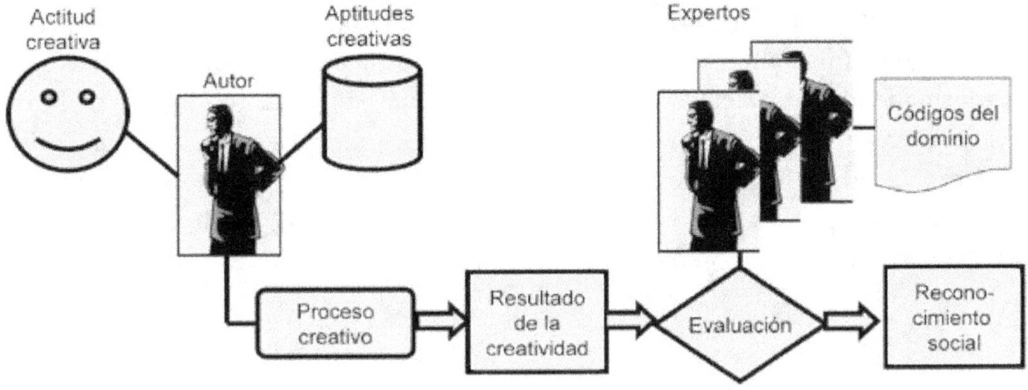

Figura 17.1. **Esquema básico de la creatividad.**

Aptitudes creativas

A continuación, se expone la recopilación de aptitudes creativas que se han estimado como más fundamentales de las muchas que se encuentran referenciadas en los distintos textos de las referencias bibliográficas consultadas. Se presentan en el orden en que consideramos que intervienen en el proceso creativo. Las explicaciones vinculadas a cada aptitud pretenden introducir cierta precisión en conceptos usados muy a menudo de una manera demasiado superficial y con fronteras bastante difusas entre ellos.

Sensibilidad perceptiva

Es la capacidad de captar a través de los sentidos el mundo que nos rodea y las distintas situaciones particulares, percibiendo detalles y matices que no todo el mundo capta. Es la capacidad de atender convenientemente los estímulos y alertas sensoriales.

Percibir la realidad de una manera distinta es la vía natural para llegar a la construcción de un nuevo concepto no existente y, en consecuencia, es uno de los pilares de la creatividad. Tan esencial es poder disponer de una gran sensibilidad perceptiva que Joy Paul Guilford (1950) expresó que «la creatividad es la inteligencia de los sentidos».

Detección y delimitación de problemas

Después de detectar una situación con la sensibilidad perceptiva, entra en juego la intuición. Esta nos permitirá cribar los problemas insignificantes de los realmente importantes. Es una capacidad básica para todo buen profesional.

De acuerdo con Torrance (1962) y Csíkszentmihályi (1988), la capacidad de detectar y delimitar un problema importante donde la mayoría de las personas solo ve normalidad o problemas insignificantes es una habilidad fundamental de las personas creativas. Es una consecuencia directa de su mayor sensibilidad perceptiva y su capacidad de intuir alternativas. De la misma manera que un científico debe partir de una hipótesis inicial para desarrollar, un creador debe partir de la detección de algo a solucionar o, como mínimo, mejorar.

Capacidad de análisis

Una vez tenemos el problema bien identificado, el siguiente paso es analizarlo para comprender su amplitud y ver qué aspectos deberíamos solucionar.

Capacidad intuitiva

La intuición nos permite visualizar y comprender un conjunto a partir de un solo fragmento, nos da la capacidad espontánea de contrastar las situaciones nuevas con la experiencia acumulada y establecer en milésimas de segundo propuestas razonables de actuación.

Reconocimiento de pautas

Es una capacidad que forma parte de la intuición que la destacamos atendiendo a la importancia que muchos autores le confieren. El cerebro humano es una máquina de reconocimiento de patrones. De manera a menudo inconsciente, tenemos almacenado un gran conjunto de patrones y pautas percibidos a lo largo de nuestras vivencias. Frente a una situación conflictiva nueva, nuestro hemisferio cerebral derecho (mente intuitiva) busca instantáneamente patrones de similitud con experiencias anteriores para establecer asociaciones que permitan determinar urgentemente maneras de afrontar la situación.

Las diferencias personales en esta cualidad pueden ser importantes y es innegable que incrementar el almacén de pautas creativas estudiando y analizando las creaciones de otros autores, aporta una mayor riqueza y ventajas evidentes.

Perspicacia

También forma parte de la intuición. Proporciona la comprensión profunda de una situación y nos advierte de cuáles son los datos más relevantes en medio de la pluralidad de datos. Las personas perspicaces van directamente al grano y al núcleo de un problema, y no se pierden en lo accesorio y en lo irrelevante.

Racionalización

Es el poder de la función analítica y lógica del cerebro humano, la capacidad de deducir e inducir. La capacidad de optimizar el uso de los recursos disponibles y simplificar los procesos.

Flexibilidad mental

Para eludir las dificultades, barreras, bloqueos y fijaciones mentales nos hace falta la capacidad de saber cambiar de enfoque y reestructurar los conceptos. La flexibilidad mental es un requisito indispensable para el pensamiento divergente.

Fluidez mental

Es la capacidad de producir en poco tiempo ideas y soluciones alternativas en cantidad y calidad de una manera permanente y espontánea. Lo que Max Wertheimer (1945) denomina *pensamiento productivo.*

Los niños son capaces de proponer decenas de alternativas dónde los adultos solo pueden ver unas pocas. Si no se práctica incesantemente, la fluidez mental se reduce con la edad.

Autoconocimiento

La conciencia objetiva de las fortalezas y carencias propias es un paso obligado para mejorar la capacidad creativa. Se trata de eludir las carencias para que no entorpezcan el proceso creativo y potenciar las fortalezas para conseguir mayor eficacia. Debería ser la base sólida sobre la que asentar la autoestima.

Autoestima

Donde toda la psicología coincide es que para crear hace falta tener una autoestima alta. Las personas creadoras suelen valorar de manera positiva sus aptitudes y confían en ellas para lograr el éxito en su empeño creativo.

Sin autoestima no hay la capacidad para la alegría, el juego y la pasión por la vida que están en la base de toda creatividad. La autoestima es un principio dinámico del crecimiento y el perfeccionamiento personal y se refuerza con los logros adquiridos. A mayor autoestima, mayor creatividad; a mayor creatividad, mayor autoestima.

No coincide necesariamente con un autoconocimiento profundo. Puede ser un optimismo ilusorio (personas creativas mediocres que se creen geniales) o puede estar basada en el conocimiento real de sus potencialidades, sus fortalezas y debilidades.

Autonomía (independencia)

El creador debe formarse sus propios juicios y actuar con autonomía personal e independencia del ambiente. Debe tener la capacidad de comprender, formular y realizar sus tareas profesionales según propia iniciativa y sin ayudas externas. La autonomía se basa en la capacidad de autoaprendizaje y crecimiento personal a partir del bagaje educacional y vivencial acumulado.

Es una competencia básica puesto que ningún sistema educativo puede aspirar a proporcionar todos los conocimientos acumulados por la humanidad, ni tan siquiera ciñéndose a un dominio profesional muy específico. Menos aún si queremos atender a los cambios continuos que las ciencias, las tecnologías y la economía aportan. Hay que proporcionar al alumnado que se gradúa en cualquier carrera las competencias esenciales de su profesión junto a la competencia transversal de poder aprender solos y poder aprovechar los conocimientos aportados por cualquier otra rama del saber.

Dominio del campo de actividad

Aunque se puede aplicar nuestra actitud creativa en todos los terrenos, hay que ser conscientes de que es difícil que obtengamos resultados igual de buenos en aquellos campos del saber que no dominamos.

Según Teresa M. Amabile (1998) es (junto a la motivación y las estrategias mentales) uno de los tres pilares básicos de la creatividad.

Inventiva

Es la capacidad de descubrir utilidades y funcionalidades poco habituales de los objetos y de las herramientas disponibles; de crear nuevos métodos sobre la marcha. Se basa en la imaginación productiva, en el ingenio. Proporciona la resolución eficaz de los problemas con los recursos disponibles, superando fijaciones en las funciones habituales de los objetos y las herramientas. Requiere grandes capacidades en poder de abstracción, imaginación, análisis y síntesis. Un ejemplo de inventiva lo encontramos en las velas de los barcos. La primera vela nació de la observación de que el viento movía las hojas y otros objetos de la naturaleza, e incluso los arrastraba. Si se unía una tela a un barco, este podía ser arrastrado por el viento. Esta unión es un buen ejemplo de que inventar no es tanto ver lo que todavía nadie ha visto, sino pensar lo que todavía nadie ha pensado sobre lo que todos vemos.

Capacidad de innovación

Es la habilidad para cuestionarse el *statu quo* de cualquier cosa y redefinir sus funciones y usos para que mejore, mediante los recursos disponibles. De este modo se consigue un rol nuevo para un objeto antiguo. Se presentan nuevas maneras de visualizarlo y hacemos que crezca el interés de la comunidad hacia el mismo.

Si seguimos con el ejemplo del velero, la capacidad de innovación será la que nos hará pensar que el velero se puede utilizar con fines distintos de los que en sus inicios tenía. Fue, en su momento, una gran innovación aplicar el velero en el comercio marítimo.

Originalidad

Es la creación mental de nuevas realidades que se apartan de lo habitual pero que son apropiadas y valiosas para un colectivo más o menos extenso de personas. Para Frank Barron (1998), «la creatividad es una disposición hacia la originalidad».

La búsqueda de la originalidad proviene de la necesidad psicológica de diferenciarse de los demás, de asumir que todos somos individuos distintos. Aun así, puede partir de una imitación de algo existente pero no se limita ni termina en ello. Busca la producción de respuestas atípicas, que se aparten de lo habitual y sean estadísticamente infrecuentes. Para ello considera los objetos y sus relaciones con las personas y el entorno bajo un nuevo ángulo hasta encontrar asociaciones novedosas, insólitas pero adecuadas y pertinentes para la resolución del problema planteado.

La originalidad está íntimamente relacionada con el concepto de evolución: un nuevo descubrimiento, una nueva creación, un nuevo significado, es un nuevo paso en el trayecto evolutivo de la especie humana. Cada descubrimiento, creación o significado, serán la base para otras realidades en una espiral de progreso humano.

Capacidad de elaboración

Todas las aptitudes mencionadas hasta ahora son los pasos previos a la resolución del problema, pero crear no es solo imaginar. Para culminar el proceso creativo hace falta llevar el impulso conceptual creativo hasta la realización de un producto o servicio. Pasar del concepto de partida al resultado final. El creador debe tener aptitudes para planificar, desarrollar y ejecutar proyectos que conviertan las formulaciones conceptuales en soluciones y actuaciones decisivas.

Actitudes creativas

La psicología de la creatividad considera que la capacidad creativa necesita ir acompañada en mayor o menor grado de las actitudes necesarias.

Curiosidad

La curiosidad es un instinto antagónico al instinto de conservación, es lo que nos lleva a vivir nuevas experiencias. La curiosidad aporta valentía y empuja a afrontar riesgos para conocer cosas nuevas a pesar de que puedan entrañar peligro para la integridad física. Es el instinto que ha movido a todos los grandes inventores, descubridores y artistas. Muchas personas han perdido su vida por haber acallado su instinto de conservación y haber seguido el impulso de su curiosidad. Es lo que ejemplifica el antiguo mito griego de Ícaro. Sin pagar este precio colectivo no habríamos alcanzado prácticamente ninguno de los beneficios de la civilización.

La curiosidad es el primer motor de la creatividad. Sin curiosidad no hay búsqueda; y sin búsqueda, es casi imposible que se produzcan hallazgos.

La curiosidad innata es muy fuerte en los niños y llega a su punto álgido sobre los seis o siete años, momento en el que acostumbra a menguar, muy probablemente por culpa del rechazo que suelen recibir del entorno educativo y social. Muchos maestros y profesores ven las preguntas de los alumnos como una interrupción y una desviación del hilo conductor de sus clases. O más triste aún, como una amenaza que les pondrá en evidencia. Afortunadamente, en la universidad actual se están reduciendo cada vez más las clases magistrales en las que solo se admitían preguntas al final (cuando ya ha sonado el timbre y todo el mundo se quiere ir). Los buenos profesores saben perfectamente que, si quieren obtener la atención de su alumnado, tienen que despertarles su curiosidad. El reto subsiguiente será, obviamente, saberla satisfacer.

Sin curiosidad, no hay aprendizaje ni búsqueda de nuevas maneras de afrontar el entorno que nos rodea.

Inconformismo

El creador es inconformista. Tiene *actitud transgresora.*

Una persona creativa no se conforma con las explicaciones y las soluciones consabidas y aceptadas por la sociedad establecida.

Se mueve con soltura y libertad a pesar de las posibles presiones y restricciones de su entorno. Desarrolla ideas razonables en contra de la corriente social. Se plantea sistemáticamente la posibilidad de mejorar lo existente con alternativas nuevas. Tiene capacidad para analizar lo opuesto, para visualizar lo diferente, para contrariar el juicio de la mayoría, para encontrar caminos diferentes.

«El creador debe huir de lo obvio, lo seguro y lo previsible». *Joy Paul Guilford, pionero en la psicología de la creatividad*

Motivación

Un creador tiene alta *motivación.* Posee una fuerza interior constante que le obliga a actuar hacia el cumplimiento de sus objetivos.

Una persona creativa tiene la necesidad de consolidar su identidad personal a través de la transformación positiva del mundo que le rodea. Percibe los problemas o dificultades como un desafío y los afronta con pasión.

La motivación del creador es una pulsión íntima e intrínseca que no depende ni de ambientes ni de estímulos externos. Muy a menudo, pero no siempre, obedece al deseo íntimo de conseguir la aceptación y el afecto de los demás, o, a modo de premio de consolación, el aplauso, la admiración y el respeto. Se puede incrementar con incentivos externos: dinero, promesas de futuro prestigio o de placeres deseados, pero si no hay una voluntad inicial de resolver un problema, de perseguir una satisfacción intelectual o emocional, bien poco podrá mejorarse.

Se ha comprobado que cuando la motivación es suficientemente fuerte, la mente creativa advierte más fácilmente la diversidad de enfoques y la multiplicidad de vías alternativas para acceder al objetivo.

La motivación influye positivamente en la fluidez mental. Los enemigos mortales de la motivación son el cansancio, el rechazo social y los fracasos continuados.

Iniciativa

Hace falta disposición personal para idear y emprender actividades, para dirigir acciones, para protagonizar, promover y desarrollar ideas desde las primeras filas, para liderar equipos de trabajo. Gracias a su iniciativa, el creador logra que se promuevan ágilmente actuaciones y se obtengan los recursos necesarios venciendo los obstáculos.

Tener iniciativa es la garantía de que la toma de decisiones inherentes al proceso creativo se hará con la rapidez necesaria y no se perderán las oportunidades.

Profundidad

El inconformismo no se puede quedar en una simple actitud de rebeldía, debe ir más allá y profundizar en todo aquello que no le gusta y encontrar los porqués de esta situación. Esto a menudo implica riesgos.

> «Los mecanismos mentales de la creación funcionan rompiendo las cadenas de la experiencia previa, reinterpretando las viejas preguntas que no han encontrado solución». *Manuela Romo (1997)*

Las personas creativas no se conforman con las respuestas consabidas y elementales, les sacan punta a las situaciones, buscando aspectos y matices no tan aparentes ni tan visibles en primera instancia.

Perseverancia (resilencia)

La persona creativa debe disponer de entusiasmo a prueba de bombas, tener capacidad para resistir la frustración de los fracasos, aprender de ellos y persistir en la búsqueda de la solución deseada con tenacidad y sin desfallecer.

La perseverancia viene muy imbricada con la autoestima y la fe en la propia obra. Es un indicador claro de energía y poder de las convicciones, de vigor y fortaleza espiritual. Thomas Alva Edison, en su búsqueda del filamento perfecto para su bombilla incandescente, ensayó todo lo que se le ocurrió, incluidos los pelos de barba de un amigo. Cuando llevaba mil intentos fallidos, un periodista le preguntó si se sentía frustrado por la falta de éxito y él contesto que «en absoluto, he ganado un montón de conocimientos: ahora conozco mil cosas que no funcionan y cada vez estamos más cerca de la solución». Necesitaría llegar hasta casi 1.800 intentos para encontrar lo que buscaba.

La perseverancia proporciona la *capacidad de concentración* necesaria para el proceso creativo.

Indiferencia al tiempo

Un efecto colateral de la perseverancia y la concentración suele ser la *distorsión de la percepción del tiempo*; es bastante típico que un creador pueda estar largas horas concentrado en su obsesión y pierda la noción del tiempo real transcurrido.

Otras barreras a la creatividad

«En lugar de desear una filosofía abierta y llena de preguntas, queremos poseer una doctrina global, capaz de dar cuenta de todo, revelada por espíritus que nunca han existido o por caudillos que desgraciadamente sí han existido. Adán, y sobre todo Eva, tienen el mérito de habernos librado del paraíso, nuestro pecado es que anhelamos regresar a él». *Estanislao Zuleta, autor de Elogio de la dificultad*

Además de los bloqueos mentales expuestos en el capítulo 12, existe una multitud de circunstancias que añaden otras barreras suplementarias a la realización fluida y sin atascos del pensamiento creativo.

Se pueden clasificar en tres tipos:

- **Condiciones del entorno.** El entorno adecuado para crear consta de cuatro dimensiones: el entorno físico de trabajo, el ambiente laboral, el entorno cultural que alimenta el espíritu del creador y la sociedad que debe amparar la creación y recibir el producto creado para aceptarlo o rechazarlo.
- **Condiciones psicológicas personales.** Son barreras a la creatividad las dificultades o carencias perceptivas, la falta de concentración, la desmotivación y la falta de persistencia, la falta de equilibrio emocional, el exceso de prisas por hallar una solución.
- **Sesgos cognitivos.** La psicología cognitiva ha demostrado que la mente humana se encuentra muy a menudo con serias dificultades para efectuar con éxito las operaciones cognitivas que son necesarias para la resolución de un problema. Hay una amplia diversidad de sesgos del pensamiento racional que nos desvían de una manera no consciente del rigor lógico en la emisión de juicios (o diagnósticos) y en la toma de decisiones.

Entorno físico

El pensamiento es inmaterial, pero requiere un entorno físico propicio para desarrollarse.

Las molestias físicas y la imposibilidad de concentrarse son enemigos mortales de la creatividad. Los inconvenientes más frecuentes son:

- Falta o exceso de espacio físico.
- Falta o exceso de ventilación.
- Temperatura inadecuada.
- Falta o exceso de luz.
- Falta o exceso de silencio.
- Falta o exceso de comodidad.
- Falta de tranquilidad que impide la capacidad de concentración. (Si suena el teléfono cada dos minutos es imposible crear nada.)
- Falta de materiales.
- Falta de herramientas.

No se pueden enunciar reglas fijas para superar estas barreras porque las condiciones tienen mucho que ver con el dominio de cada actividad particular y la idiosincrasia de cada persona, pero tendrá siempre que ver con elementos tales como la organización del espacio de trabajo, los muebles y herramientas auxiliares, materiales necesarios, sistema de iluminación, calefacción y aire acondicionado, horarios propicios, silencio o ruidos, fuentes de documentación accesibles, etc.

Hay quien necesita espacios cerrados e íntimos para desplegar sus ideas. Hay quien requiere espacios abiertos y horizontes lejanos. Algunas personas exigen silencio absoluto; otras se estimulan con música *heavy.* Para algunas es imprescindible el trabajo cooperativo en equipo; para otras el requisito es la más estricta soledad. Las hay que prefieren el calor; las hay que solo pueden pensar si hace frío.

Si faltan materiales, hay que ingeniárselas con lo que tenemos, hay que inventar sustituciones factibles.

Si faltan herramientas, tenemos que superar fijaciones funcionales e inventar las combinaciones sofisticadas que hagan falta con las herramientas disponibles.

Si faltan recursos económicos, hay que ahorrar en costos de producción y buscar fuentes de financiación o mecenazgos.

Entorno laboral

Si el creativo presta sus servicios en un estudio, taller o empresa, el clima humano que se respira en el lugar de trabajo puede beneficiarle o perjudicarle.

Un jefe o jefa liberal y un equipo competente, colaborativo y bien coordinado, crean el clima laboral favorable para la expansión colectiva de la creatividad. En cambio, los superiores autoritarios (dirección por amenazas) no solo inhiben la creatividad, inhiben también la capacidad mental analítica y crean un clima de rebelión sorda y resentimiento que se manifestará en desobediencias ocultas, en espíritu de contradicción y deseo irredento de venganza cuando surja la más mínima oportunidad. Generan una bomba de relojería que rara vez se queda sin estallar.

Las malas relaciones interpersonales del equipo de trabajo también bloquean la creatividad. Una actitud de falta de cooperación, de envidias y luchas por ascender, consume demasiadas energías para que se pueda expansionar la creatividad.

El camino para superar una dirección por amenazas pasa por la autoestima, la fe en el trabajo propio y la solidaridad con el resto de los miembros del equipo. Las posibles vías de superación de las malas relaciones interpersonales pasan por aplicar la inteligencia emocional y las habilidades de liderazgo para intentar cohesionar el grupo y eliminar las rencillas internas.

Si aplicando estas estrategias no es posible solucionarlo, la recomendación ineludible es cambiar de trabajo, por supuesto.

Entorno cultural

Un entorno cultural pobre y muy tradicional, carente de impulso a las innovaciones, es una barrera importante a la creatividad.

La falta de estímulos de otros creadores ocasiona una soledad difícil de vencer. En sociedades integristas y retrógradas, todo debe estar dentro de las normas y preceptos establecidos y los adultos son los primeros en rechazar la producción original y la expresión divergente de las manifestaciones infantiles y en desalentar cualquier atisbo de creatividad. Los padres reprimen a sus hijos cuando estos quieren darles nuevos usos a los juguetes o a los elementos caseros, de forma que el deseo de redefinición de los pequeños sobre los objetos queda anulado desde la más tierna infancia.

En este tipo de sociedades suelen campar a sus anchas dos enemigos acérrimos de la creatividad: el sectarismo y el fanatismo.

Para superar esta barrera, si el país tiene unos mínimos de democracia, podemos promover movimientos culturales renovadores e impulsar un cambio cultural. Si el país está gobernado por una dictadura, nos veremos obligados a integrarnos en grupos clandestinos. Gracias a internet y a los viajes podremos mantenernos en contacto con movimientos culturales afines de otros países. Si, a pesar de ello, no logramos sentirnos cómodos, deberemos plantearnos la conveniencia de emigrar a un país que tenga un nivel cultural más apropiado a nuestras necesidades.

Está comprobado que los espacios colectivos de expresión creativa redundan siempre en beneficio de la creatividad individual. Convivir con personas creativas estimula nuestra creatividad, siempre que tengamos la actitud receptiva apropiada.

Entorno social

Vivir en una sociedad muy industrializada facilita enormemente la creatividad en lo que se refiere a pensar en términos de máquinas, tecnologías y herramientas y cómo manejarse con ellas. Vivir en una sociedad poco industrializada, en cambio, fuerza a superar las fijaciones funcionales y a hallar usos y funciones alternativos de los escasos elementos tecnológicos disponibles.

Un entorno social tradicional y conservador, que rechaza de entrada todos los cambios, es un ambiente hostil para la creatividad, pero una sociedad sin las libertades básicas es una barrera que persigue a muerte cualquier tipo de creatividad. Así:

1. Se rechaza sistemáticamente cualquier novedad por temor a que ponga en cuestión los cimientos en que se fundamenta la opresión.

2. La persona inconformista y divergente es aislada, sancionada socialmente, discriminada y, a ser posible, eliminada del tejido social.

Cuanto mayor sea la cota de libertad y progreso de una sociedad, mayor será la creatividad que sus miembros desplegarán.

«La creatividad es la máxima expresión de libertad de un ser humano». *Fernando Trias de Bes, economista especializado en creatividad e innovación*

A escala social, la abundancia de creadores frustrados es otra barrera que superar. Las personas frustradas suelen envidiar a quienes no se someten a la frustración y se convierten en enemigos desaprensivos y calumniadores del creador que envidian.

La autoayuda que un creador debe darse en estos casos es la búsqueda de un entorno social propicio. No es necesario que su entorno social abarque todo el país; en los países de regímenes autocráticos y dictatoriales existen siempre grupos clandestinos de gente subversiva que lucha por la democracia y la libertad. Juntándose con estos grupos, el creador podrá desarrollar su potencial. Pasa incluso, a veces, que el acicate de la lucha en equipo contra la opresión y la dictadura se convierte en el mejor estímulo posible para la creatividad (inconformismo y actitud transgresora).

Si el creador no logra construir esta especie de burbuja, le conviene emigrar a otro país donde florezcan las libertades de pensamiento y expresión y la diversidad. En ningún caso debe dejarse importunar por los envidiosos frustrados. La mejor opción es ignorarlos o, si se puede, dejarlos en evidencia.

Frente a un creador concreto o a una corriente creativa, la sociedad puede tener una actitud negativa, neutra o positiva. Si es negativa, el creador tendrá que superar esta barrera a base de autoestima y confiar en sus proyectos. Si es neutra, tendrá que pensar que «mucho ayuda quien no estorba».

Discapacidades perceptivas

La persona creativa puede tener ciertos niveles de discapacidad en algunos de sus órganos sensoriales. O puede tener algo mucho peor: falta de sensibilidad perceptiva frente al mundo que le rodea y los estímulos que de él le llegan.

Si el creativo tiene insuficiencia en alguna capacidad perceptiva por causa innata, por accidente o por enfermedad, deberá luchar contra ella con todas las armas que la civilización actual nos proporciona.

Gafas correctoras, lupas, microscopios, telescopios, prismáticos, visión nocturna, filtros fotográficos, proceso computacional de imágenes, audífonos, amplificadores de la audición, potenciadores del tacto y del olfato, etc.

Si tiene falta de sensibilidad perceptiva, la mejor solución será educarla con la práctica cotidiana, aprendiendo cómo funcionan sus sentidos, sus instintos y sus emociones y sumergiéndose en las creaciones de otros autores. Ser mejor observador, escuchar todo lo que se dice y cómo se dice, aprender los significados de la comunicación no verbal, etc. Existen ejercicios diseñados para ayudar a este aprendizaje. Un ejemplo de ejercicio simple y muy útil para realizar en un taller de creatividad es tomar una bolsa opaca, colocar un objeto cotidiano en su interior y hacer que un alumno lo describa al resto de la clase utilizando únicamente el tacto. No se admiten preguntas y todos los presentes deben intentar dibujar lo que el alumno explica.

Es impresionante ver la enorme cantidad de dibujos distintos que hace el alumnado con este sistema. Si se repite algunas veces, con el entreno aprenden a prestar más atención al tacto y las descripciones del objeto mejoran y los dibujos se van volviendo más convergentes con la realidad oculta.

Conviene recordar que el cerebro humano percibe a través de los canales sensoriales mucha más información de la que puede procesar de manera consciente. Podemos y debemos aumentar nuestro abanico perceptivo, pero siempre habrá un gran número de informaciones sensoriales que se escaparán de nuestro esfuerzo de atención consciente e irán directas a memorias inconscientes. Son estímulos que no hay que despreciar porque nutren el funcionamiento de nuestra mente intuitiva e influirán en nuestro proceso de incubación de los problemas.

Notemos, también, que los distintos sentidos se complementan y refuerzan entre sí: el sonido de una película anticipa a menudo la imagen que vendrá a continuación; el olfato anticipa el sabor de los alimentos; la vista anticipa el placer del tacto; etc.

Ilusiones perceptivas

A veces los sentidos nos engañan, nos dan percepciones que no corresponden plenamente con la realidad. Son lo que la psicología cognitiva denomina *ilusiones perceptivas*.

En contra de lo que muchas personas mal informadas creen, las percepciones humanas no son nunca una reproducción de la realidad exacta e independiente de cualquier referencia o contexto. Son siempre, por el contrario, la construcción de una nueva realidad en la mente del individuo (llamada ***sensación)*** a partir de las señales captadas por los órganos sensoriales que han sido previamente almacenadas en zonas específicas del cerebro.

La construcción de la sensación se efectúa mediante procedimientos psicobiológicos automáticos e inconscientes *(heurísticos de la percepción)* cuyo funcionamiento está fuertemente condicionado por el contexto. Que eso es así lo demuestra, por ejemplo, el hecho de que existen personas invidentes que tienen perfectamente sanos los órganos de la visión, pero una lesión cerebral les impide construir la percepción de las imágenes que los ojos captan.

Es evidente que cuando el conflicto proviene de una ilusión perceptiva, tendrá que resolverse a favor de la mente racional.

Dependencia de la referencia

Si tenemos tres cubos de agua a diferentes temperaturas (caliente, tibia y fría) y metemos la mano durante cinco minutos en el agua caliente, cuando la saquemos y la pongamos en el agua tibia la encontraremos fría. En cambio, si al mismo tiempo metemos la otra mano cinco minutos en el agua fría y luego la pasamos al agua tibia, la encontraremos caliente.

Una percepción, cualquier percepción humana, depende del punto de referencia en el que nos basamos.

Puesto que estamos usando la letra impresa como medio de comunicación, nos centraremos en detallar las *ilusiones visuales* (a menudo llamadas «*ópticas*» por error de concepto). Pero se pueden extrapolar consideraciones parecidas a cualquier otro tipo de percepción sensorial.

Existe una larga lista de ilusiones visuales de muy diverso tipo. En este texto nos limitaremos, a modo de ejemplo, a mencionar algunas de las más habituales. Si se quiere profundizar en los conocimientos sobre este tema, se puede consultar diversas webs especializadas.[28]

Fallos en la percepción del paralelismo

Observemos las figuras siguientes. ¿Percibimos que las rectas horizontales y verticales son paralelas?

---

[28] Recomendamos especialmente el Laboratorio de Percepción de la Universidad Autónoma de Barcelona (https://www.academia.edu/12561566/UNA_PLATAFORMA_VIRTUAL_EN_ILUSIONES_VISUALES_PARA_LA_ENSE%C3%91ANZA_DE_PROCESOS_PERCEPTIVOS) o la realizada y mantenida por Juan Luis Roldán Calzado, profesor de Matemáticas de secundaria y gran aficionado al mundo de las ilusiones visuales (ilusionario.es/).

En la figura 17.2 las rectas horizontales nos parece que están ligeramente curvadas, pese a ser perfectamente paralelas.

En la figura 17.3 las rectas horizontales parecen irregulares, en forma de zigzag, y en ningún caso paralelas entre sí. Sabemos, sin embargo, y lo podemos comprobar con un juego de escuadras, que son perfectamente rectas y paralelas en ambos casos, aunque a nuestra primera mirada le cueste apreciarlo así.

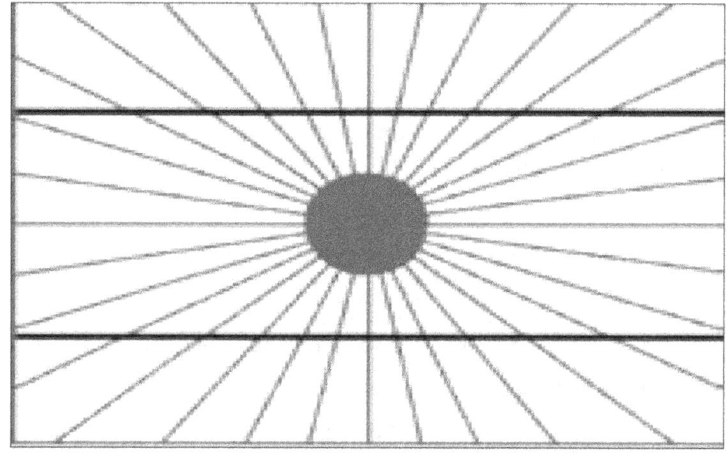

Figura 17.2. **Falsa curvatura de rectas horizontales.**

Figura 17.3. **Ilusión visual en paralelas.**

Fallos en la percepción de las distancias

En la figura 17.4, ¿es el segmento CA de igual longitud que el segmento CB? Nuestros ojos nos dicen que no y, sin embargo, son perfectamente iguales. La ilusión de que CA es mayor que CB es creada por la heurística visual que el cerebro usa para representar proyecciones de perspectivas 3D en dibujos 2D. Inconscientemente aplicamos la visualización de que se trata de una perspectiva de un plano inclinado. Estamos habituados a interpretar imágenes de tres dimensiones fotografiadas o dibujadas en dos dimensiones y lo hacemos automáticamente, aunque aquí no corresponda.

En la figura 17.4, el segmento de trazo grueso de la izquierda se ve mucho menor que el segmento de trazo grueso de la derecha, a pesar de que son idénticos.

Es el mismo efecto de perspectiva automática 3D aplicada sobre un dibujo 2D en la figura 17.5, más notorio todavía en este caso.

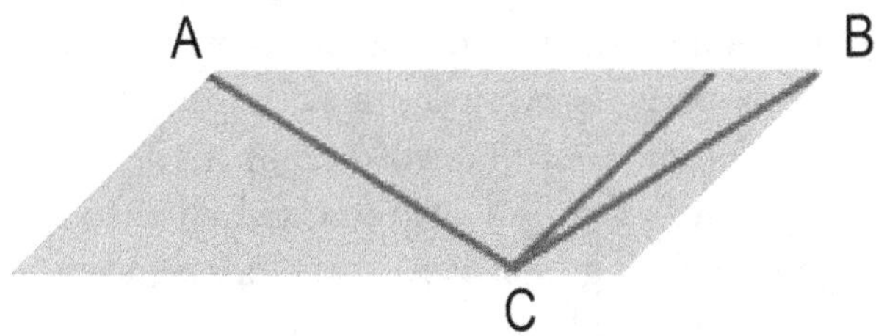

Figura 17.4. ¿El segmento AC es mayor que CB?

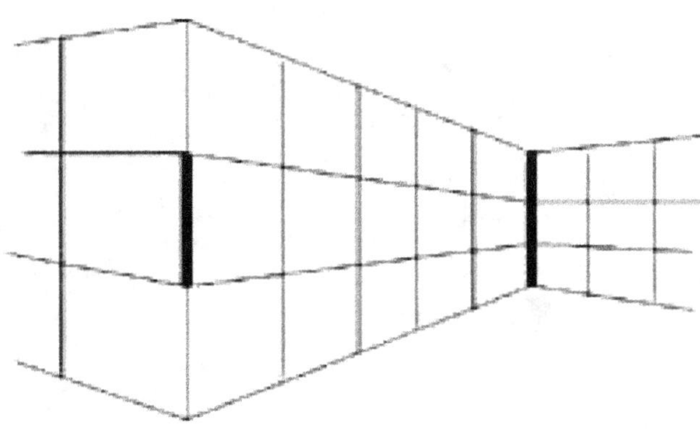

Figura 17.5. Aunque no lo parecen estos trazos son iguales.

Objetos imposibles

Las convenciones utilizadas para representar objetos tridimensionales (3D) en el plano (2D) nos permiten dibujar objetos absurdos, de existencia imposible en el mundo real, como los que podemos observar en las figuras siguientes En la figura 17.5, las tres varillas parecen tomar cuerpo según como se mire el dibujo, pero en otra mirada solo tiene dos varillas y no podemos contemporizar la existencia simultánea de las tres. En la figura 17.6 se muestra la escalera «mágica» de Roger Penrose. Si vamos de derecha a izquierda no dejamos nunca de subir escalones, dando «eternamente» vueltas «hacia arriba». Si vamos en sentido contrario, daremos vueltas infinitas «bajando» a pesar de pasar siempre por los mismos puntos.

Percepción de figuras que no existen

Si observamos la figura 17.8, se ve una cara con trazo blanco sobre fondo negro. Observando mejor veremos que no es más que la palabra «liar», que en inglés significa «mentiroso» y en español es un verbo sinónimo de embrollar.

En la figura 17.9, se observa inevitablemente un triángulo blanco, delimitado por los tres vértices entre arcos negros, y otro triángulo blanco invertido, delimitado por los tres vértices en ángulos grises. Pero «sabemos» que no existe en el dibujo ningún triángulo. Nuestra mente los extrapola y representa, pero los triángulos solo existen como una ilusión visual.

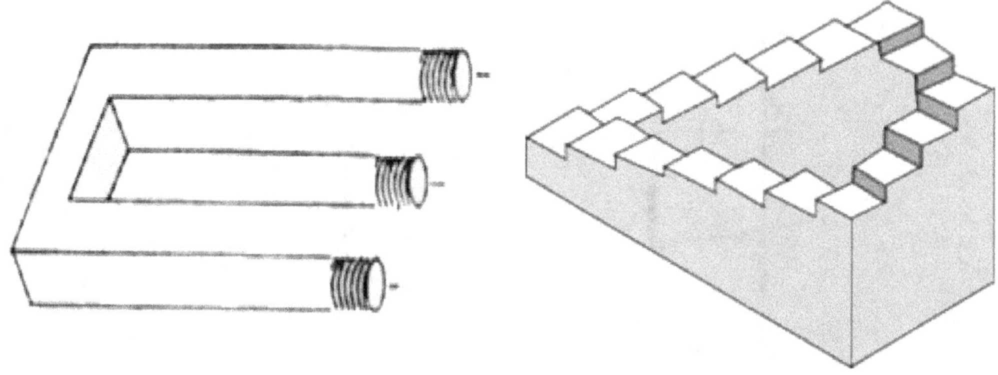

Figura 17.6. ¿Son dos o tres varillas?   Figura 17.7. ¿Escalera sin fin?

Figura 17.8. **Liándola.**

Figura 17.9. **Cero triángulos.**

Fallos de concentración

La mente creativa puede hallarse frente a un problema puntual de falta de concentración, por exceso de trabajo, por estar sumergida en una montaña de información o cualquier otra causa psicológica.

Percibir con la profundidad necesaria todos los matices de la situación exige un tiempo que la sociedad de las prisas y la inmediatez no siempre está dispuesta a otorgarnos. Si no captamos todos los detalles y matices del problema, se nos escaparán características esenciales y, en consecuencia, se pierde capacidad de generación de ideas para plantear posibles soluciones.

Hay que aprender a percibir sin prisas, a observar con máxima concentración y profundidad. Y, por supuesto, ponerse a pensar sobre posibles soluciones sin que nada ni nadie aparte nuestra atención. Si a mitad del proceso creativo perdemos la concentración, será prácticamente imposible llegar a buen puerto. La verdad es que los humanos nos distraemos muy fácilmente y nos cuesta aprender la manera de proteger y canalizar la energía mental que tenemos sobre el tema que nos interesa. El exceso de pereza y la falta de disciplina son coadyuvantes de esta barrera a la creatividad.

Para superarla, se debe intentar eliminar las distracciones. El mejor camino es combinar la práctica y la tenacidad.

Fallos de motivación

Muchas personas dan por supuesto que todas las cosas que nos rodean han nacido de un proceso de creación y diseño perfecto. Piensan que, dado que todo el mundo las acepta, significa que realmente no se pueden mejorar. Atendiendo a la sofisticación de toda la maquinaria e instrumentación que nos rodea y al elevado número de investigadores, ingenieros, diseñadores e inventores que existen, creen que todo o casi todo lo que pueda valer la pena inventar ya ha sido inventado o está a punto de serlo.

Se debe partir del postulado de que todo, absolutamente todo, es susceptible de ser mejorado, precisamente porque en ninguna obra humana existe la perfección absoluta.

Centrándonos en las tecnologías, es difícil creer que el grado de sofisticación a que se ha llegado sea el máximo. Hay artilugios que mejorar y muchos otros que inventar. Las tecnologías más incipientes tardan años (a veces décadas) en dar sus mejores aplicaciones porque la mente humana es muy lenta en la asimilación de todas las posibilidades que los saltos tecnológicos y los descubrimientos científicos aportan. Sorprende ver la enorme cantidad de mejoras que se puede imaginar sobre las molestias cotidianas que soportamos todos los días (aunque estén basadas en tecnologías ya consolidadas) cuando ponemos a pensar sobre ellas a un grupo de treinta estudiantes de primer curso de diseño.

Hacemos mal en asumir como algo inevitable las imperfecciones, las carencias y las molestias que nos originan los objetos que nos rodean y los servicios que nos ofrece la sociedad. «Si no lo hacen mejor, será porque no se puede o porque saldría demasiado caro» es una idea preconcebida absolutamente errónea. La posibilidad de mejorar el mundo que nos rodea es prácticamente ilimitada. Solo hace falta ponerse crítico con ello y reflexionar un buen rato. Aplicando las estrategias de ayuda a la creatividad, por supuesto.

La falta de motivación se manifiesta con apatía y falta de entusiasmo para abordar el proyecto creativo. Puede ser debida a una baja autoestima de carácter permanente (falta de confianza en las capacidades creativas propias) o de carácter circunstancial (consecuencia de un fracaso reciente o un desánimo originado por una acumulación prolongada de esfuerzo estéril).

También puede estar causada por un exceso de exigencias externas sobre nuestra obra que han consumido nuestra energía psíquica. En este caso, la superación de la dificultad pasa por:

- Enfrentarse a las exigencias pidiendo calma, tranquilidad y tiempo.

- Hacer un acopio de ganas de solucionar el problema y aplicar la técnica de la incubación.
- Recordarles a las personas que nos presionan en exceso que la creatividad hace muy malas migas con la ansiedad y las prisas.

La mejor medicina contra la desmotivación es recuperar la autoestima haciendo memoria de los éxitos anteriores, que siempre los habrá, por pequeños que sean.

Hay que intentar tener una motivación sin fisuras. Tenemos que aprender a atender nuestras emociones más íntimas y perseguir nuestros sueños y deseos. No renunciar de entrada a un sueño porque nos parece inalcanzable. La palabra «imposible» debe ser sustituida por la palabra «difícil» y las dificultades deben ser vistas como metas a superar, como retos y desafíos estimulantes.

Los fracasos no deben ser vividos como golpes a la motivación, deben ser vistos como un avance en la búsqueda dentro del laberinto. Cuando en la búsqueda del camino de salida de un laberinto vemos que el camino recién investigado es una vía muerta, no hay que tirar la toalla y abandonar, bien al contrario, sino alegrarnos porque ya nos queda un camino menos a investigar y estamos más cerca del camino correcto (véase la estrategia mental de eliminación de alternativas en el capítulo 8).

La motivación nos puede decaer cuando los fracasos ocurren en serie. Cuando las cosas tardan en salir, es fácil pensar que no lo lograremos y que es mejor abandonar el proyecto. Necesitamos la virtud de la *persistencia*.

Hay que tener mucho cuidado con las frases asesinas del tipo «esto no funcionará» o «ya lo hemos probado antes», o «nadie lo está haciendo así». Todas ellas sirven para torpedear nuestra esperanza de éxito y hay que tomarlas como lo que son: intentos de hacernos abandonar. Hay que contrarrestarlas con resistencia a la frustración, con perseverancia, tozudez y resiliencia. Hay que recordar siempre que «nada es imposible», que «todo tiene solución», que «solo nos falta la manera correcta de enfocarlo». Y que, con calma y tranquilidad de espíritu, sabremos encontrarla.

La mejor opción suele consistir en relajarse y recurrir a la *incubación* propugnada por Graham Wallas (1926).[29]

Fallos en el equilibrio emocional

La pérdida de afectos, de ternura, de solidaridad y amor al prójimo son carencias que perjudican sensiblemente a la creatividad.

---

[29] Véase la descripción de esta estrategia en el apartado correspondiente del capítulo 9.

El desequilibrio de los afectos, la falta de empatía, la falta de autocontrol de las emociones, la mala calidad de las relaciones interpersonales genera inestabilidad emocional y afectan de forma directa la pertenencia a una comunidad, la capacidad de establecer una relación bidireccional con ella y, en forma indirecta, el equilibrio emocional necesario para ser un buen creador.

Cada vez más, en el complejo mundo industrial actual, la creación es un tema de trabajo en equipo y se requiere empatía para comprender las visiones e ideas aportadas por cada uno de los miembros del equipo.

Si un creador nota que tiene problemas por culpa de su falta de empatía con la gente, conviene que reflexione a fondo y haga todo lo que esté en su mano para superarlo. Tiene a su disposición magníficos textos de autoayuda, buenos talleres de práctica de la inteligencia emocional y, si la cosa es más grave, puede recurrir a psicoterapia en manos de un psicólogo.

Falta o exceso de autocrítica

Hay personas que tienen gran facilidad para criticar las ideas de los demás, pero les cuesta horrores aportar ideas creativas. Hay, en cambio, personas que tienen gran facilidad para generar ideas, pero rehúyen sistemáticamente evaluarlas.

Cuando el exceso/falta de crítica se aplica sobre uno mismo, puede afectar a la capacidad creativa. A la corta en el primer caso; a la larga, en el segundo caso.

Si una persona tiene un espíritu crítico demasiado acusado y entra inmediatamente a juzgar y ver los inconvenientes de su obra, será muy difícil que lleve a buen término sus proyectos.

Como no existe la perfección, a cualquier propuesta que se le ocurra le encontrará inmediatamente alguna pega, alguna parte negativa. Matará sus ideas antes de que maduren.

Si, por el contrario, carece del espíritu crítico necesario, formulará gran número de propuestas desaforadas que recibirán el rechazo social y acabarán afectándole en la autoestima y la motivación.

El punto ideal de equilibrio radica en hacer crecer nuestras ideas nuevas hasta que maduren convenientemente antes de evaluarlas con espíritu crítico. Esto es precisamente lo que –trabajando en equipo para potenciar la eficacia– persigue la estrategia de suspensión de la crítica, que prohíbe evaluar las ideas hasta que no se disponga de un mínimo de ellas recolectadas.

Fallos en la habilidad comunicativa

Saberse expresar es fundamental para la comunicación con los demás.

Muchos creadores cometen el error de pensar que no hace falta hacer ningún esfuerzo para expresarse con claridad y precisión. «Yo ya me entiendo» o «yo ya me expreso con mis obras» puede ser las malas excusas de una persona que no sabe explicarse ni a sí misma lo que tiene entre manos. Para persuadir a los usuarios, clientes potenciales o inversores, es fundamental dominar las habilidades comunicativas orales.

Si no se tienen de manera natural, si el creativo es, incluso, víctima del miedo a hablar en público, la mejor recomendación que se le puede dar es que se apunte a unos talleres de habilidades verbales. Con la práctica, todas las personas pueden aprender a ser buenos comunicadores de sus ideas y sus proyectos.

Fallos por exceso de prisas

Las prisas son malas consejeras y suelen repercutir en la calidad de las respuestas. Estamos en una sociedad de ansiedades e impaciencias. Todo tiene que producirse a grandes velocidades: dejamos de trasladarnos con medios de transporte lentos porque consumen un exceso de tiempo; abandonamos la consulta de una web si tarda más de dos segundos en darnos respuesta. La máxima de que «el tiempo es oro» está escrita con letras de fuego en las mentes de casi todos los mortales, muy especialmente en los ambientes urbanos.

Al proceso creativo también se le está escatimando tiempo. Muchos creadores se bloquean porque interiorizan la ansiedad de que tienen que crear «lo que sea» pero «a toda prisa», para que no les pasen delante, para atender rápidamente la posible demanda, para no perder el ritmo estresante de la sociedad que les rodea.

El estrés no casa bien con la creatividad. Tenemos que hacerle comprender a nuestra clientela que las prisas son un error.

Si queremos creaciones de calidad, hay que darle al proceso creativo toda la tranquilidad y espacio temporal que pueda necesitar. Tenemos que saber controlar la ansiedad y recurrir a la incubación del problema como una etapa más del proceso creativo, a menudo la más fructífera. Es mejor que hagamos caso del popular dicho «vísteme despacio que tengo prisa».

La legítima ambición de algunos creativos de querer ser únicos y entrar en las páginas de la historia puede generar, cuando es excesiva y obsesiva, unas prisas negativas para el desarrollo normal de los proyectos y pueden repercutir en una ansiedad bloqueante.

No le debemos pedir al creador que rebaje sus ambiciones, está en su derecho de tenerlas. Le recomendaremos que las controle para que no le arrastren a la ansiedad, para que las prisas excesivas por llegar no le hagan tomar atajos que le aparten de su objetivo. Si está destinado a entrar en la historia, más vale que se lo tome con la calma necesaria para entrar acompañado de una obra de calidad indiscutible.

Fallos en la visión de futuro

La visión de futuro y la capacidad de planificación son las capacidades mentales más tardías en la evolución del cerebro y están ubicadas en los lóbulos prefrontales.

A veces el creativo que ha obtenido una solución magnifica, no ha sido capaz de ver la proyección futura que podría adquirir su invención.

En este punto es donde cobra gran importancia la separación de funciones entre una persona creativa y una innovadora. Saber ver todo el potencial transformador de la sociedad y sus hábitos que pueda tener una invención es la característica fundamental de los innovadores visionarios.

Ejemplo 1: El fonógrafo de Edison

Cuando Thomas A. Edison presentó en rueda de prensa su invento del fonógrafo, los periodistas le preguntaron si la máquina serviría para tener la música en conserva y oírla todas las veces que se deseara. Edison contestó que no, que el invento estaba destinado tan solo a grabar tiernas escenas familiares y clases magistrales de los grandes profesores, que la gente no querría tener la música en conserva y siempre preferiría oírla en vivo y en directo.

A pesar de ser un auténtico visionario, en este caso «los árboles no le dejaron ver el bosque». Los periodistas intuyeron la sombra del bosque, pero Edison se quedó en un par de árboles. No fue consciente de que acababa de inventar el predecesor de las grabaciones de alta fidelidad, un instrumento totalmente revolucionario para la comunicación humana de todo tipo.

Exceso de confianza en la lógica

La lógica es una herramienta muy poderosa, pero creer que nunca falla es una ignorancia bastante frecuente, posiblemente a causa de la educación que hemos recibido, que ha mitificado el poder de la lógica y la ha colocado en un pedestal. A raíz de este mito, muchas personas tienen la creencia, también errónea, de que todo se puede resolver por el método científico, que solo es cuestión de disponer del presupuesto y el tiempo necesario.

Diferentes experimentos de la psicología cognitiva han demostrado que los humanos cometemos muchos errores al aplicar la lógica y que, en consecuencia, debemos poner en revisión su presunta infalibilidad.

Entre dichos experimentos, destacaremos por su contundencia el de las tarjetas de Peter Wason (1996).

Ejemplo 1: Las tarjetas de Wason

Tenemos cuatro tarjetas (véase la figura 17.10) que tienen, todas ellas, un número en una de sus caras y una letra en la cara opuesta. Nos piden que verifiquemos la hipótesis que dice que «si una tarjeta tiene una vocal en una de sus caras, debe tener obligatoriamente un número par en la cara opuesta». Pero nos piden que se giren únicamente las tarjetas que es imprescindible comprobar. ¿Qué tarjetas tenemos que girar y por qué?

La mayoría de las personas dan la vuelta a la tarjeta de la E, que es una decisión correcta. Pero hay que destacar que existe un pequeño porcentaje de sujetos que ya fallan en este punto.

Algunos sujetos dan la vuelta a la tarjeta de la K. Puede ser por una falla en la comprensión del enunciado o una falla de su lógica, porque la hipótesis a comprobar no estipula absolutamente nada sobre las consonantes.

Un gran porcentaje de gente da la vuelta a la tarjeta del 4. Una nueva falla en la comprensión del enunciado o una nueva falla de lógica, porque la regla dada no

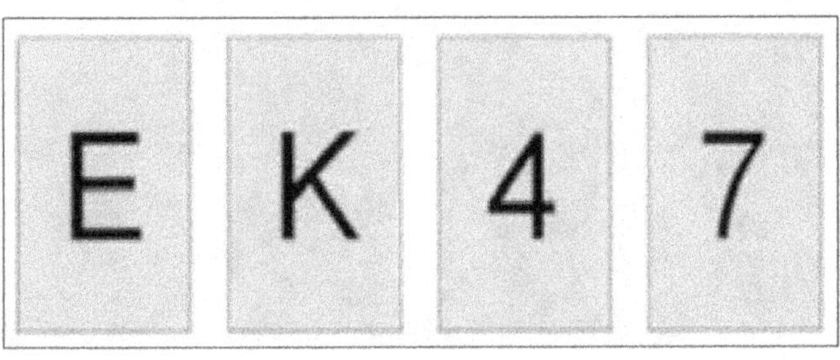

Figura 17.10. Tarjetas de Wason.

estipula que detrás de los números pares deba haber una vocal. No se ha dicho que sea una relación bidireccional.

Finalmente, solo un 4 % de los participantes en el experimento dio la vuelta a la tarjeta del 7. Un craso error de lógica del 96 % restante, puesto que, si detrás del 7 estuviera una vocal, nos echaría por tierra la hipótesis anunciada.

En ciertas circunstancias, para cierta clase de silogismos, la mayoría de los humanos comete errores en la aplicación de la lógica. No podemos fiarnos, pues, de que nuestras deducciones lógicas sean efectuadas siempre de manera correcta.

Ejemplo 2: Las tarjetas del barman

Un barman anota todas las consumiciones que sirve en tarjetas individuales. En una cara anota la bebida y en la cara opuesta la edad del cliente. Un inspector del ayuntamiento que viene a comprobar si cumple con la ley que impide servir bebidas alcohólicas a los menores de edad, toma las primeras cuatro tarjetas de la figura 17.11. ¿Cuáles deberá girar y cuáles puede ignorar el contenido de la cara opuesta?

El problema es exactamente el mismo de las tarjetas de Wason. Tiene analogía estructural idéntica. Sin embargo, cuando ponemos este enunciado, los sujetos no cometen el más mínimo error. Tienen muy claro que solo tenemos que dar la vuelta a la tarjeta Ron (comprobar que no sea un menor) y la tarjeta 15 (comprobar que no esté tomando alcohol) y que no importa la edad de quién está tomando Limonada ni qué está bebiendo un adulto de 45 años.

En este caso la relación unidireccional de la regla entre edad y alcohol es bien conocida y los sujetos la aplican sin errores. La relación enunciada en las tarjetas de Wason, por el contrario, es muy abstracta y los sujetos no la tienen bien asumida cuando aplican su lógica.

Aplicamos correctamente la lógica cuando tratamos con silogismos bien asumidos por experiencia de vida. Cuando son silogismos abstractos o de poca experiencia en nuestro entorno, es muy probable que se cometan errores.

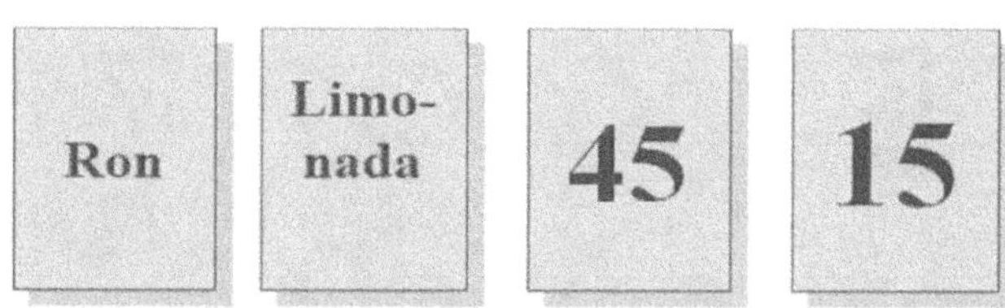

Figura 17.11. Las tarjetas del barman.

Los requisitos de la mente racional

La mente racional solo tiene aplicación para resolver un problema si se cumplen los tres requisitos siguientes:

1. Disponemos de todos los datos que definen la situación.
2. Conocemos el algoritmo de solución.
3. Disponemos del tiempo necesario para aplicarlo.

Cuando cualquiera de los tres requisitos no se cumple, se debe recurrir a la mente intuitiva. Si se aplica la mente racional, se pueden cometer errores que, en algunos casos, podrían ser irreparables.

Si nos falta el dato de la presión de una caldera y suponemos que es de 1 atmósfera, la solución que aportemos puede hacer que explote la caldera porque la presión era de 8 atmósferas.

Si ante un problema no conocemos ningún método de resolución, deberemos recurrir a la intuición y a la creatividad para hallar uno.

Si tenemos todos los datos y conocemos el método de resolución, pero nos falta el tiempo que haría falta para poderlo aplicar, nos convendrá arriesgar una decisión a tiempo basándonos en la intuición.

Si nos falta información esencial, será imposible visualizar el problema y sus posibles vías de solución. Es una situación de impotencia que no se puede resolver inventando los valores que nos faltan. Lo correcto es perseguir la información que nos falta antes de intentar solucionar el problema. En caso contrario, si hacemos suposiciones no fundamentadas sobre la información que nos falta, podemos tirar todo el trabajo hecho a la basura o, peor aún, aplicar una solución errónea y causar daños y perjuicios no deseados.

Si el cliente no sabe respondernos, tenemos recursos múltiples a los que acudir: experimentación, bibliotecas, Internet, servicios profesionales, expertos, etc.

El siguiente ejemplo es un problema elemental, susceptible de ser resuelto por alumnado de primaria, que muestra la impotencia de resolverlo cuando no tenemos todos los datos.

Ejemplo 1: El fuerte

En enero de 2008, Pedro tiene un fuerte y Evaristo tiene 8 bolívares más. ¿Cuántos bolívares tiene Evaristo?

Tenemos comprensión lingüística del enunciado y comprendemos que «un fuerte» debe ser, en este contexto, una moneda. Sabemos realizar problemas aritméticos de simples sumas y restas. Pero estaremos impotentes para hacer nada si desconocemos la equivalencia entre el fuerte (bolívar fuerte) y los bolívares (ambos son monedas de Venezuela). En enero de 2008, 1 bolívar fuerte = 1.000 bolívares.

Falta de planificación y metodología

La planificación es la capacidad mental que se adquirió más tardíamente en la evolución del cerebro y que requiere años de desarrollo para llegar (estadísticamente) a la madurez en la mayoría de edad de los individuos. Está ubicada en los lóbulos prefrontales del cerebro y necesita para su funcionamiento óptimo una buena inteligencia racional de apoyo y una buena inteligencia emocional para la toma de decisiones correctas.

Si buscamos la aparición de la idea feliz sin método alguno, tendremos escasas probabilidades de éxito. Hay que evitar caer en el mito de las musas que aparecen al azar por inspiración divina. La inspiración viene al azar rarísimas veces. Lo normal es que venga de la transpiración.

Abordar la resolución de un problema sin una metodología para la transpiración convierte la obtención de un buen resultado en una lotería. Conviene aplicar las técnicas del «oficio». Y las técnicas del oficio creativo son las estrategias mentales para la resolución de problemas, las técnicas para estimular la búsqueda de nuevas ideas y los métodos para estructurar los proyectos de producción. Se trata de estudiarlos y practicarlos para adquirir mayor madurez en el «oficio».

La planificación de un proyecto, su gestión y su seguimiento durante la realización son técnicas y métodos que se pueden aprender mediante la práctica y que se deberían enseñar –con enfoques adaptados a cada profesión– en todas las carreras universitarias.

La imagen del creador genial que encuentra maravillas sin someterse a ningún orden ni control queda muy bien en la literatura y las películas, pero está muy lejos de la realidad de la mayoría de los mortales.

Ponerse a trabajar sin la debida planificación nos aportará obstáculos y más obstáculos. No podremos evitar el correspondiente derroche de recursos ni los retrasos en los plazos de entrega. Son dificultades serias que pueden llegar a convertirse en insalvables.

Existen estrategias que ayudan sobremanera a superar las barreras mentales y resolver problemas y que, desgraciadamente, no suelen enseñarse en la educación formal actual, sino que quedan reducidas a algunas carreras como Bellas artes, Diseño, Ingeniería o Empresariales.

Vale la pena aprender a trabajar con estrategias mentales de resolución de problemas, a utilizar técnicas para ayudar a la generación de ideas nuevas y a organizarse con método en la ejecución de los proyectos. Es decir, a transpirar con organización y metodología. Eso sí, sin perder nunca el placer lúdico del acto creativo. Jugar con disciplina como hacen los niños y niñas: respetando las reglas del juego, pero divirtiéndose.

En la etapa de plasmación de una idea en producto es imprescindible una buena capacidad de planificación. Hay que saber organizar las actividades, los recursos disponibles y los tiempos requeridos. Es decir: dominar las técnicas y herramientas de gestión de proyectos.

Falta de temas nuevos a explorar

A veces se pasa por períodos de sequía mental. Ha terminado lo que tenía entre manos y no tiene ningún tema a corto plazo que le motive suficientemente.

Si hemos tenido la previsión, a lo largo de los años, de construir una base de datos de ideas a explorar, nunca se nos presentará esta situación.

No hay que dejar escapar ninguna de las ideas que intuimos que pueden ser potencialmente útiles. Las buenas ideas son un bien escaso que debe preservarse. Cuando aparecen, no siempre estamos en condiciones de explorarlas a fondo. Tenemos muchas ideas a lo largo de nuestra vida que se quedan en simple embrión, que no se afrontan en el momento que nos llegan porque estamos demasiado ocupados en otros proyectos o porque pensamos que es casi seguro que ya se le habrán ocurrido a alguien antes, o cualquier otra razón. Todos los teóricos de la creatividad están de acuerdo en que hay que preservar estos embriones porque en otro momento pueden llegar a madurar y gestar una creación importante. Pero si confiamos únicamente en la fiabilidad de nuestra memoria y no las conservamos externamente, es muy fácil que caigan en el olvido y se pierdan.

Hay que anotar enseguida todas las ideas que se nos ocurran para que no desaparezcan con la misma rapidez que llegaron. Se trata de almacenarlas debidamente para que puedan ser consultadas en épocas de carencia.

En una carpeta, un bloc de notas, una base de datos, lo que cada persona estime más ajustado a su manera particular de trabajar. Es conveniente tener siempre a mano un cuaderno de notas (analógico o digital) para retener las ideas que surgen, especialmente por la noche y al despertar (los sueños y los estados de semivigilia son momentos especialmente fértiles). Richard Branson, el empresario que ha creado el imperio Virgin, explica que llega a utilizar entre seis y nueve agendas de tapa dura al año, para anotar y retener sus ideas, impresiones y observaciones.

Es un hecho sabido que muchos de los grandes inventos, descubrimientos y obras de arte de la historia han pasado por largos letargos previos en almacenes temporales de su autor antes de recibir el impulso definitivo.

Error de comprensión del enunciado

A veces no tomamos conciencia de algunas de las características fundamentales del problema. Puede ser debido a que no hemos prestado la atención necesaria o a que no hemos revisado con la calma suficiente toda la información disponible. Es bastante común que, por la falta de atención o las excesivas prisas en ponerse a buscar la solución, se nos escapen datos o condiciones importantes del problema y nos empeñemos en resolver un problema distinto al que realmente tenemos enfrente.

Si se trata de un encargo de un cliente, puede ser a causa de una mala comunicación por el uso de un lenguaje poco preciso (o distinto al que usamos nosotros).

Conviene repasar a fondo el enunciado del problema y asegurarse de que no se nos ha escapado ningún detalle fundamental antes de empezar a reflexionar sobre las posibles soluciones.

Hay que saber mirar el problema desde diversos puntos de vista, los propios y los que imaginamos que puedan tener los distintos actores implicados. Hay que ver todos los atributos de los elementos que intervienen y deducir sobre cuáles será más conveniente actuar.

No hay que olvidar nunca que los pequeños matices pueden representar diferencias tremendamente grandes.

Incluir restricciones que no están en el enunciado

A veces damos por supuestas restricciones que no están en el enunciado del problema. Por estereotipos culturales, por prejuicios sociales o por no tener conciencia de todas las posibilidades que los materiales nos pueden dar.

No deberíamos asumir nunca restricciones que no estén explícitamente expresadas en el enunciado del problema.

Ejemplo 1: El concurso de llenado de cubos

Es un ejemplo que ya hemos usado para ver fallos en la percepción.

El concurso consiste en que todos los participantes deben llenar el cubo a su disposición en la línea de meta con el máximo de agua que puedan transportar a su interior exclusivamente con sus respectivos coladores reglamentarios.

No nos limitan dónde podemos acudir para suministrarnos agua, las bases del concurso no lo estipulan. Parece que puedo traerme mi tanque de agua particular. La única condición explícita es que debo introducir el agua al interior de mi cubo mediante el colador reglamentario.

Está experimentalmente comprobado que la mayoría de concursantes presuponen que no se pueden usar cubitos de hielo. Se añaden una restricción más que no existe en las reglas dadas.

Ejemplo 2: El problema de las tres bombillas

Este problema ya se ha tratado con mayor profundidad en el apartado de *Estímulos sensoriales* (véase el capítulo 8).

Algunos sujetos no logran resolverlo porque se autoimponen la restricción de que las bombillas son inasequibles en altos techos y no se pueden tocar.

Ejemplo 3: Mobiliario de terrazas de bares

En la década de 1980, una empresa española fabricante de muebles de terraza para bares le pidió nuevos diseños a un reputado diseñador.

La empresa fabricaba en aquel entonces sus muebles en hierro pintado. El diseñador no aceptó esta restricción no explícita y planteó sus nuevos modelos de sillas y mesas en aluminio anodizado, un material mucho más ligero y que evita tener que repintarlo cada equis tiempo. El fabricante tardó en convencerse, porque tuvo que efectuar una gran inversión para cambiar mucha maquinaria de la cadena productiva de su fábrica, pero a los dos años pasó a ser el líder indiscutible de su mercado.

Exceso de familiaridad con el tema

La excesiva familiaridad con un tema puede ser una barrera para ser un buen creativo en dicho tema. El hecho de haber visto un tema siempre igual nos ha llevado a aceptarlo tal cual sin cuestionarlo y hemos adquirido la creencia no consciente de que es inamovible.

La familiaridad excesiva es uno de los grandes peligros de los expertos que los inclina a caer en el exceso de confianza.

«Yo lo sé todo de mi oficio y nadie me vendrá a enseñar nada nuevo.» En la historia del progreso humano abundan los ejemplos de faltas de visión de los expertos por exceso de familiaridad y confianza.

En aplicación de este hecho, no es muy aconsejable que en los *brainstormings* participen los expertos en la materia. Debemos asegurarnos, en todo caso, de su buena flexibilidad mental.

La persona experta en un dominio acumula, a menudo, un exceso de reglas y restricciones que le impiden ser creativo. La neófita, en cambio, puede tener el atrevimiento necesario para dar el salto conceptual necesario para aportar creatividad al dominio.

Ejemplo 1: Los expertos en correos

Los expertos de la Western Union en Estados Unidos en 1876 y los del Correo de Su Majestad en la Gran Bretaña rechazaron el teléfono de Alexander Graham Bell porque no vieron la necesidad de complicarse la vida, puesto que los servicios de correos y telégrafos de la época eran muy eficientes.

Ejemplo 2: Los expertos musicales

Los expertos de Decca Records rechazaron a los Beatles porque los grupos de guitarra ya no estaban de moda.

Ejemplo 3: Los expertos en explosivos

El almirante W. Lehaly le aseguró al presidente Truman en 1945 que la bomba atómica no funcionaría porque, como experto en la materia, sabía que los explosivos «nunca se han hecho así».

Ejemplos de inventores fuera de su dominio

- Los hermanos Wright no eran ingenieros aeronáuticos, eran mecánicos de bicicletas.
- El bolígrafo no fue inventado por un ingeniero industrial, fue inventado por el corrector de pruebas de imprenta Ladislao Biro.
- Los mayores avances en los submarinos fueron inventados por un sacerdote inglés, G. W. Garrett, y un maestro de escuela irlandés, John P. Holland.
- La desmotadora de algodón fue inventada por el abogado Eli Whitney.
- El extintor de incendios es un invento del capitán de milicia George Manby.
- Los contenedores de los barcos mercantes fueron inventados por Malcom McLean, un empresario de transportes por carretera originario de New Jersey.
- Y así, muchos más.

Exceso/falta de imaginación

La imaginación es la base imprescindible para la inventiva.

> «El verdadero signo de la inteligencia no es el conocimiento sino la imaginación».
> *Albert Einstein*

Una carencia de imaginación nos condenará a tener que basarnos únicamente en el análisis racional de las cosas. Pero una imaginación desbordada puede ser también una dificultad que vencer.

El exceso de fantasía limita la capacidad de madurar convenientemente las propuestas de solución y, en consecuencia, frustra muchas de las creaciones porque las aborta en estado demasiado embrionario.

Para la falta de imaginación, la solución consiste apoyarse en las técnicas de estimulación de ideas.

Para el exceso de imaginación, la solución pasa por construir una base de datos de ideas a fin de que no se pierda ninguna e imponerse la disciplina de escoger un único tema cada vez para desarrollar y concentrarse en él.

Exceso de análisis del problema

Cuando aplicamos la mente analítica una y otra vez, con anillos de profundidad cada vez más amplios, podemos caer en lo que se conoce como *parálisis por el aná-*

lisis. En cada capa analizada se descubren subcapas que creemos que valdría la pena analizar y podemos entrar en una cadena sin fin.

Hay que dejar de analizar en el vacío y emprender acciones, tanteos, pruebas, para avanzar más rápidamente en el proceso creativo. Las pruebas, los experimentos, son siempre resolutivos. Si fracasan, eliminan opciones y caminos del laberinto mental que nos ahorraremos tener que analizar. Si tienen éxito parcial, proporcionan valiosas pistas de por dónde hay que seguir analizando (véase el aparatado *Estrategia de eliminación de alternativas*, en el capítulo 8).

Hay que saber combinar la mente analítica con la intuitiva. Hay que saber equilibrar el análisis con la acción. La mejor opción es siempre sincronizar nuestros dos hemisferios cerebrales.

Insistir en caminos estériles

Cuando un procedimiento que habíamos estimado intelectualmente como adecuado no funciona, se tiende a intentar aplicarlo obsesivamente una y otra vez con la esperanza vana de que los hechos tozudos den la razón a nuestro pensamiento. Dice un viejo refrán que «el hombre es el único animal que tropieza dos veces con la misma piedra». Pero la realidad es aún más triste: somos capaces de tropezar docenas de veces en la misma piedra con la ilusión vana de que desaparezca por arte de magia.

«Si quieres obtener resultados distintos, debes hacer cosas distintas».
Albert Einstein

Aunque en el mismo momento del fracaso seamos incapaces de comprender por qué no funciona nuestro planteamiento, se impone buscar planteamientos alternativos. La acción es siempre mucho más resolutiva que el pensamiento y es altamente probable que el nuevo procedimiento nos aporte la luz sobre qué fallaba en el procedimiento anterior.

Detectar dónde radica el principal impedimento a nuestro objetivo es el primer paso necesario para llegar al éxito.

Contaminación emocional

Daniel Kahneman y Amos Tversky (1982) demostraron con sus experimentos que la lógica humana tiene serias dificultades para permanecer pura y que hay un gran número de situaciones en las que se contamina de las emociones. No somos totalmente racionales en la toma de decisiones y, además, somos muy malos estadísticos con nuestra intuición: no valoramos de la misma manera situaciones que analíticamente tienen la misma esperanza matemática si nos las presentan en contextos diferentes.

En sus obras, Kahneman y Tversky señalaron que delante de dos situaciones equivalentes analítica y racionalmente, la mayoría de las personas las trata como distintas y escoge como más favorable uno de los dos planteamientos, rehuyendo el otro a pesar de que efectivamente comparten características esenciales.

Tomamos juicios y decisiones erróneas por un sesgo mental inconsciente que nos hace creer que estamos siendo totalmente racionales cuando en realidad nos estamos moviendo por emociones.

La mejor manera de combatir estas desviaciones de la mente racional consiste en estudiarlas a fondo para conocer bien cómo pueden afectarnos. Es condición necesaria —aunque no suficiente— para evitar caer en ellas.[30]

Ejemplo 1: ¿Se puede fumar?

Si un feligrés le pregunta al rector de su parroquia si puede fumar mientras reza, recibirá una negativa taxativa. Si le pregunta, en cambio, si puede rezar mientras fuma, recibirá una aprobación entusiástica.

A pesar de que racionalmente estamos frente a la misma situación, el párroco ha visualizado emocionalmente dos escenarios muy distintos que están en su imaginación pero que en verdad no estaban en las preguntas efectuadas. En el primer escenario ha imaginado al feligrés fumando en el interior de la iglesia. En el segundo escenario ha imaginado el feligrés fumando en la calle o en su casa.

Ejemplo 2: El ahorro de 5 €

Somos capaces de cruzar la ciudad de punta a punta para ahorrarnos 5 € en la compra de una prenda u objeto que vale 15 €. No cruzamos la ciudad, en cambio, para ahorrar 5 € en la compra de una prenda u objeto que vale 150 €.

---

[30] Dos textos muy recomendables para esta finalidad son *Los túneles de la mente* de Piattelli-Palmarini (1995), una magnífica divulgación de los descubrimientos de Kahneman y Tversky que combina a partes iguales amenidad y rigor, y *Trampas mentales* de Motterlini (2010), que abarca un ámbito más amplio.

El ahorro absoluto y objetivo sería el mismo, pero el aspecto emocional que le vinculamos es diferente. En el primer caso se valora subjetivamente un ahorro del 33 %, y en el segundo se aprecia un ahorro de solamente el 3,3 %.

Ejemplo 3: Precios seductores

Aunque estemos hartos de verlo, los grandes almacenes siguen poniendo precios de 9,99 € (en vez de 10 €). Son muchos los compradores (todavía hoy) que se quedan con la idea de que vale «algo más de 9».

Ilusión de control

Se dice que tenemos ilusión de control sobre una determinada máquina o evento cuando creemos que existe una relación de causa efecto (que en realidad no existe) con una variable externa que gobernamos a voluntad.

Ejemplo 1: La falacia del jugador

Pensar que el éxito en un juego de azar depende de un color de corbata o de un entrecruzado de dedos.

Ejemplo 2: Si la montaña no viene a Mahoma....

Según una invención de sir Francis Bacon,[31] Mahoma convenció a sus seguidores de que mediante una orden suya se le iba a acercar una montaña a la cual se subiría para predicarles. La muchedumbre se reunió, Mahoma llamó una y otra vez a la montaña y esta no se movió un milímetro. Afirma Bacon que el profeta dijo sin abochornarse: «Si la montaña no viene a Mahoma, Mahoma irá a la montaña». Si la montaña se hubiera movido por, pongamos por caso, un movimiento sísmico, Mahoma habría tenido una ilusión de control.

---

[31] Filósofo inglés a caballo de los siglos XVI y XVII, que fue y uno de los más firmes adversarios del conocimiento dogmático y supersticioso de la Edad Media y precursor del método experimental en la ciencia.

Ejemplo 3: No sufras que yo controlo

Muchos automovilistas creen controlar al cien por cien los movimientos de su máquina a velocidades cada vez más altas. No se dan cuenta, o se dan cuenta trágicamente tarde, que un simple 0,1 % de descontrol en situaciones de alto riesgo puede ocasionar el desastre total.

Ejemplo 4: Fumar mata

Algunos fumadores recalcitrantes reconocen todos los riesgos para la salud que su adicción les comporta, pero no abandonan el tabaco. Creen (o quieren creer) que controlan la situación, que su salud no se resiente «todavía» (o aún no demasiado) y que el día que esto ocurra podrán dejar de fumar sin problemas.

Ejemplo 5: Compensando la gula

Algunas personas propensas a la obesidad, después de una comida opípara «controlan» tomándose el café con sacarina en lugar de azúcar.

Ejemplo 6: Determinismos ilusorios

Las correlaciones entre dos variables pueden conducirnos a ilusiones de control si las extendemos inconscientemente al cien por cien. Tendemos a confundir el hecho de que una variable «influye» enormemente sobre otra en un porcentaje elevado de veces con el hecho de que «la determina completamente».

No es lícito confundir una correlación con una relación determinista. Que exista una gran correlación entre el nivel de pobreza y el nivel de delincuencia, no significa que todos los pobres sean delincuentes. «Lo más probable es que funcione de una determinada manera» no significa que tenga que funcionar obligatoriamente de aquella manera. Es un terrible error racional muy frecuente, incluso entre científicos, confundir ambos conceptos.

Para no caer en esta desviación mental conviene recordar que la estadística fue inventada para estudiar y medir las relaciones y correlaciones que existen entre dos variables cuando se ha visto que no hay ninguna ley determinista que las una.

Exceso de información

> «El exceso de información desinforma». *Alvin Toffler, futurólogo de los años setenta del siglo xx*

Demasiada información crea entropía. Satura la mente y no permite distinguir los elementos esenciales de los prescindibles. Y si contiene contradicciones, nos paraliza hasta que podamos resolverlas.

Queremos confiar en que nuestra mente sabrá recordar toda la información leída, pero esto no es posible. Pensamos que sabremos separar rápidamente el grano de la paja, pero tampoco resulta nada fácil. Y resolver las contradicciones puede comportar un montón de tiempo.

Es conveniente, pues, aprender a ser selectivo con nuestras fuentes de información. Buscar la calidad y rechazar las fuentes con poca fiabilidad y exceso de «ruido». Filtrar la información recibida con toda la calma que haga falta, ordenarla por temas y subtemas y priorizarla según el interés que tenga de cara a nuestros objetivos; destacar las partes que realmente son significativas para nuestro proyecto. Solo de esta manera lograremos eliminar la barrera creativa que nos provoca la falta de digestión de la información disponible.

Exceso de optimismo

A veces las personas vemos las cosas tal como nos gustarían que fueran, no como son en realidad. Queremos obtener el máximo beneficio en todos los aspectos e imaginamos que la situación es plenamente favorable a nuestros objetivos y fantaseamos que es un hecho. Huimos de la dureza de la realidad pensando que aquello que hemos imaginado ya se ha convertido en realidad.

Es un error típico de las personas ingenieras, diseñadoras e inventoras novatas caer en fantasías con tecnologías inexistentes o en estado de inmadurez. No debemos confundir los deseos con la realidad.

Evidentemente, la aplicación del método científico evita totalmente caer en este error. Al tener que comprobar empíricamente la certeza de nuestras suposiciones, se deshacen las fantasías y volvemos al reino de la realidad.

En el mundo real, el creativo tiene que negociar los límites de satisfacción de los requerimientos formulados. Cuando recibe un encargo con una larga lista de requerimientos, deberá pactar con su cliente límites factibles en el cumplimiento de cada requerimiento. De no hacerlo, corre el riesgo de tener que afrontar la frustración del cliente y la no aceptación de la obra que creó.

Ejemplo 1: La puerta perfecta

Una puerta perfecta debería ser capaz de aislar o no (a voluntad de quien la utilice) dos ambientes en relación con la visión, el ruido, el aire, la temperatura, la lluvia, el humo y los insectos. Todo ello al mismo tiempo y con un único dispositivo regulador.

Esta maravilla de puerta es un sueño inalcanzable hoy en día. En las películas de ciencia ficción podemos ver campos electromagnéticos y detectores especiales que hacen esto y mucho más. En la realidad industrial, que sepamos nosotros, no se dispone de ninguna combinación de tecnologías que nos permita hacer la puerta perfecta. Al menos a precios razonables.

Capítulo 18
Teletrabajo, herramienta básica de la creatividad colaborativa

En los últimos años, en innumerables foros y entornos, la palabra «teletrabajo» ha ido incrementando su presencia en los foros empresariales generando debate y controversia sobre su conveniencia, idoneidad y posibilidades reales de aplicación, atendiendo la naturaleza específica de los diversos procesos productivos, la viabilidad de las herramientas tecnológicas disponibles, la capacidad de la red, la formación de las personas y adecuación de los entornos desde donde se desarrollaría. Un conjunto de cuestiones que, a su vez, están condicionadas por el debate sobre si la retribución salarial debe indexarse a la productividad, a la requerida sostenibilidad medioambiental, a la conciliación familiar, o a la necesidad de la interacción social en espacios compartidos.

Las ventajas del teletrabajo

Las principales ventajas del teletrabajo, al romper la barrera espacio-temporal, son:

- Permitir a los profesionales acceder a puestos de trabajo que, por motivos de distancia o entorno no le serían posibles.
- Permitir a las empresas tener a su disposición un mayor número de profesionales a considerar en sus procesos de selección, pudiendo extender sus ofertas a personas de otras regiones o países al no ser requerida su presencia física.

El teletrabajo aporta una mayor flexibilidad en la planificación de los proyectos, si bien tiene asociada una mayor complejidad en la organización de los procesos y en los mecanismos de coordinación cuando no todas las personas involucradas en el mismo proyecto profesional estén simbióticamente comprometidas y formadas en las aptitudes y actitudes que el teletrabajo exige.

El futuro de la competitividad, con la incertidumbre que impregna todo proceso de innovación, requiere disponer de nuevas herramientas para incrementar las posibilidades de incorporar talento a las organizaciones y abordar de forma abierta la creación colaborativa como elemento indispensable para asegurar el desarrollo de *smarts products*. Las pymes tienen en esta modalidad una solución para integrar la multidisciplinariedad que necesitan mediante el concurso entre personas lejanas y próximas, superando la barrera espacio-tiempo. Pueden disponer de los profesionales requeridos para lograr ser competitivos en los mercados globales.

Es recomendable, pues, el progresivo incremento del teletrabajo en general y la telepresencia en particular en toda organización, especialmente en las más pequeñas. Las empresas deberían:

- Incentivar los procesos de digitalización empresarial involucrando a toda la empresa en general y a los creativos y creativas en particular.
- Asegurarse la conectividad de altas prestaciones
- Prestar especial atención a las inversiones tecnológicas y a su rápida amortización, para no caer en la obsolescencia tecnológica.
- Ajustar los planes de formación con programas específicos de teletrabajo y creación colaborativa.

Procedimientos específicos del teletrabajo

Sin duda el teletrabajo aporta ventajas para las empresas y las plantillas, pero ambas partes deben asumir, por un lado, que exige procedimientos y métodos distintos a los presenciales y, por otro, que debe aumentarse la productividad para compensar la inversión que la empresa debe realizar en los equipos y el *software* adecuados, en los equipos de telecomunicaciones móviles que debe proporcionar a sus empleados y, en algunos casos, a los costos de conexión de internet de altas prestaciones.

El teletrabajo no consiste en actuar desde casa (o un espacio remoto) de la misma forma en que se trabaja presencialmente. Se requieren ajustes organizativos y de gestión para asegurar el control de que se realizan las tareas asignadas en los plazos fijados y con la calidad establecida.

La empresa tendrá que invertir en sistemas robustos para proteger la seguridad de los datos e informaciones de posibles ciberataques y, a su vez, asegurar el estricto cumplimiento de la confidencialidad de las informaciones propias, así como la custodia de los datos de terceras personas u organizaciones.

La información es el valor más valioso de toda organización.

Con el trabajo en remoto, la información clave de la empresa se dispersa por las computadoras de la *teleplantilla,* que se ubica en lugares diversos y cambiantes, sin control fehaciente de su contenido y de quien la puede estar usando. Se rompen todas las garantías de protección, tanto de la calidad de la información como de su custodia. Un riesgo que se incrementa al reducirse el sentimiento de pertenencia de la persona teletrabajadora a un determinado equipo empresarial, ocasionado por el hecho de no compartir los espacios físicos y el contacto personal que sirve para generar empatías entre los componentes de la organización.

Tampoco conviene ignorar que el teletrabajo, ejecutado desde el domicilio, puede ser causa de aislamiento y facilitar el surgimiento de conductas individualistas que propician la búsqueda del beneficio propio, al no compartir las problemáticas personales o laborales del resto de los miembros del equipo.

La formación en teletrabajo

Teletrabajar exige a los empleados/as unas habilidades específicas que no son innatas al ser humano, y para las cuales no han sido instruidos.

Por ello, es imprescindible una formación adecuada en teletrabajo que debería incluirse en la formación básica y también en los planes de formación continua de las organizaciones.

Teletrabajo y vivienda habitual

No se debe olvidar que el teletrabajo exige un entorno adecuado y tiempo para concentrarse en la tarea sin interrupciones. Poder desarrollar el teletrabajo, sin interrupciones y con la atención requerida, en la vivienda propia suele ser particularmente difícil en la mayoría de las ocasiones. Hay que tener en cuenta que las viviendas actuales, especialmente en las grandes ciudades, se han ido reducido de espacio de forma progresiva, convirtiéndose en muchos casos en «viviendas dormitorio».

Las horas de estancia en la vivienda de todos los miembros de la unidad familiar se reducen debido a que los adultos trabajan y los menores tienen actividades escolares. La mayoría de los miembros de una familia solo desarrollan su dimensión social en espacios compartidos, públicos o privados, destinados al ocio o deporte.

Puesto que una vivienda con el espacio deseable no está al alcance de todos los bolsillos dentro de las grandes ciudades, la tendencia ha sido disponer de una segunda vivienda en el campo o la playa para poder gozar durante los tiempos de ocio de entornos más espaciosos y saludables.

En este escenario de falta de espacio en la vivienda habitual, surge la necesidad de disponer de centros de teletrabajo *(coworking centers)* próximos a los domicilios, desde los cuales sea posible teletrabajar para empresas ubicadas en lugares distantes. Centros que permiten disponer de las infraestructuras de conectividad y de los espacios y recursos de trabajo adecuados que no se disponen en las viviendas habituales.

Los *coworking centers* se convierten en elementos que permiten el reequilibrio territorial y aumentar la calidad de vida, gracias a disminuir las emisiones de contaminantes por desplazamientos, potenciar el desarrollo de las áreas rurales, facilitar la inserción laboral, la interacción social y evitar el aislamiento de las personas.

Adicionalmente, los centros de *coworking* pueden actuar como un refuerzo y apoyo a los teletrabajadores móviles, facilitándoles apoyo al largo de sus itinerarios cotidianos si fuese requerido.

Acontecimiento acelerador del teletrabajo

La irrupción en 2020 de la pandemia de la covid-19 obligó en muchos países al confinamiento generalizado de la población con el correspondiente impacto en las actividades económicas y la promoción generalizada del teletrabajo como herramienta para poder seguir en la medida de lo posible con las actividades económicas y sociales.

En gran parte de la sociedad avanzada se instaló, en apenas dos meses, la idea de que el teletrabajo que parecía imposible, o muy complejo, no lo era en absoluto, y que muchas de las cosas que se hacían antes presencialmente se podían seguir haciendo telemáticamente. Esta experiencia ha permitido constatar que:

1. No todas las actividades pudieron afrontarse con teletrabajo y hubo que ajustar muchas exigencias en niveles de urgencia, productividad y resultados económicos.
2. La dinámica y las interacciones sociales presenciales y telemáticas se entremezclaron y obligaron a horarios extendidos con resultados poco satisfactorios mientras crecía un sentimiento de cansancio y falta de organización en el desempeño.
3. La seguridad de las informaciones y su confidencialidad sufría un altísimo riesgo atendiendo que prácticamente el 80 % de la actividad por teletraba-

jo se desarrollaba en equipos informáticos domésticos y con conexiones sin protección.

4. Que los procedimientos empleados eran malas réplicas de los procesos presenciales y no consideraban, en muchos casos, las posibilidades de la digitalización y la interconexión.

5. Que la trasformación digital apenas había alcanzado un porcentaje muy bajo del tejido productivo en la mayoría de los países y, en consecuencia, las exigencias de interconexión e interacción telemática eran limitadas, un hecho que explicaba el gran porcentaje de existencia de conexiones de uso doméstico-lúdicas.

Cómo implantar el teletrabajo en las organizaciones

El teletrabajo puede ser una palanca eficiente de progreso económico y social porque aporta mayor competitividad a las empresas a la vez que posibilita la conciliación entre el entorno profesional y el personal, y facilita la imprescindible lucha contra el cambio climático al reducir la movilidad no requerida. Implementar el teletrabajo comportará cambios en las legislaciones de los diversos países con la finalidad de proteger simbióticamente los derechos de los trabajadores y el conocimiento e información empresarial que se traslada de la empresa a los ordenadores, móviles o fijos, desde donde se desarrolla el teletrabajo. Independientemente de los ajustes legislativos que van a surgir, implementar el teletrabajo exige a las empresas desarrollar los puntos detallados a continuación:

- Completar la transformación digital de la organización.
- Definir objetivos medibles y cuantificables tanto de los equipos como de las personas.
- Implementar herramientas y métodos seguros y fiables de interrelación, comunicación y tratamiento de la información mediante sistemas autónomos de vigilancia de su uso.
- Establecer las herramientas de control y gestión de los teletrabajadores que permitan la supervisión sistemática del cumplimiento de las actividades, objetivos y métodos establecidos.
- Disponer de las infraestructuras propias, o de terceros, para facilitar a quien teletrabaje los equipos requeridos de *hardware* y *software*.
- Reducir al máximo los riesgos frente a ciberataques.
- Finalmente, asegurar la formación a los trabajadores en cuanto a las habilidades y los métodos y herramientas que van a utilizar al trabajar en modalidad no presencial.

Capítulo 19
Cómo se puede medir la innovación

En términos económicos, lo que no se puede medir o no existe o no interesa. La innovación sostenida requiere una cultura y un liderazgo que los teóricos del dominio han estudiado cómo se pueden medir.

«La innovación y su medición es la única competencia medular que necesitan todas las organizaciones». *Peter Drucker*

Una de las metodologías más exhaustiva es la desarrollada por los profesores Joe Weintraub y Jay Rao del Babson College de Boston.[32] Estos autores separan dos grandes ámbitos de medición: el *racional* (lado izquierdo) y el *emocional* (lado derecho) (véase la figura 19.1). Y en cada ámbito distinguen tres bloques diferentes.
Los bloques del ámbito racional son:

- **Recursos.** Mide los esfuerzos que la empresa destina a innovar en personas, sistemas tecnológicos y proyectos.
- **Procesos.** Describe y evalúa cómo la empresa realiza la *ideación, concreción* y *realización* de ideas innovadoras.
- **Resultados.** Mide el éxito empresarial de la innovación por el porcentaje de ingresos generado por los lanzamientos de los productos/servicios innovadores. Interesa medir también el éxito individual de cada miembro del equipo en forma de recompensas obtenidas. Si una empresa obtiene buenos resultados

---

[32] Véase https://sloanreview.mit.edu/article/how-innovative-is-your-companys-culture/ (consultado el 1 de octubre de 2020).

en las medidas de innovación, pero su personal no está contento o motivado, la cultura de innovación en la organización irá disminuyendo.

Los bloques del ámbito emocional se evalúan numéricamente mediante encuestas al personal. Al desglosar los resultados de la encuesta, la dirección puede obtener una imagen clara y respaldada por los datos estadísticos de en qué departamentos la cultura innovadora es fuerte y en cuáles es débil. Pueden enfocarse las encuestas en áreas específicas donde la mejoría se considera más necesaria.

Los resultados desagregados de la encuesta también proporcionan oportunidades de aprendizaje. Los puntajes altos en una u otra unidad pueden indicar las mejores prácticas que los gerentes en unidades menos eficientes pueden estudiar y emular.

Los tres bloques son:

- **Valores.** Los valores de la empresa plasman las prioridades de dónde deberá invertir mayoritariamente sus dineros y sus esfuerzos.
- **Conductas.** Evalúa la actitud y conducta del personal ante las demandas internas de innovación.
- **Clima.** Evalúa si el clima innovador está marcado por la *simplicidad*, la *colaboración* y la *confianza* entre las personas. Un clima saludable fomenta el entu-

Figura 19.1. **Diagrama del método de Rao y Weintraub©.**

siasmo, desafía a las personas a asumir riesgos en un entorno seguro, fomenta el aprendizaje y el pensamiento independiente.

Estos seis bloques están dinámicamente vinculados. Por ejemplo, los valores de la empresa tienen un impacto en los comportamientos de las personas, en el clima del lugar de trabajo y en cómo se define y se mide el éxito.

El método genera un indicador global de síntesis que sus autores han denominado *innoquotient,* como contracción de *innovation quotient.*

Para un mayor detalle de los análisis de la complejidad inherente a la innovación, conviene hacer notar que la metodología de Rao y Weintraub desglosa los seis bloques en 18 factores y 54 elementos desglosados dentro de estos factores.

Se comprende, pues, que una pyme plantee serias dudas ante la opción de aplicar un método de medición de su innovación que va a representarle tanta inversión y recurra a aplicarlo en tan solo alguno de sus bloques más representativos.

Bibliografía

Acemoglu D. *et al.* (2014). *Por qué fracasan los países: Los orígenes del poder, la prosperidad y la pobreza.* Divulgación.

Adams L. A. (1993). *Guías y juegos para superar bloqueos mentales.* Barcelona: Gedisa.

Allen M. S. (1967). *Morphological creativity: The miracle of your hidden brain power.* Englewood Cliffs, NJ: Prentice-Hall, Inc.

Alonso Monreal, C. (2001). ¿Qué es la creatividad? Madrid: Biblioteca Nueva.

Amabile T. M. (1983). *The social psychology of creativity.* New York: Harcourt Brace.

Altshuller G (1984). *Creativity as an exact science.* Gordon & Breach.

Amabile T. M. (1998). How to kill creativity. *Harvard Business Review* 76, no. 5 (September-October): 76-87.

Anderson H. H. (editor) (1959). *Creativity and its cultivation.* New York: Harper.

Ascarin N. (2001). *El cerebro del rey.* Barcelona: RBA.

Aznar G. (1974). *La Creatividad en la empresa: organización práctica y técnicas de animación.* Vilassar de Mar: Oikos-Tau.

Bachrach E. (2015). ÁgilMente: *Aprende cómo funciona tu cerebro para potenciar tu creatividad y vivir mejor.* Conecta.

Barron F. X. (1968). *Creativity and personal freedom.* New York: Van Nostrand Reinhold.

Beauport E. (1996). *The three faces of mind.* Wheaton: Quest Books.

Boden M. (1991). *The creative mind. Myths and mechanisms.* New York: Basic Books.

Bruner Jerome (1985). *En busca de la mente.* México: Fondo de Cultura Económica.

Buzan T. (1996.) *El libro de los Mapas Mentales.* Barcelona: Ediciones Urano.

Churba C. A. (2007). *La creatividad. Un enfoque dinamizador de las personas y las organizaciones.* Buenos Aires: Editorial Dunken.

Corbalán, J. et al (2003). *CREA. Inteligencia creativa. Una medida cognitiva de la creatividad.* Madrid: TEA Ediciones.

Coulson T., Strickland A. (2000). *How did they think of that? (WoW! The principles of creativity).* Seminole, FL: Applied Creativity Inc.

Crawford R. (1954). *Techniques of creative thinking.* New York: Hawthorn Books.

Csíkszentmihályi M. (1988). Motivation and creativity: Toward a synthesis of structural and energistic approaches to cognition. *New Ideas in Psychology* 6 (2): 159-76.

Csíkszentmihályi M. (1995). *Creativity: Flow and the Psychology of discovery and invention.* Nueva York: HarperCollins.

De Bono E. (1986). *El pensamiento lateral.* Barcelona: Paidós.

De Bono E. (1990). *Ideas para profesionales que piensan. Nuevas consideraciones sobre el pensamiento lateral aplicadas a la empresa.* Barcelona: Paidós.

De Bono E. (1994). *El pensamiento creativo: el poder del pensamiento lateral para la creación de nuevas ideas.* Barcelona: Paidós.

De Bono E. (1997). *Seis sombreros para pensar.* Barcelona: Granica.

De la Torre S. (1982). *Educar en creatividad.* Madrid: Editorial Narcea.

De la Torre S. (1991). *Evaluación de la creatividad. TAEC, un instrumento de apoyo a la reforma.* Madrid: Escuela española.

De la Torre S. (1995). *Creatividad aplicada.* Madrid: Editorial Escuela Española.

De Prado D. (1998). *Técnicas creativas y lenguaje total.* Madrid: Editorial Narcea.

Demory B. (1991). *Técnicas de creatividad.* Buenos Aires: Granica.

Drucker P. (2004). La disciplina de la innovación. *Harvard Business Review América Latina* n.º agosto.

Eberle B. (1996). *Scamper: Creative games and activities for imagination development.* Chicago: Sourcebooks.

Fernández Romero A. (2005). *Creatividad e innovación en empresas y organizaciones. Técnicas para la resolución de problemas.* Madrid: Díaz de Santos.

Gardner H. (1988). *Creativity: an interdisciplinary perspective. Creative Research Journal* 1: 8-26.

Gardner H. (1994). *Estructuras de la mente: La teoría de las inteligencias múltiples.* México: Fondo de Cultura Económica.

Gardner H. (1995). *Mentes creativas.* Barcelona: Paidós.

Gardner H. (1999). *Intelligence reframed: multiple intelligences for the 21 st century.* New York: Basic Books.

Garnham A., Oakhill J. (1996). *Manual de psicología del pensamiento.* Barcelona: Paidós.

Garrell A. (2012). *La competitividad y sus claves.* Sabadell: FUNDIT.

Garrell A., Guilera Ll. (2019). *La Industria 4.0 en la sociedad digital.* Barcelona: Marge Books.

Getzels J., Jackson P. W. (1962). *Creativity and intelligence: Explorations with gifted students.* Nueva York: Willey & Sons.

Gigerenzer G. (2008). *Decisiones instintivas: la inteligencia del inconsciente.* Barcelona: Ariel.

Gladwell M. (2005). *La inteligencia intuitiva.* Barcelona: Taurus.

Gobé M. (2005). *Branding emocional.* Barcelona: Divine egg Publicaciones.

Goldberg E. (2002). *El cerebro ejecutivo: lóbulos frontales y mente civilizada.* Barcelona: Crítica.

Gordon W. J. J. (1961). *Sinéctica. El desarrollo de la capacidad creadora.* México: Editorial Herrero Hnos.

Grinberg Zylberbaum J. (1983). The orbitals of conscieous-ness. A neurosyntergic approach to the discrete levels of concious experience. *Psychoenergetics* 5: 235-42.

Guilera Ll. (1998). *La educación de la inteligencia: El placer de desarrollar la inteligencia con un método lúdico.* Barcelona: Almon.

Guilera Ll. (2002). *Vías de acceso conceptual en la resolución de problemas. Importancia de los estímulos sensoriales.* Tesis doctoral, inédita, Bellaterra: Universitat Autònoma de Barcelona. Consultable en: http://www.tdx.cat/TDX-1021103-182603.

Guilera Ll. (2006). *Más allá de la inteligencia emocional: las cinco dimensiones de la mente.* Madrid: Thomson Paraninfo.

Guilera Ll. (2011). *Anatomía de la creatividad.* Barcelona: Marge Books.

Guilford J. P. (1950). Creativity. *American Psychologist* 5: 444-54.

Guilford J. P. (1987). Creativity research: Past, present and future. En: S. G. Isaksen (ed.), *Frontiers of creativity research: Beyond the basics.* Buffalo, NY: Bearly Ltd., 1987.

Guilford J. P. (1991). *Creatividad y educación.* Barcelona: Editorial Paidós.

Guzmán M. de (1994). *Para pensar mejor: Desarrollo de la creatividad a través de los procesos matemáticos.* Barcelona: Pirámide.

Hernández C. (1999). *Manual de creatividad publicitaria.* Madrid: Síntesis.

Hüther G. (2011). *Hombres: el sexo débil y su cerebro.* Barcelona: Plataforma Editorial.

Kahneman D., Slovic P., Tversky A. (eds.) (1982). *Judgement under uncertainty: Heuristic and Biases.* New York: Cambridge Unversity Press.

Koestler A. (1965). *Le cri d'Archimède : l'art de la d*écouverte et la découverte de l'*art.* Paris: Calmann-Lévy.

Koestler A. (1976). *The act of creation.* London: Hutchinson.

Köhler W. (1925). *The mentality of apes.* New York: Harcourt Brace Jovanovich.

Kotter J. P. (2012). *Leading change.* La Vergne, TN: Ingram Publisher Services.

Kubie L. S. (1961). *The neurotic distortion of the creative process.* New York: Noon-day Press.

Landau E. (1987). *El vivir creativo. Teoría y práctica de la creatividad.* Barcelona: Herder. Leavitt H., Pondy L. R., Boje D. M. (1964). *Readings in managerial Psychology.* Chicago: University Chicago Press.

Lowenfeld V. (1958). *El niño y su arte.* Caba, Argentina: Kapelusz.

Luria A. (1966). *Human brain and psychological processes.* New York: Harper & Row.

Machado L. A. (1975). *La revolución de la inteligencia.* Barcelona: Seix Barral.

Machado L. A. (1983). *Desarrollo de la inteligencia.* Bogotá: Servicio Nacional de Aprendizaje (SENA), Ministerio de Trabajo y Seguridad Social.

Marín R., De La Torre S. (1991). *Manual de la creatividad.* Barcelona: Vicens Vives.

Marina J. A. (1993). *Teoría de la inteligencia creadora.* Barcelona: Anagrama.

Maslow A. (1983). *La personalidad creativa.* Buenos Aires: Kairós.

Marina J. A., Marina E. (2013). *El aprendizaje de la creatividad.* Barcelona: Ariel.

Matussek P. (1984). *La creatividad desde una perspectiva psicodinámica.* Barcelona: Herder.

Mayer R. (1999). Fifty years of creativity research. En: R.J. Sternberg (ed.), *Handbook of creativity.* New York: Cambridge University Press.

McKim R. H. (1972). *Experiences in visual thinking.* Boston: PWS Engineering.

Metcalfe J., Wiebe D. (1987). Intuition in insight and noninsight problem solving. *Memory and Cognition* 15: 238-46.

Michalko M. (1999). *Thinkertoys: Cómo desarrollar la creatividad en la empresa.* Barcelona: Gestión 2000.

Michalko M. (2000). *Los secretos de los genios de la creatividad.* Barcelona: Gestión 2000.

Motterlini M. (2010). *Trampas mentales.* Barcelona: Paidós.

Myers D. G. (2003). *Intuición, el poder y el peligro del sexto sentido.* Barcelona: Paidós. Nickerson R. S., Perkins D., Smith E. E. (1989). *Enseñar a pensar.* Barcelona: Paidós.

OsbornA. F. (1953). *Applied imagination: principles and procedures of creative problem solving.* New York: Charles Scribner's Sons.

Parra Duque D. (2004). *CreativaMente.* Barcelona: Grupo Editorial Norma.

Penagos J. C. (1997). El origen de la creatividad. *Calidad y Excelencia* 2 (13): 4-8.

Penagos J. C., Aluni R. (2000). *Creatividad, una aproximación. Revista Psicología.* Edición especial.

Perkins D. (1990). The nature and nurture of creativity. En: B. F. Jones, L. Idol (eds.), *Dimensions of thinking and cognitive instruction.* Hillsdale, NJ: Erlbaum.

Piaget J. (1936). *La naissance de l'intelligence chez l'enfant.* Paris: Delachaux et Niestlé.

Piaget J., Inhelder B. (2015). *Psicología del niño.* Madrid: Ediciones Morata (edición renovada).

Piatelli-Palmarini M. (1995). *Los túneles de la mente: ¿Qué se esconde tras nuestros errores?* Barcelona: Crítica.

Plucke J., Renzulli J. (1999). *Psychometric approaches to the study of human creativity.* En: R.J. Sternberg (ed.), *Handbook of creativity.* New York: Cambridge University Press.

Poincaré H. (1908). *Science et méthode.* Paris: Flamarion.

Ponti F., Ferràs X. (2008). *Pasión por innovar.* Barcelona: Grupo Editorial Norma. Psicología. Edición Especial Año 2000: 3-11.

Puente Ferrreras A. (1999). *El cerebro creador.* Madrid: Alianza Editorial.

Ray P. H., Anderson S. R. (2000). *The cultural creatives.* New York: Harmony Books.

Rodríguez Estrada M. (1987). *Manual de creatividad.* México: Trillas.

Rodríguez M. (1997). *El pensamiento creativo integral.* México: McGraw Hill.

Rogers C. R. (1954). Towards a theory of creativity. *ETC: A Review of General Semantics* 11: 249-60.

Rogers C. R. (1991). *Libertad y creatividad en la educación.* Barcelona: Paidós.

Romo M. (1997). *Psicología de la creatividad.* Barcelona: Paidós.

Romo M., Alfonso V., Sánchez-Ruiz M. J. (2009). *TCI, Test de Creatividad Infantil.* Madrid: TEA Ediciones.

Root-Bernstein R. M. (2002). *El secreto de la creatividad.* Barcelona: Kairós.

Rubia F. J. (2000). *El cerebro nos engaña.* Barcelona: Temas de Hoy.

Runco M., Sakamoto S. (1999). *Experimentals studies of creativity.* En: R.J. Sternberg (ed.), *Handbook of creativity.* New York: Cambridge University Press.

Scheerer M. (1972). Problem-solving. *Scientific American* 208 (4): 118-28.

Schumpeter J. (2017). *Essays: On entrepreneurs, innovations, business cycles and the evolution of capitalism.* Amazon. Edición Kindle.

Sefchovich G., Waisburd G. (1987). *Hacia una pedagogía de la creatividad.* México: Trillas.

Sikora J. (1979). *Manual de métodos creativos.* Buenos Aires: Kapelusz.

Sternberg R., Lubart T. (1999). The concept of creativity: Prospects and paradigms. En: R.J. Sternberg (ed.), *Handbook of creativity.* New York: Cambridge University Press.

Sternberg R., Lubart T. (1997). *La creatividad en la cultura conformista. Un desafío a las masas.* Barcelona: Paidós.

Subbotsky E. (2010). *Magic and mind.* Oxford: Oxford Scholarship.

Tarquino G., Sánchez M., Suárez J. (2006). *Pensamiento analógico por modelos. PAM.* Bogotá: Editorial Universidad Jorge Tadeo Lozano.

Taylor J. A. (1959). *The nature of the creative process*. New York: Hastings House.

Tinbergen N. [1975], 1951. *El estudio del instinto*. México: Siglo XXI.

Torrance E. P. (1962). *Guiding creative talent*. Englewood Cliffs, NJ: Prentice-Hall.

Torrance E. P., Miers R. (1976). *La enseñanza creativa*. Madrid: Santillana.

Torrance E.P. (1966). *Torrance Tests of Creative Thinking (TTCT). Norms Technical Manual*. Princeton, NJ: Personal Press Inc.

Torres P. (2001). *El manual del inventor: Guía para inventores y creativos*. Barcelona: Planeta Prácticos.

Vance M., Deacon D. (1995). *Think out of the box. Pompton plains*, NJ: Career Press.

Von Oech R. (1987). *El despertar de la creatividad*. Madrid: Díaz de Santos.

Wallach W., Allen C. (2009). *Moral machines: Teaching robots right from wrong*. New York: Oxford University Press.

Wallas G. (1926). *The art of thought*. New York: Harcourt, Brace and Company.

Watzlawick P. (1974). *The language of change: Elements of therapeutic communication*. New York: W. W. Norton & Company.

Zwicky F. (1969). *Discovery, invention, research though morphological approach*. New York: MacMillan.

Técnicas de creatividad para la innovación – Neuronilla
https://www.neuronilla.com/desarrolla-creatividad/tecnicas-creatividad/

Creación: Creatividad y psicología
https://psicologiaymente.com/inteligencia/psicologia-creatividad-pensamiento
https://www.psicologia-online.com/la-creatividad-definicion-actores-y-pruebas-2603.html

Creative Thinking Techniques, por Robert Harri
https://www.virtualsalt.com/crebook2.htm

Ilusionario
http://www.ilusionario.es/

Innovaforum
http://www.innovaforum.com/indice.htm

Inventario de Competencias de Creatividad para individuos (ECCI-i), de Robert Epstein
http://mishabilidadescreativas.com/

MiCelulaCreativa
https://aula21.net/aulablog21/archives/2010/12/07/mi-celula-creativa/

Revista *Creatividad y sociedad*
http://creatividadysociedad.com/

Test de la Panamericana School of Art and Design
http://www.toxel.com/inspiration/2009/05/06/school-of-art-and-design-creativity-test/

Test de creatividad de TEA
http://web.teaediciones.com/CLINICA-creatividad.aspx

Manual de ingeniería para el diseño de productos inteligentes y conectados
https://www.solidworks.com/es/media/ebook-engineering-handbook-designing-smart-connected-products

Tres claves para adaptar la empresa a los productos inteligentes
https://www.bbva.com/es/tres-claves-para-adaptar-la-empresa-a-los-productos-inteligentes/

Manual de gestión aduanera. Normativas y procedimientos clave del comercio internacional
Pedro Coll

Cómo participar en ferias comerciales
Cristina Peña Andrés

Manual del comercio electrónico
Eva María Hernández Ramos, Luis Carlos Hernández Barrueco

Manual de estrategia de operaciones
Ángel Caja Corral

Cerebro, inteligencias y mapas mentales
Zoraida G. de Montes, Laura Montes G.

La Industria 4.0 en la sociedad digital
Antoni Garrell Guiu, Llorenç Guilera Agüera

Manual de transporte para el comercio internacional
Cristina Peña Andrés

Manual de gestión de almacenes
Sergi Flamarique

Anatomía de la creatividad
Llorenç Guilera Agüera

Lean Six Sigma. Sistema de gestión para liderar empresas
Luis Socconini, Carlo Reato

Lean Company. Más allá de la manufactura
Luis Socconini

FUNTRADERS Un juego para aprender comercio internacional

Lean Energy 4.0. Guía de Implementación
Luis Socconini, Juan Pablo Martín

Lean Manufacturing. Paso a paso
Luis Socconini

Lean Services. Certification Manual
Luis Socconini

Lean Six Sigma Yellow Belt. Manual de certificación
Luis Socconini

Lean Six Sigma Green Belt. Manual de certificación
Luis Socconini

Lean Six Sigma Black Belt. Manual de certificación
Luis Socconini